مجالات العمل الاجتماعي وتطبيقاته

* في حقوق الإنسان
* في المجال الأسري
* في المجال التعليمي
* في مجال الشباب
* في المجال الانتاجي
* في مجال الشرطة المجتمعية
* مع الفئات الخاصة
* في مجال رعاية المسنين
* في المجال الطبي والصحي
* في مجال الأزمات والكوارث
* في مجال الدفاع الاجتماعي
* في المجال البيئي

الدكتور فيصل محمود الغرايبه
كلية الآداب
جامعة البحرين
البحرين

الدكتور فاكر محمد الغرايبه
قسم الخدمة الاجتماعية
جامعة البلقاء التطبيقية
الأردن

دار وائل للنشر
الطبعة الأولى
2008

رقم الايداع لدى دائرة المكتبة الوطنية : (2007/10/3216)
غرايبة ، فيصل
مجالات العمل الاجتماعي وتطبيقاته / فيصل محمود غرايبة، فاكر محمد الغرايبة.
- عمان ، دار وائل ، 2007 .
(307) ص
ر.إ. : (2007/10/3216)
الواصفات: العمل الاجتماعي
* تم إعداد بيانات الفهرسة والتصنيف الأولية من قبل دائرة المكتبة الوطنية

****

رقم التصنيف العشري / ديوي : 361.4
(ردمك) ISBN 978-9957-11-736-8

* مجالات العمل الاجتماعي وتطبيقاته
* الدكتور فيصل محمود الغرايبه - الدكتور فاكر محمد الغرايبه
* الطبعـة الأولى 2008
* جميع الحقوق محفوظة للناشر

* الأردن - عمان - شارع الجمعية العلمية الملكية - مبنى الجامعة الاردنية الاستثماري رقم (2) الطابق الثاني
هـاتف : 00962-6-5338410 - فاكس : 00962-6-5331661 - ص. ب (1615 - الجبيهة)
* الأردن - عمـان - وسـط البلـد - مجمـع الفحيص التجـاري- هـاتف: 00962-6-4627627
www.darwael.com
E-Mail: Wael@Darwael.Com

الإهـــداء

إلى المؤمنين بكرامة الإنسان ...

إلى السائرين على درب الحقيقة ...

إلى الحالمين بمعرفة عربية رائدة ...

إلى ضحايا المعرفة، وشهداء الحقيقة ...

إلى الشهداء والشرفاء والفقراء في المجتمع العربي ...

إلى المهاجرين عن الوطن لكنّ عيونهم تنظر إليه ...

تضيق بهم أحلامهم ولا يضيق الوطن بهم ...

إلى هؤلاء نهدي هذا الجهد العلمي المتواضع

المؤلفان

الفهرس

الموضوع	الصفحة
الفصل الأول: العمل الاجتماعي وحقوق الإنسان	17
1- المدخل إلى حقوق الإنسان	19
2- العمل الاجتماعي والتنمية المستدامة	22
3- دور العمل الاجتماعي في حماية حقوق الإنسان	26
4- ملحق رقم (1) : دور مؤسسات حقوق الإنسان الوطنية	29
5- المراجع	32
الفصل الثاني: العمل الاجتماعي في المجال الأسري	35
1- المدركات الأساسية للعمل الاجتماعي في المجال الأسري	36
2- مستويات العمل الاجتماعي في المجال الأسري	36
3- دور الاخصائي الاجتماعي في المجال الأسري..................	40
4- أهمية العمل الاجتماعي في قضايا الصحة الانجابية والجنسية	43
5- ملحق رقم (2): اعلان حقوق الطفل	48
6- المراجع	52
الفصل الثالث: العمل الاجتماعي في المجال التعليمي	55
(أ) العمل الاجتماعي في مجال التعليم العام	57
1- نشأة وتطور المجال التعليمي للعمل الاجتماعي	57
2- أهداف العمل الاجتماعي التعليمي	59
3- طرق العمل الاجتماعي التعليمي	60
4- المهمات التي يقوم بها الاخصائي الاجتماعي التعليمي	64

5

الموضوع	الصفحة

الفصل السادس: العمل الاجتماعي في مجال الدفاع الاجتماعي 125
1- نشأة وتطور الدفاع الاجتماعي كمجال للعمل الاجتماعي 127
2- الانحراف: المفهوم، الانواع، العوامل، الاجراءات، الاهمية 129
3- دور الاخصائي الاجتماعي في مجال رعاية الاحداث 138
4- مسؤولية المجتمع في الوقاية من الانحراف 142
5- دور العمل الاجتماعي في رعاية المنحرفين الكبار 143
6- العمل الاجتماعي في السجون 145
7- ملحق رقم (4) : قواعد الامم المتحدة بشأن حماية الاحداث 156
8- ملحق رقم (5) : المبادئ المتعلقة بحماية الأشخاص 175
9- المراجع 187

الفصل السابع: العمل الاجتماعي في المجال الانتاجي 191
1- نشأة وتطور العمل الاجتماعي في المجال الانتاجي 193
2- أهداف العمل الاجتماعي في المجال الانتاجي 196
3- المبادئ الخاصة بالعمل الاجتماعي في المجال الانتاجي 196
4- استخدام الطرق المهنية في المجال الانتاجي 201
5- متطلبات الممارسة المهنية في المجال الانتاجي 202
6- المراجع 203

الفصل الثامن: العمل الاجتماعي مع الفئات الخاصة 205
1- نشأة وتطور العمل الاجتماعي مع الفئات الخاصة 207
2- العمل مع فئة الاعاقة الجسمية 208
3- العمل مع فئة الاعاقة الحسية 212

7

الموضوع	الصفحة

الفصل السادس: العمل الاجتماعي في مجال الدفاع الاجتماعي

1- نشأة وتطور الدفاع الاجتماعي كمجال للعمل الاجتماعي 127
2- الانحراف: المفهوم، الانواع، العوامل، الاجراءات، الاهمية 129
3- دور الاخصائي الاجتماعي في مجال رعاية الاحداث 138
4- مسؤولية المجتمع في الوقاية من الانحراف 142
5- دور العمل الاجتماعي في رعاية المنحرفين الكبار 143
6- العمل الاجتماعي في السجون 145
7- ملحق رقم (4) : قواعد الامم المتحدة بشأن حماية الاحداث 156
8- ملحق رقم (5) : المبادئ المتعلقة بحماية الأشخاص 175
9- المراجع 187

الفصل السابع: العمل الاجتماعي في المجال الانتاجي 191
1- نشأة وتطور العمل الاجتماعي في المجال الانتاجي 193
2- أهداف العمل الاجتماعي في المجال الانتاجي 196
3- المبادئ الخاصة بالعمل الاجتماعي في المجال الانتاجي 196
4- استخدام الطرق المهنية في المجال الانتاجي 201
5- متطلبات الممارسة المهنية في المجال الانتاجي 202
6- المراجع 203

الفصل الثامن: العمل الاجتماعي مع الفئات الخاصة 205
1- نشأة وتطور العمل الاجتماعي مع الفئات الخاصة 207
2- العمل مع فئة الاعاقة الجسمية 208
3- العمل مع فئة الاعاقة الحسية 212

7

الموضوع	الصفحة

4- العمل مع فئة المتخلفين عقليا 219
5- دور الاخصائي الاجتماعي في دمج طفل الشلل الدماغي 224
6- ملحق رقم (6): الاعلان الخاص بحقوق المعوقين 230
7- ملحق رقم (7): الاعلان الخاص بحقوق المتخلفين عقلياً 233
8- المراجع 235

الفصل التاسع: العمل الاجتماعي في المجال الطبي والصحي........ 237
1- نشأة وتطور العمل الاجتماعي في المجال الطبي والصحي 239
2- مفهوم العمل الاجتماعي الطبي، أهميته، فلسفته، مبادئه 240
3- عناصر مهنة العمل الاجتماعي الطبي 243
4- الاعداد المهني للاخصائي الاجتماعي الطبي والصعوبات التي تواجهه 246
5- التعامل مع المرضى في اطار العمل الاجتماعي 250
6- مثال تطبيقي مع مرضى سرطان الثدي 253
7- المراجع 262

الفصل العاشر: العمل الاجتماعي في مجال الأزمات والكوارث.. 263
1- نشأة وتطور العمل الاجتماعي مع الازمات والكوارث 265
2- مفهوم الأزمة والكارثة والمشكلة 268
3- أنواع الازمات والكوارث، خصائصها، وأسبابها ومراحلها وآثارها. 269
4- دور العمل الاجتماعي في ادارة الازمات والكوارث 272
5- استراتيجيات العمل الاجتماعي للمواجهة والتعامل مع الازمة 274
6- العمل الاجتماعي في مجال الحروب والهجرة واللاجئين 280

8

الموضوع	الصفحة

7- ملحق رقم (8): اعلان بشأن حماية النساء والأطفال: حالات الطوارئ 282

8- المراجع 285

الفصل الحادي عشر: العمل الاجتماعي والشرطة المجتمعية.... 289

1- نشأة المفهوم وتطور استخداماته 291

2- دوافع العمل الاجتماعي للاهتمام بالمشاركة المجتمعية 293

3- المعوقات التي ترتبط بالمجتمع 295

4- المراجع 297

الفصل الثاني عشر: العمل الاجتماعي في المجال البيئي 301

التربية البيئية 304

المشكلات البيئية 306

المراجع 307

9

المقدمــة

إن مصطلح العمل الاجتماعي هو ترجمة دقيقة للمصطلح الإنجليزي (Social Work) وليس (Social Service) والتي تعني الخدمة الاجتماعية، ذلك أن القبول بمفهوم الخدمة الاجتماعية (Social Service) منذ الاهتمام بهذه المهنة وممارستها في المجتمع العربي قد قلّل من فاعلية دورها فالأخصائي الاجتماعي الذي يمارس الخدمة الاجتماعية تساوى في كثير من الأحيان وفي رأي كثير من أفراد المجتمع مع العامل الذي يعمل في قطاعات الخدمات المختلفة فتأثر دورة بتأثير الآخرين عليه فغدت ممارسة العمل الاجتماعي (خجولة) من وجهة نظر الأخصائيين الاجتماعيين والمستفيدين الذين بدأو يسأمون من لفظ (العملاء) الذي يطلق على صغيرهم وكبيرهم وأسرهم ومجتمعهم، لقد أصبح (العمال في خدمة العملاء) وهذا منهجياً وعلمياً ومهنياً لا يقع في كبد الحقيقة.

إن هذا الكتاب يعدّ تجربة فريدة في مجال التأليف في العمل الاجتماعي ليس كونه يمثل مبادرة أكاديمية جادة في مجالات العمل الاجتماعي بحلتها الحديثة والمتطورة فقط بل ولأنه يستخدم مصطلح (العمل الاجتماعي) بدلاً من (الخدمة الاجتماعية) ومصطلح (المستفيد) بدلاً من (العميل) فلأمل كبير باعتبار هذا محاولة جادة لتجديد الثقة بقدرة الأخصائي الاجتماعي والعمل الاجتماعي على أداء دور مهم في مجتمعنا الإنساني الذي يشهد تحولات جذرية وفق العولمة السياسية والاجتماعية والثقافية والدينية والنفسية وحتى الجنسية.

إن تاريخ العمل الاجتماعي الذي انطلق منذ عام (1917) على يد (ماري ويتشموند) في كتابها (التشخيص الاجتماعي) شكّل الوعاء المهني لهذه المهنة والتي عكست أراء وخبرات (ماري ريتموند) النظرية والميدانية في مجال العمل الاجتماعي وخاصة في المجال المدرسي والطبي والأسري.

إما طريقة (العمل مع الجماعات) منذ ظهرت بداياتها على يد (بحريس كويل) التي كانت أول مـن درّس مساق العمل مـع الجماعـة في جامعـة (دمسـتريزرف) وقـد تبلـورت أفكارهـا حـول السـلوك الإنسـاني في الجماعات وقيادتها في كتابها (العمليـة الاجتماعيـة في الجماعـات الرسـمية). لقـد صـادق المؤتمر القـومي للعمل الاجتماعي عام (1935) على طريقة العمل مع الجماعات لتظهر في العام القـادم (1936) الجمعيـة القومية الأمريكية لأخصائي العمل مع الجماعة (Gizwla Konopka 1963).

أن طريقة العمل مع الأفراد، ومن ثم ظهور طريقة العمل مع الجماعات قـد سـاهم بالتأكيـد في ظهور (طريقة تنظيم المجتمع) التي ظهـرت بـداياتها في المملكـة المتحـدة ومـن ثـم في الولايـات المتحـدة الأمريكية، فقد قدم (روبرت لين) عام 1939 للمؤتمر القومي للعمل الاجتماعي تقريراً عـن ممارسـة هـذه الطريقة من خلال المؤسسات حيث ثم الاعتراف بها عام 1946، إلى جانب الاعـتراف بمناهجهـا الأساسـية في الإدارة والبحوث والإشراف (الفاروق زكي 1978).

أن طرق العمل الاجتماعي الثلاثة (الفرد- الجماعة والمجتمع) لا يمكن أن تعمل بطريقة منفردة فالتكامل أساسي بين هذه الطرق وكـذلك بالنسـبة لمجـالات العمـل الاجتماعـي الموضـوع الرئيسي- في هـذا الكتاب فهي على استقلاليتها وعلاقتها بمناهج وطرق العمل الاجتماعي إلا أنها متكاملة في رؤيتها وفلسفتها ومنهجيتها فالمجال الأسري لا يمكن أن يعمل بمعزل عن المجال المدرسي والبيئي وغيرها مـن المجـالات التـي تحتاج إلى نظرة شمولية وتكاملية في الطرح والتحليل والمناقشة.

يمكن القول أن العمل الاجتماعـي بـدأ تدخلـه المهنـي في المجـال الأسري، عـلى الـرغم مـن أنهـا ظهرت في مؤسسات أخرى غير المؤسسة الأسرية، بصورة مبكرة، وخصوصـاً في المـدارس والمستشـفيات، وأن كان ذلك يتم على شكل جهود تطوعية لا على نحو مهني وعلى يد ممارسين متخصصين أكاديمياً في الخدمـة الاجتماعية على وجه الخصوص.

اختار العمل الاجتماعي البدء بالتدخل المهني مع الأسرة، باعتبارها الخلية الأساسية التي تنمو الذات الإنسانية فيها وتحقق نضجها الجسمي والنفسي، وتوفر لها إمكانات انطلاقها ، إلى آفاق أرحب خارج البيت. ومضت هذه المهنة في تدخلها إلى المجال التعليمي باعتباره الحلقة الثانية التي يلتحق فيها الإنسان ليستكمل نضجه، وخاصة في جانبه الذهني، ليتمكن من الإطلاع والتفكير والتحليل والربط والاستنتاج والإبداع، واستخدام هذا الفعل الذهني المتكامل في مواجهة تحديات الحياة والإندماج في المهن والأعمال المنتجة، التي تعود عليه بالمنفعة المادية والمكانة الاجتماعية.

لم يكتفي العمل الاجتماعي بهذا المستوى من التدخل، بل واصلت دورها المهني في مجالات أخرى ينشط الفعل الإنساني فيها، كمجال الإنتاجي الذي يعرف بالمجال العمالي، قبل أن تتسع النظرة إليه وتزداد أهميته ودوره في تحسين الإنتاج، وكالمجال الشبابي الذي يركز على قطاع الشباب كطاقة خلاقة منتجة، و هذان مجالان مؤثران في تقدم المجتمع وتطوره. ولكنه ثمة عثرات وصعوبات تحول دون أن يؤدي العامل أحياناً لدوره الإنتاجي كما يجب أن يكون من حيث مواصلة العمل في أوقاته المحددة والإنصراف إلى العمل كامل ساعات العمل وسط جو انضباطي ودي وتفاهمي في نفس الوقت. كما أن ثمة عثرات وصعوبات تحول دون أن ينطلق الشاب في نشاطه الحر، الذي يستثمر فيه طاقاته ويزيد من إمكاناته وخبراته ويعمل بروح الفريق ويمارس التفكير الواعي الإبداعي الإيجابي المفيد له ولمجتمعه عموماً.

يلتفت العمل الاجتماعي إلى ثنايا المجتمع وزاياه لتجد فئات محرومة وأقل حظاً حرمها عجزها الجسمي أو إعاقتها الحسية أو تخلفها الذهني، أو حد ضيق ذات اليد من حيويتها ومن تمتعها بفرص الحياة. ولتجد هذه المهنة فئات أخرى داهمتها مشكلات الترمل والهجر والطلاق وفقد العائل وغياب الأب القدوة، فعاشت أشباب الحرمان، أو قادت الفتيات منها رفقة السوء وإغراءات السوء وإغراءات السوق إلى الانحرافات الجنسية وأماط السلوك الخاطىء، فتعاطوا التبغ والمسكرات والمخدرات، ولجأوا إلى

السرقة والاحتيال والتسول لتأمين لقمة العيش أو للهروب من آلام المعاناة أو لتوكيد الـذات، أو لتوكيد الذات أو للتعبير عن السخط والنقمة.

وجد العمل الاجتماعي في تلك الالتفاتة أن من مسؤوليتها المهنية أن يتدخل للتقليل مـن آثار العجز والإعاقة، وتخفف من العوز والحرمان والهروب، وتزيل المعاناة والسخط والنقمة، فكان ذلك مجـالا خصبا للخدمة الاجتماعية تساعد هؤلاء وأولئك في الخروج مـن عـزلتهم والنهـوض بعـد كبـوتهم ومواصـلة السعي الشريف والمضي الآمن إلى مستقبل أفضل وحياة أكثر سهولة وهناء، تزيد من انـدماجهم وتحقيـق تكيفهم، وتمنحهم فرص الأداء كأعضاء صالحين نافعين في المجتمع.

وتبعاً لمعايشتها مشكلات المجتمع وقضاياه ومواكبته لمستجدات الحياة ومتطلبات العصر، يمضي- العمل الاجتماعي في فتح آفاق جديـدة أمـام تدخلها المهنـي، الـذي يستهدف إزالة المعوقـات وزيادة الإمكانيات لأداء الإنسان وعطائه على المستويات الفردية والجماعية والمجتمعية، تحت مبرر عـدم التوافـق الذاتي وسوء التكيف الاجتماعي. وذلك في الوقت الذي لمست قطاعات عديدة في المجتمع أن دور الخدمـة الاجتماعية مساند لدور تجاه الإنسان، يزيد من فاعلية برامجها ويعزز من جـدوى خـدماتها، ويقـوي مـن صلتها بالمستفيدين من خدماتها والمتعاملين معها وإدراكها لاحتياجات المجتمع ومطالباته، كـما يحـدث في القطاع التعليمي بالنسبة للطلبة وفي القطاع الطبي بالنسبة للمرضى وقطاع الـدفاع الاجتماعي بالنسبة للسجناء والأحداث المذنبين.

لا يقف دور العمل الاجتماعي عند هذا الحد، ولا يقتصر تدخلـه عـلى تلك الفئـات والمجـالات، ولكنه أخذ بالامتداد والانتشار، وبالاستفادة من التجربة، وبادراك جدوى مثل هذا النوع من التدخل الذي يختصر المسافات في الوصول إلى الأهداف، ويختـزل الـزمن في تحقيـق الفائـدة، لكثـير مـن فئـات المجتمع وشرائحهن في حـالات الإغاثة والطوارئ، ومواجهـة حـالات الاقتتال والمواجهـات والحـروب والممارسـات المتصاعدة الخاطئة تجاه البيئة والموارد الطبيعية، وكذلك الحال مع بروز ظواهر اجتماعية سالبة حـادة كالعنف الأسري وغير الأسري، وإهمال الأطفال وغياب الآباء وحتى الأمهات عن

البيت لمدة طويلة، والهجرة عن الأهل يقوم بها الأب وحتى الأم أحياناً. وبالتطاول على الآباء والأمهات والمدرسين والمدرسات والإجرام غير المألوف والإجهاز على العجزة والمسنين، ومحاولات الانتحار، وممارسة الإرهاب والعنف والتسلط ومختلف أشكال القهر.

كل ذلك، وأكثر من ذلك، مما له أبعاد اجتماعية ونفسية، ترجع إلى فردية الإنسان، أو على أجوائه الأسرية، أو ظروفه المجتمعية، أو تعود إلى تداعيات الأحداث والتطورات الاقتصادية والسياسية والأمنية، المحلية والإقليمية والعالمية، مما يتطلب من العمل الاجتماعي أن تتدخل لدراسته وعلاجه، ووقف تداعياته وانعكاساته على الحياة الإنسانية.

في هذا السياق يأتي تأليف هذا الكتاب، ليفصل الحديث في خصوصيات كل مجال من مجالات العمل الاجتماعي، تبعاً لاهتمامات المجال وانشغالاته وأهداف الخدمة الاجتماعية في ممارستها في ذاك المجال، في الوقت الذي تحافظ فيه على إطارها العلمي التطبيقي الواحد، والذي يعمل الأخصائيون الاجتماعيون ضمنه ليؤدوا دور مهنتهم في المجتمع، وليقوموا بواجباتهم في مختلف القطاعات التي تفسح المجال لهم، ليساهموا في أداء دورها وتعميق فاعلتها في خدمة الوطن والمواطن من أجل الإنسان.

نأمل أن يكون في هذا الكتاب ما يعين الأخصائي الاجتماعي على القيام بمهامه في المؤسسة التي أوكلت إليه المهمة النبيلة في خدمة المتعاملين معها والمستفيدين من خدماتها، وأن يعطي هذا الكتاب لدراسي الخدمة الاجتماعية (العمل الاجتماعي) وطلبتها صورة جلية عن الأصول والقواعد المهنية في ممارسة المهنة في المجالات المتعددة، وأن يتعرفوا على الآفاق الجديدة لمجالات الممارسة. راجين أن يجد زملائنا في هذه الصفحات ما يرونه مناسباً لمناقشة مع طلبتهم، وأن يبادروا إلى تزويدنا بملاحظاتهم واقتراحاتهم لتطوير الأفكار وإغناء المعلومات، بما يضاعف من الفائدة لدى أبنائنا الطلبة وزملائنا الأخصائيون الاجتماعيون الجدد.

داعين الله عز وجل أن يوفق الجميع لإنجاز ما يحبه ويرضاه، وينفع الناس ويمكث في الأرض. والله ولي التوفيق.

المؤلفان

الفصل الأول

العمل الاجتماعي وحقوق الإنسان

العمل الإجتماعي وحقوق الإنسان

يهدف العمل الاجتماعي الى تنمية المجتمعات ومعالجة المشكلات التى تخرج عن نطاق قدرة الافراد الذين يعانون منها والتى تعمل على شقائهم كما تنبثق أنسب الوسائل الفعاله في المجتمع للقضاء عليها او التقليل من أثارها عن طريق البحث عن القوى والعوامل المختلفة التى تحول دون النمو والتقدم الاجتماعى مثل الحرمان والبطالة والمرض والظروف المعيشية السيئة. فلسفة الخدمة الاجتماعية فلسفه اجتماعيه اخلاقيه جذورها تتصل وترتبط بالدين والنزعه الانسانيه فالعداله الاجتماعيه تستمد فلسفتها من الاديان السماويه والحركات الانسانيه والعلوم الاجتماعيه والطبيعيه والخبرات العلميه للاخصائيين الاجتماعين لذا فأن فلسفة العمل الاجتماعي سبقت ظهور المهنة تعتمد على الركائز الاساسية التالية:

- الايمان بقيمة الفرد وكرامته
- الايمان بالفوارق الفرديه سواء بين الافراد او الجماعات او المجتمعات.
- الايمان بحق الفرد بممارسة حريته في حدود القيم المجتمعيه.
- الايمان بالعداله الاجتماعيه بين جنس واخر او بين ديانه واخرى.
- الايمان بالحب والتسامح.
- الايمان بأن الانسان هو الطاقه الفريده في أحداث التغير الاجتماعى ومن أجل رفاهيته مع المساعده على تأديت الادوار الاجتماعيه التى تعوق القيام بها مثل دور رب الاسره في الانتاج والعمل.

1- المدخل إلى حقوق الانسان :

أكد الاتحاد العالمي للعمل الاجتماعي (IFSW) على أن العمل الاجتماعي كمهنة يعزز قيم الديمقراطية والكرامة الإنسانية والمساواة بين الأفراد حيث أن ممارسة

العمل الاجتماعي تعني استخدام مهارات متنوعة والارتباط المباشر بكثير من الأنشطة ذات العلاقة بالحالة المدروسة والبيئة الخاصة بها, ويتضمن كذلك: التخطيط والتطوير والإرشاد , العمل الاجتماعي العيادي, تعليم العمل الاجتماعي والعلاج الأسري.

لقد تبنى الأخصائيون الاجتماعيون حقوق الإنسان وتحدثوا عنها في مجالات كثيرة مثل: حقوق الرعاية الاجتماعية, الجماعات المهمشه, الأقليات, إلا أنها وقعت تحت هيمنة العلوم السياسية والقانون. على أية حال فإن العمل الاجتماعي يسعى إلى تحقيق التنمية الاجتماعية في المجتمع الإنساني كمظهر من مظاهر حقوق الإنسان.كما إن المقاومة والسعي إلى تحقيق الكرامة الإنسانية واحترامها إضافة إلى الحريات الأساسية يسمح بتنمية الحقوق السياسية والمدنية والإنسانية وتعزيز من خلال الارتباط مع الحقوق الثقافية والاجتماعية والاقتصادية.

يدعو باحثون اخرون الأخصائيين الاجتماعيين إلى اعتبار حقوق الإنسان أساساً لممارسة العمل الاجتماعي. ويتساءل بعض الباحثين الاستراليين أمثال (Solas) عام 2000م هل يستطيع الأخصائي الاجتماعي الراديكالي الاعتقاد بحقوق الإنسان؟ ويحاول Solas من خلال مقارنة طويلة ان يضع تصوره الخاص للإجابة على هذا السؤال من خلال فكرة الوعي (Awareness) بأن هناك من يطالب بحقوق إنسان معينة نظراً لمكانته السياسية والاجتماعية او لكونه ينتمي إلى طبقة برجوازية معينة أو لربما أن البعض ذا علاقة مع أشخاص مهمين, إلا انه لا بدّ من التمييز والإدراك والاعتراف بأن هناك فئات اجتماعية تحتاج إلى من يتفهم ويتبنى حقوقها الخاصة (الحقوق الأخلاقية Moral rights) مثال ذلك: الأطفال والمجرمين وكبار السن والنساء.

ان الاعتقاد بحقوق الإنسان يحتاج إلى ممارسة أكثر من مجرد الإيمان بحقوق الإنسان وذلك من خلال إثارة الوعي بين الأفراد بحقوق وآلية المطالبة بها, وتقديم الدعم لهم والتحليل السياسي وطبيعة الفعل الاجتماعي, وبالتالي فإن اهتمام العمل الاجتماعي سيتأثر بنتائج التغيير الاجتماعي.

ان الدور المتوقع للأخصائيين الاجتماعيين في الحياة السياسة الاجتماعية يمكن ان يحترم من قبل الناشطين الاجتماعيين الذين يطالبون بتغيير النظام الاجتماعي والذي يصنف من المنظور الاجتماعي بانه غير عادل (Unjust). هذا ويمكن للأخصائيين الاجتماعيين أن يساهموا في الحركات الراديكالية من خلال تغيير الاتجاهات السياسية في المجتمع نحو القضايا والسياسات الاجتماعية المختلفة مما يساهم بجعله جزءاً من مهمة العمل الاجتماعي ومجالاته, وقد يعمل الأخصائي الاجتماعي مع الأقليات, والسجناء, واللاجئين السياسيين اللاجئين والأطفال والنساء, مـما يجعله متصلاً بظروفهم وحقوقهم الاجتماعية والسياسية ويدخله حتماً في مواجهة السياسات غير العادلة نحو حقوق هذه الفئات وأوضاعها.

تشكل حقوق الإنسان جوهر العمل الاجتماعي ممارسة وتعليماً, سواء من حيث فهم العدالة الاجتماعية وأسس تطبيقها او من حيث أسس وتعليمات وأخلاقيات العمل المهني التي تشكل اطاراً أخلاقيا وقانونياً ومهنياً يعد مرجعاً للممارسين والمدرسين في مجالات العمل الاجتماعي المختلفة.

ويمكن تعريف الدور السياسي للأخصائي الاجتماعي كما يرى (Gray , Rooyen 2002) بأنه "الـوعي بالسياسة الاجتماعية" من أجل التأثير في صناعة السياسات وتغيير التشريعات, ويمكن دعم ذلك من خلال تطوير برامج تعليمية مهنية, تؤثر بحقوق الإنسان, فحقوق الإنسان التـي تضمن حرية التعبير والرأي, وحرية الاعلام والصحافة, وحرية القضاء واستقلاليته هي اهتمامات مشتركة.

ان مما لا شك فيه أن العمل الاجتماعي يركز على الإنسان كهدف رئيسي سواء كان بمفرده او ضمن جماعة أو من خلال المجتمع, فالطفل قد يكون حالة فردية يتعامل معها الأخصائي الاجتماعي وقد يكون ضمن محيط الجماعة الاسرية وقد يكون جزءاً من دراسة أكبر وهي المجتمع وبالتالي فإن ممارسة العمل الاجتماعي تحتاج إلى بناء متكامل مـن التشريعات الاجتماعية ذي علاقة بالمرأة والأطفال والسجناء والأحداث وكبار السن, كما يرتكز العمل الاجتماعي على أساس معرفي في التنمية الإنسانية والاجتماعية حيث

يهدف العمل الاجتماعي في النهاية إلى ايجاد حل للصراعات الاجتماعية, ودعم عمليات التفاوض وتنمية المجتمعات المحلية، وبناء السلام وتعزيز العدالة الاجتماعية، القائمة على الروح الفردية والرعاية العامة.

ويكفل القانون تطبيق حقوق الإنسان في المجتمع وتستطيع القواعد القانونية ممارسة العمل الاجتماعي ودعم النمو الإنساني وتعزيز التنمية الاجتماعية وحماية علاقات السلام ويشترك القانون والعمل الاجتماعي في التركيز على العدالة والرعاية الإنسانية والتنوع الثقافي وتحقيق الذات والاستقلالية، والتي تشكل في النهاية البيئة المناسبة لنمو حقوق الإنسان وتطورها بما يكفل تحقيق التنمية المستدامة في المجتمع الإنساني.

2- العمل الاجتماعي والتنمية المستدامة

يقول آرم سميث "ان الإنسان هو هدف الاقتصاد والثروة" وهذا ما يمثل منهج التنمية البشرية المستدامة لبرنامج الأمم المتحدة الإنمائي (UNDP) . وقد تطورت أفكار عالم الاقتصاد الأمريكي " ثيودور شولتز" منذ الخمسينات والستينات عندما ركزت أفكاره على دور الخبرة والمهارات المكتسبة في نمو إنتاجية العمل وهو ما أصبح يسمى بـ "رأس المال البشري"

وتتضمن تنمية وتطوير الموارد البشرية معالجة للمشاكل المتعلقة بالقضايا الديمغرافية والبطالة والعناية الصحية والتغذية والبيئة والتعليم والتدريب المهني والاهتمام بقطاع الشباب وهو ما يختلف تماماً عن مفهوم "رأس المال البشري" الذي يهتم؟ في حين أن مفهوم الموارد البشرية يهتم بالتنمية ويرتبط بها. وقد ساهم مفهوم "الحاجات الإنسانية: "Basic Needs" في تحويل وتوظيف نظريات النمو الاقتصادي نحو التنمية البشرية. حيث يستند مفهوم "الحاجات الإنسانية" إلى مبدأ قيام حكومات العالم بصياغة سياساتها الاقتصادية والاجتماعية باستمرار بحيث تبدأ بالحاجات الأساسية للأسرة في المأكل والمسكن والملبس والأدوات المنزلية, ثم تنتقل إلى تحسين الخدمات العامة وشبكات المياه الصحية والمياه الصالحة للشرب والمواصلات العامة والعناية الصحية والتعليم.

إن مراعاة وتطبيق مبدأ حقوق الإنسان في هذه العملية القائمة على "التنمية بالمشاركة، سواء كان ذلك على مستوى "اتخاذ القرار" او على مستوى "التنفيذ" وهو الشرط الحقيقي لتحقيق أهداف الحاجات الأساسية. فرأس المال البشري وتنمية الموارد البشرية والحاجات الإنسانية والتنمية المشاركة شكلت ما يسمى بالتنمية البشرية المستدامة التي ترى أن الإنسان هو هدف ووسيلة لعملية التنمية البشرية المستدامة.

أما الجانب الآخر الذي شكل نظرية "التنمية البشرية المستدامة" فهو الجانب العملي الذي يعكس وافع الدول الفقيرة مثل كوريا أو الدول التي دمّرت مواردها في الحرب العالمية الثانية مثل "اليابان, ألمانيا" وفي كلتا الحالتين تم الاعتماد على التنمية البشرية والتي تبنت واحترمت سعي شعوبها للمشاركة في شؤونها العامة مما أثبت جدواها فقد تأكدت اهمية المشاركة الشعبية في نظرية التنمية البشرية المستدامة.

إن النجاح الذي حققته "التنمية البشرية" المستدامة * في ظل تجارب دول فقيرة وأخرى غنية جعلها تتخذ طابعاً مؤسسياً يمارس تأثيراً عالمياً من خلال ما يسمى "تقرير التنمية البشرية العالمي" الذي يصدر سنوياً منذ عام 1990م تتبناه الكثير من المنظمات الدولية وغير الحكومية.

إن هذا المنهج التنموي يعد رافداً من روافد مهنة العمل الاجتماعي التي تنتهج سياسة العمل التنموي والوقائي والعلاجي في التعامل مع الإنسان ومعالجة قضاياه. إنه من الواضح والممكن القول أن الخدمة الاجتماعية ونظرية التنمية البشرية المستدامة تتفقان على أن "الحاجات الأساسية" للأفراد يجب ان تتعدى إلى ما وراء ذلك من حيث تمكينهم من الرفاهية والاستمتاع والابتكار والتجديد.

فمهنة العمل الاجتماعي تنظر إلى الإنسان كهدف ووسيلة للتنمية وهو المبدأ ذاته الذي تمثله نظرية " التنمية البشرية المستدامة" والتي لا تنظر إلى النمو الاقتصادي كوسيلة إلى تحسين حياة الناس بل تتعداه إلى الاستمتاع والرضا بما يحمي المجتمع من الجريمة والعنف

* وضعت نظرية التنمية المستدامة في البداية على يد الباحثين محبوب الحق (باكستان) وامارتايا (الهند) خلال عملهما في برنامج الأمم المتحدة الإنمائي.

والتطرف والأمراض المعدية وتقديم الرعاية الصحية وشمولية المعرفة وساعات راحة أكثر وحريات سياسية واقتصادية واجتماعية وثقافية والمشاركة السياسية بما يضمن تحقيق شمولية وعدالة حقوق الإنسان ليس فقط على صعيد الأفراد بل ليتعداه إلى المجتمعات الإنسانية ككل وليس خلق خلل في التوازن الاجتماعي والاقتصادي والسياسي نتيجة غياب حقوق الإنسان وإحداث رفاهية القلية على حساب الأكثرية المهمشة والأكثرية المقدمة فقراً ذات الحقوق المنتهكة.

أن مضمون التنمية الحقيقي هو الحرية كما يراه " أمارتاياس" فالحرية تخلق الإبداع وتفعّله وتحميه وتطوره، إذ أن المقصود من عملية التنمية هي تطوير قدرات الإنسان وليس تعظيم المنفعة أو الرفاة الاقتصادي كما هو مهيمن اليوم على عقول الأفراد.

أن الهدف الرئيسي للتنمية البشرية المستدامة هو الارتفاع بالمستوى الثقافي للأفراد ليعيشوا حياة أطول أمناً واستقراراً وأكثر امتلاءً وأن يمارسوا هواياتهم وإبداعاتهم إضافة إلى جزء من الرفاهية المادية فلأساس هو الرفاهية الثقافية، لذلك فإن التعليم والثقافة يحققان فوائد اجتماعية ومعنوية تتجاوز بكثير الفوائد المادية والإنتاجية بدءاً من احترام الذات والاعتزاز بها إلى تزايد القدرة على التواصل مع الآخرين والارتقاء بالذوق الأخلاقي والحضاري والاستهلاكي ليس على صعيد الفرد فحسب بل على صعيد المجتمعات والقوميات المختلفة.

نعود من جديد لتؤكد أن هدف التنمية ووسيلتها هو الإنسان وهو ركيزة وهدف مهنة العمل الاجتماعي التي تتمحور حول الإنسان فالدور الذي تمارسه الخدمة الاجتماعية في صياغة الإنسان الاجتماعي والحضاري والإنساني هو المحتوى الخفي والنتيجة البطيئة التي يؤمن بها الكثيرون وينكرها آخرون وهي أن المال ليس شرطاً لتحقيق الكثير من الأهداف المهمة للأفراد والمجتمعات مثل الديمقراطية والمساواة بين الجنسين والحفاظ على الهوية والتراث الثقافي، فالثروة التي تحقق ولا تضمن الاستقرار السياسي والاجتماعي لا تلبي حاجات الأفراد والجماعات والمجتمعات جميعها، لأنها ليست مادية كلها.

فالحياة الهانئة والهادئة ذات المعاني الإنسانية التي تحترم العلم والثقافة والشعور بالأخر والدور الإنساني نحو الجماعات المهمة وندرة الفرص وتوفرها لممارسة النشاطات الخلاقة وحق المشاركة السياسية وحماية البيئة وتبني ذوي المهارات والمبدعين والمتميزين وخلق الوعي السياسي والحقوقي في قضايا الأفراد والمجتمعات هي جزء من الحاجات اللامادية الماسة التي يؤمن كثيرون بأهميتها أكثر من الحاجات المادية، فالتلوث البيئي وارتفاع معدلات الجريمة وتزايد نسبة العنف والإرهاب المنظم والعنف الأسري والأمراض المعدية كالإيدز واحتلال ارض الآخر، وانتشار أسلحة الدمار الشامل، وعداء الإنسان لذاته وللآخرين وغياب السلام العالمي والصراع مع الأخر وإنكار خصوصية الحضارية والاجتماعية لا يمكن ولا يعقل أن يعوض ارتفاع متوسط الدخل الفردي أو القومي.

أن منهجية التنمية البشرية حسب تقرير التنمية البشرية عام 1995 تقوم على أربعة ركائز هي :

1. الإنتاجية : أي نشاطات منتجة وخلاقة في المجتمع الإنساني.
2. المساواة: إتاحة الفرصة لجميع أفراد المجتمع دون أي تميز او عوائق.
3. الاستدامة: عدم إلحاق الضرر بالأجيال القادمة سواء من حيث الديون المتراكمة او استنزاف مقدارات الطبيعة أو تلوث البيئة.
4. التمكين: فالتنمية تتم بالأفراد وليس من أجلهم فقط .

ونخالها تتفق شكلاً ومضموناً مع منهجية العمل الاجتماعي ومبادئها تجاه الإنسان (تقرير التنمية البشرية،1995، الأمم المتحدة) .

وتبرز أهمية دور العمل الاجتماعي من خلال مؤسسات المجتمع المدني والمنظمات غير الحكومية لاشراك الأفراد في التنمية واستثارة قدراتهم، فالمنظمات غير الحكومية هي التي تؤثر في مسار التنمية وتأطيرها بقيم ومفاهيم حقوق الإنسان والتي يصف (محبوب) أسسها بما يلي:

1. وضع الأفراد محوراً لاهتمامها.
2. تعظيم الخيارات البشرية وليس الدخل فقط.
3. الاستثمار في البشر وتوسيع خيارات الاستثمار والتوظيف.
4. اعتماد الانتاجية والمساواة والاستدامة والتمكين لروافد للتنمية.
5. تحقيق النمو الاقتصادي جوهرياً والانتباه لتنويعية وتوزيعه واستدامتة.
6. وضع أهداف التنمية وتحديد الخيارات المناسبة لتحقيقها.

3- دور العمل الاجتماعي في حماية حقوق الإنسان

يسعى الانسان الى تشكيل الجمعيات والمؤسسات والمنظمات النشطة لتحقيق هدفه أو إلى التدخل والمشاركة الفاعلة في المؤسسات والمنظمات الدولية والمحلية غير الحكومية، فالمنظمات غير الحكومية تؤثر بشكل كبير على مسار التنمية وحقوق الإنسان ليس لأنها تحمل رسالة إنسانية عالمية غير مرتبطة بالمكان أو الإقليم فحسب بل لأنها غير حكومية وحيادية وتمول نفسها بنفسها بعيداً عن مجاراة الحكومات وبرامجها في معظم الحالات.

يشير تقرير اتحاد المنظمات العالمية إلى أن عدد المنظمات الدولية غير الحكومية النشيطة قد وصل إلى اكثر من (300) منظمة، وإذا ما تم الحديث عن المنظمات الدولية التي يكون نشاطها في دولتين أو اكثر ولكن موردها بلد واحد فان عددها يزيد بكثير عن (5000) منظمة تقريباً، (المنظمة العربية لحقوق الإنسان الأردن أيلول 2000-2001 شباط) عدد 22/21.

وتهدف المنظمات الدولية غير الحكومية (NGOs) إلى تمويل وحفز ونصح وادارة مجموعة من النشاطات الاجتماعية والاقتصادية التي تركز على خدمة المحرومين والجماعات المهمشة داخل المجتمع، ربما تشمل الجماعات الألفية، واللاجئون وضحايا انتهاكاتً حقوق الإنسان من النساء والأطفال والعمال وضحايا الحروب والفقراء وغيرهم.

أن تزايد عدد هذه المنظمات الدولية وزيادة عدد الأفراد المنتسبين أليها إضافة إلى تزايد مصداقيتها بين الأفراد والمجتمعات جعل لها تأثيراً قوياً وصادقاً في ظل تراجع دور الحكومات والاتجاهات السياسية والحزبية وهيمنة العولمة وآثارها السياسية والاقتصادية على المجتمع الإنساني أن تأثير هذه المنظمات وصل حد التأثير على السياسة العالمية ونشأة ثقافة حقوق الإنسان وجعل المجتمع الإنساني اكثر توازناً، في ظل التشتت الفكري والعقدي والاجتماعي والاقتصادي الذي يعانيه.

وقد يتبى الأخصائي الاجتماعي الذي يعمل من خلال المنظمات الدولية(NGOs) مجموعة استراتيجيات هذه المنظمات لنشر وحماية حقوق الإنسان وذلك من خلال:

1. المراقبة : مراقبة الأحداث والأعمال من خلال موقع معين، مثل عمل منظمات حقوق الإنسان في جنيف في الأمم المتحدة التي تقدم تقارير دائمة للحكومات حول ارتقاء حقوق الإنسان الأساسية.

2. الإقناع: إقناع صناع القرارات الرسمية والحكومية بأهمية عمل المنظمات غير الحكومية ومحتوى رسالتها العامة، إرسال خطابات شفهية ومكتوبة الى الحكومات والمنظمات ذات العلاقة وتزويد مكتب مراقبة حقوق الإنسان في نيويورك مثلاً بالدراسة والتحقيقات اللازمة وربط ذلك بالمساعدات التي يقدمها برنامج الأمم المتحدة الانمائي (UNDP).

3. النصح والاستشارات: تقديم النصح والمشورى القانونية والمعرفية والتقنية من خلال خبراء ومختصين حيال قضايا معينة في أي مكان من العالم، ضمن فريق يقوده الأخصائي الاجتماعي.

4. الدعم المادي في مجالات البيئة والصحة وضحايا الحروب بالتعاون مع المؤسسات الحكومية العاملة في مكان الحدث.

5. جمع اكبر قدر من المؤيدين والمؤازرين لقضايا حقوق الإنسان، من خلال الملتقيات والمؤتمرات والمسيرات التي تدعم الطفل والمرأة والتعليم والصحة والبيئة والتحذير المبكر من خطر الكوارث والأزمات.

6. إيجاد وتقوية العلاقات بين الأمم وتنسيق الأنشطة والملتقيات العالمية لمجموعة من المنظمات الدولية حول قضايا معينة، بعضها دائمة ومستمرة بشكل الاتحاد الفدرالي" المجلس العالمي للوكالات التطوعية" في جنيف.
7. التغذية العكسية الراجعة الإرشادات الموضوعية للقيادات المجتمعية نحو القضايا الوطنية والسياسية .

ان نقاط وقيم التشابه للمنظمات غير الحكومية عبر دول العالم، وطرحها قضايا إنسانية تعكس السياسة العالمية لحقوق الإنسان فيما يتعلق بالمرأة والطفل واللاجئين والحروب والبيئة والتعليم والفقر والديمقراطية ساهم في تشكيل نسقً قيمي ومجتمع مدني عالمي تتعولم فيه قيم الإنسانية والحب والسلام وهو ما يشكل لب وعمق وجوهر مهنة العمل الاجتماعي ذات القيم والأهداف والمنهجية وأساليب التدخل العالمية المشتركة.

ملحق رقم (1)
اللجنة المعنية بالحقوق الاقتصادية والاجتماعية والثقافية
الدورة التاسعة عشرة (1998)

التعليق العام رقم 10
دور مؤسسات حقوق الإنسان الوطنية في حماية الحقوق الاقتصادية والاجتماعية والثقافية

1 تلزم الفقرة 1 من المادة 2 من العهد كل دولة طرف بأن "تتخذ ما يلـزم مـن خطـوات لضـمان التمتـع الفعلي التدريجي بالحقوق [المعترف بها في العهد] سالكة إلى ذلك جميع السبل المناسبة". وتلاحـظ اللجنة أن أحد هذه السبل، التي يمكن اتخاذ خطوات هامة من خلالها، هو عمل المؤسسات الوطنيـة لتعزيز حقوق الإنسان وحمايتها. وقد تكاثرت هذه المؤسسات ولقي هذا الاتجاه تشجيعا قويـا مـن الجمعية العامة ولجنة حقوق الإنسان. ووضعت مفوضية الأمـم المتحـدة السـامية لحقـوق الإنسـان برنامجاً رئيسياً لمساعدة الدول وتشجيعها فيما يخص المؤسسات الوطنية.

2- وتجمع هذه المؤسسات لجاناً وطنية لحقوق الإنسان ومكاتب لأمناء المظالم والدعاة للمصلحة العامـة أو غيرها من حقوق الإنسان ومدافعين عـن الشـعب (defensores del pueblo). وفي حـالات كثيـرة، أنشئت هذه المؤسسات على يد الحكومة، وهي تتمتع بدرجـة كبيـرة مـن الاستقلال عـن السـلطتين التنفيذية والتشريعية، وتأخذ في الاعتبار معايير حقوق الإنسان الدولية التي تنطبق على البلد المعنـي، وقد كلفت بأنشطة متنوعة ترمي إلى النهوض بحقوق الإنسان وحمايتها. وأنشئت هذه المؤسسات في دول ذات ثقافات قانونية متباينة جداً، وبغض النظر عن وضعها الاقتصادي.

3- وتلاحظ اللجنة أن للمؤسسات الوطنية دوراً قد يكون بالغ الأهميـة في تعزيـز كافة حقـوق الإنسـان وضمان عدم قابليتها للتجزئة وترابطها. ومما يؤسف لـه أن هذه المؤسسات لم يُسنَد إليها في معظـم الأحيان هذا الدور أو أنه قد تم تجاهله أو إيلاؤه

29

أولوية دنيا. ولذا فإنه من الضروري إيلاء الحقوق الاقتصادية والاجتماعية والثقافية العناية التامّة في جميع الأنشطة ذات الصلة التي تضطلع بها هذه المؤسسات. وتبين القائمة التالية أنواع الأنشطة التي يمكن أن تضطلع بها المؤسسات الوطنية فيما يخص هذه الحقوق، والتي سبق أن اضطلعت بها في بعض الحالات:

(أ) ترويج البرامج التعليمية والإعلامية الرامية إلى زيادة الوعي بالحقوق الاقتصادية والاجتماعية والثقافية وتفهمها، بين السكان عموماً، وفي أوساط مجموعات خاصة مثل الموظفين الحكوميين وأعضاء السلطة القضائية والقطاع الخاص والحركة النقابية؛

(ب) إنعام النظر في القوانين والإجراءات الإدارية الموجودة، فضلاً عن مشاريع القوانين وغير ذلك من المقترحات لضمان تماشيها مع مقتضيات العهد الدولي الخاص بالحقوق الاقتصادية والاجتماعية والثقافية؛

(ج) إسداء المشورة التقنية أو الاضطلاع بدراسات استقصائية بشأن الحقوق الاقتصادية والاجتماعية والثقافية، بما في ذلك بناء على طلب السلطات العامة أو الوكالات المختصة الأخرى؛

(د) تحديد معايير على الصعيد الوطني يمكن استخدامها لقياس مدى الوفاء بالالتزامات المنصوص عليها في العهد؛

(هـ) إجراء بحوث وتحقيقات للتأكد من إعمال بعض الحقوق الاقتصادية والاجتماعية والثقافية، إما داخل الدولة ككل أو في أقاليم منها أو فيما يخص المجموعات الضعيفة بصورة خاصة؛

(و) رصد إعمال حقوق محددة معترف بها في العهد، وتقديم تقارير عن ذلك إلى السلطات العامة والمجتمع المدني؛

(ز) النظر في الشكاوى المتعلقة بمخالفات مزعومة لمعايير الحقوق الاقتصادية والاجتماعية والثقافية السارية داخل البلد.

4- وتدعو اللجنة الدول الأطراف إلى العمل على أن تشمل الصلاحيات الممنوحة لجميع مؤسسات حقوق الإنسان اهتماما مناسبا بالحقوق الاقتصادية والاجتماعية والثقافية، وتطلب من الدول الأطراف أن تضمّن التقارير التي تقدمها إلى اللجنة تفاصيل بشأن صلاحيات هذه المؤسسات وأنشطتها الرئيسية ذات الصلة.

المراجع

1. Al Gharaibeh Fakir, (2005) the Needs of Prisoners and their Families in Jordanian Society, unpublished (PhD) Dissertation, Curtin University, Australia.

2 Ife, J 2001, Human Rights and Social Work: Toward Rights-Based Practice, 1st edn, Cambridge University Press, Cambridge.

3. MPI & UN 2004, Jordan Human Development Report, Ministry of Planning and United Nations, Amman.

- (المنظمة العربية لحقوق الإنسان الأردن أيلول (2000- 2001 شباط) عدد 22/21.
- التنمية البشرية المستدامة تضع البشر هدفاً ووسيلة لعملية التنمية، من أدبيات التنمية البشرية المستدامة، جريدة الرأي الأردنية، الاثنين. الاثنين 3 كانون اول 3 200 عدد (1214).
- إعلان الحق في التنمية 4/كانون الأول/1986مكتبة الأمم المتحدة
العمل الاجتماعي والتشريعات الاجتماعية الدولية مكتبة ميسوتا, مكتبة حقوق الإنسان ()http://www.umn.edu/humanrts/arab/bos.htm
- اللجنة المعنية بالحقوق الاقتصادية والاجتماعية والثقافية
الدورة التاسعة عشرة (1998)التعليق العام رقم 10
دور مؤسسات حقوق الإنسان الوطنية في حماية الحقوق الاقتصادية والاجتماعية والثقافية
http://www1.umn.edu/humanrts/arabic/cescr-gc10.htm

الفصل الثاني

العمل الاجتماعي في المجال الأسري

العمل الاجتماعي في المجال الأسري

يشكل الاهتمام بالنواحي الوجدانية و توفير الحب والحماية من الضغوط النفسية والاجتماعية،الوظيفة الأساسية للأسرة تجاه أبنائها، والتي تتحقق من خلالها تماسكها، ويصبح أي تهديد لهذا التماسك خطرا على الأمن العاطفي لكل عضو من أعضاء الأسرة،إذ تهدد حاجاته الوجدانية التي لا يمكن إشباعها إلا في الجو الأسري ومن هذا الباب يتدخل العمل الاجتماعي في مجال الأسرة كمجال للممارسة المهنية لمساندة نظام الرعاية الاجتماعية لمساعدة الأسرة لتظل قادرة على أداء وظيفتها الأساسية.

يركز العمل الاجتماعي في الوقت الحاضرعلى النسق الأسري ككل كوحدة للدراسة و العلاج، لا على الفرد حتى و لو كانت المشكلة ظاهريا تتعلق بعضو من أعضائها.لذا فأن الأسرة تهدف إلى إعادة بناء حياتها من جديد على أساس أسلم، وبمعالجة مباشرة للظرف القائم وذلك باعتبار أن الأسرة وإن لم يكن لها أثر في نشوء الموقف أو المشكلة فإن لها أثرا في العلاج.

و قد بدأ العمل الاجتماعي باعتماد أساليب جديدة لم تستطع الأساليب التقليدية أن تصل من خلالها الى حالات الفقراء الذين لا يصلون إلى مصادر المعونة، والمسنين الذي يجهلون الإمكانيات المتاحة في المجتمع لرعايتهم، و الشباب الذين تدفعهم الأنماط المعاصرة للعيش إلى الانحراف. و كذلك حالات الإغاثة السريعة في الأزمات والكوارث.كما يتوجه لمساعدة الأسرة على التغلب على مشكلتها بطريقة سريعة قصيرة، بالتركيز على الأهداف الواقعية المشتركة للأسرة.

وقد أعتمدت المؤسسات الاجتماعية هذه الأساليب للإسراع في التدخل في حل المشكلات و عملت على إيجاد مراكز متقدمة بالأحياء و التجمعات السكنية، تلتقط فورا أية مشكلة أسرية و تحاول وضع حل لها،و تستخدم الأساليب المناسبة للاتصال بالمراهقين والشباب الذي تكتشف إن لديهم بعض المواجهة أو الخلاف مع ذويهم، و خاصة أولئك

الذين تركوا البيت و المدرسة و أصبحت صلاتهم بأسرهم متوترة.مثلما تستخدمها مع الأطفال الذي يعانون من الفراغ و القلق و الضجر، بمناقشة هذه الموضوعات من قبل الأخصائي الاجتماعي بحضور الأهل،و على نفس الغرار البحث في قضايا متشابهة مع أكثر من أسرة تعاني منها، أو أفراد من نفس الفئة التي لديها نفس الخصائص.

1- المدركات الأساسية للعمل الاجتماعي في المجال الأسري:

بالإضافة إلى التزام الأخصائي الاجتماعي بالمبادئ المهنية للعمل الاجتماعي، فان العمل الاجتماعي في المجال الأسري يتطلب إدراك ما يلي:

- عدم حصر العلاج بالمشكلة الحالية التي تعاني منها الأسرة، و إنما يتعدى ذلك إلى تعريف أعضائها بأدوارهم الاجتماعية المتوقعة و المطلوبة تجاه بعضهم و تجاه الآخرين و المجتمع.
- إشباع الأسرة لحاجات أعضائها، بأقصى ما تسمح به إمكانياتها،كجزء من مسؤوليتها الاجتماعية و بما يضمن توازنها وتفعيل الروح الايجابية في العلاقات داخلها.
- إعطاء الأسرة لأعضائها القدوة الحسنة، مما يحفز أعضائها على الاقتداء بالنموذج الحياتي الايجابي.
- تحسيس الأبناء بأهميتهم من حيث الدور و المكانة.
- الاطلاع على التشريعات الخاصة بالأسرة.
- الرجوع إلى الخبراء و العمل بروح الفريق.

2- مستويات العمل في المجال الأسري و الطرق المناسبة للتعامل:

كما هو معروف فان الأخصائي الاجتماعي يختار الطريقة المناسبة لمستوى وحدة العمل: الفرد و الجماعة و المجتمع. و هو يستخدم هذه الطرق بطبيعة الحال في المجال الأسري، على النحو الذي نخصص له هذا الجزء من الحديث.

أ-	**العمل مع الأسرة على المستوى الفردي:**

حيث يهدف هذا العمل إلى مساعدة الأسرة على استعادة التوازن، لتتمكن من أداء أدوارها الاجتماعية، بصورة أكثر فاعلية.و ذلك تبعا للخطوات التالية:

1. **الدراسة الاجتماعية:** وتستخدم بقصد الحصول على الحقائق المختارة بدقة بما يناسب الحالة و طبيعة المشكلة و وظيفة المؤسسة، وتتضمن التاريخ الاجتماعي والتاريخ التطوري.حيث يشمل التاريخ الاجتماعي: البيانات المعرفة بالحالة،طبيعة المشكلة الحالية،شخصية صاحب الحالة، التكوين الأسري،الدخل الأسري، تطور المشكلة الأسرية، الظروف المحيطة بالأسرة، بينما يشمل التاريخ التطوري على الظروف المتصلة بالحالة، كظروف الحمل والولادة واستقبال المولود والعناية المبكرة به، وطبيعة نموه ومراجعة الأطباء و المستشفيات لبعض الاضطرابات.

أما مصادر الدراسة فهي: الزوج و الزوجة،الأبناء، الأقارب، المحيطون، المعنيون بقضايا الأسرة، المستندات و الوثائق، و السجلات. أما أساليب الدراسة فهي: المقابلة الفردية و المشتركة و الجماعية و الأسرية، الزيارة المنزلية، المراسلات، و المكالمات.

2.**التشخيص:** حيث تفسر فيه الحالة بمراعاة العوامل الشخصية و البيئية ،مع ربطها بأهداف صاحب الحالة. على أن يراعى في التشخيص ما يلي:

● التعامل مع حالة الأسرة ككل، لا كحالة فردية لرب الأسرة

● تحديد شبكة التفاعل الأفقي بين العوامل و الأسباب في الحالات شديدة التعقيد.

● تحديد شبكة العلاقات الأسرية، أدوارا وصلات وتأثيرات متبادلة.

● تحديد قانونية الحالة(نفقة، ضم،حضانة).

3.**العلاج:** و يبين خطوات الوصول إلى تحسين الوظيفة الاجتماعية للأسرة بالسيطرة على البيئة و التأثير في السلوك، و ذلك بتقوية التكيف داخل الأسرة و خارجها وتقوية و تدعيم إمكانيات الأسرة، بالتوضيح والتفسير والإقناع.و يجري التركيز على الأساليب العلاجية كما يلي:

- العلاج التنفيسي الاستبصاري في حالات النزاع الزواجي.
- العلاج الواقعي الارغامي في حالات الانحراف السلوكي.
- العلاج المركز على العلاقات في حالات الإحساس بالظلم أو النقص.
- العلاج البيئي المباشر(خدمات مادية و عينية)كخطوة مؤقتة قبل العلاج الذاتي.
- العلاج المصاحب للعلاج الذاتي: للتأثير على الأفراد المتصلين بالمشكلة.

ب- العمل على مستوى الجماعات في المجال الأسري:

و يهدف هذا العمل إلى تحقيق التنشئة الاجتماعية خارج نطاق الأسرة عن طريق خبرات الجماعات التي تنمي خبرات الفرد وتساعده على تطوير شخصية عضو الجماعة وتعدل اتجاهاته و تزيد من قدرته على التعاون مع الآخرين وميله إلى إتباع النظم العامة و الرغبة في وضع أهداف مشتركة و تحقيقها.

ويمارس العمل الجماعي ايضا مع الأزواج و خاصة حديثي الزواج لاكتساب المهارات اللازمة للتكيف مع الظروف الجديدة، و مع الأبناء لغرس القيم و آداب السلوك و أداء الواجبات. و في استثمار أوقات الفراغ، و إيصال ثقافة المجتمع و الحماية من التشرد و الانحراف، و هو يشبع الحاجة إلى الأمن و التقبل و التقدير، و التعبير عن الذات.

يساعد الأخصائي الاجتماعي هذه الجماعات على وضع برنامج متنوع و متوازن، و على تنمية القدرة على حمل المسؤولية الاجتماعية،وعلى استخدام وظيفة المؤسسة التي يعمل فيها لخدمة الجماعة،و استخدام الجماعة للضبط الاجتماعي لأعضائها.و هو يحاول إدراك الدوافع الأساسية لسلوك الأعضاء،و ادراك الحاجات الأساسية لهم، و معرفة الوسائل التي تشبع دوافعهم و احتياجاتهم.

تتعدد أنماط الجماعات الأسرية، ومنها: الجماعات الترويحية،جماعات الآباء،جماعات التجمعات السكنية،جماعات آباء وأمهات الحاضنين أو المتبنين، آباء

وأمهات الأحداث المنحرفين،الأزواج ممن لديهم اضطراب في العلاقات،المسنون في المؤسسات و خارجها.

ج- العمل على المستوى المجتمعي:

يستخدم الأخصائي الاجتماعي طريقة تنمية و تنظيم المجتمع في المجال الأسري، بقصد إحداث تغيير في المجتمع لصالح الأسرة كنظام اجتماعي، له دوره و أهميته في تماسك المجتمع و في نمو الأجيال بصورة ايجابية من مختلف جوانب الشخصية. و هو يستخدمها عن طريق الجمعيات و الهيئات و المؤسسات التي تتشكل على أساس تطوعي، وتعنى بشؤون الأسرة، و توجه جهودها لأعضاء الأسرة حسب تخصصها و بما يوصلها إلى أهدافها، و يعود على الأسرة بالفائدة. وأن يتوخى في تلك الهيئات إيمان العاملين بها بأهدافها . وأن تكون لديهم الكفاءة بالتعامل مع الافراد من منطلق الاحترام و التقدير و حب الخير للآخرين.و أن تدار هذه الهيئات بالأساليب الديمقراطية.

و تتنوع تلك الهيئات على النحو التالي:

أ- هيئات أساسية لتنمية و تنظيم المجتمع و هي ثلاثة أنواع هي:

1- هيئات مشكلة على أساس جغرافي، أغراضها تنسيقية بين الجهات التي تعمل في المجال الأسري أو الاجتماعي بشكل عام على مستوى منطقة جغرافية معينة كالمحافظة أو الإقليم.

2- هيئات مشكلة على أساس وظيفي،أغراضها تتبعية، و تكون على مستوى الدولة، و يمكن أن يكون لها فروعا في المناطق و الأقاليم، و تركز على متابعة كل الأمور أو بعض الأمور التي تهم الأسرة.

3- هيئات محلية، أغراضها تنموية خدمية،و تكون على مستوى المدينة أو الحي أو القرية.وتهتم بخدمة الأسر بصورة مباشرة.

ب - هيئات ثانوية تسعى إلى تنمية و تنظيم المجتمع، تخدم الأسرة في سياق تقديمها للخدمات الأساسية، كالمراكز الصحية و الأندية.

ج - هيئات معاونة تعاون الهيئات العاملة في رعاية الأسرة في تحقيق أهدافها، كمراكز الدراسات و التدريب و المعلومات.

و تهدف مختلف هذه الهيئات إلى تحقيق التنمية و التنظيم لقطاع الأسرة بشكل عام، في الإطار التالي:

- المواءمة بين الموارد و الاحتياجات في ضوء حصرهما بموجب دراسة علمية ميدانية.
- استثارة السكان للمشاركة في تحقيق الأهداف، و خاصة ما يتصل بتغيير المفاهيم والقيم والعادات و الاتجاهات.
- تنظيم الجهود بين المؤسسات و الجمعيات العاملة في رعاية الأسرة.
- رفع مستوى الأداء و مستوى الخدمات المقدمة في المجال الأسري.

3- دور الأخصائي الاجتماعي في المجال الأسري:

في ضوء العرض السابق لممارسة العمل الاجتماعي في المجال الأسري على مختلف المستويات، يمكن أن تلخيص دور الأخصائي الاجتماعي بمايلي:

1- اكتشاف الحالات والاطلاع على أحوال الأسرة التي تحتاج حالتها إلى تدخل، من خلال المقابلات و السجلات و التقارير.
2- مساعدة الأسرة على تنظيم جهودها في حل مشكلاتها و رفع مستوى حياتها، وفقا لخطة متفق عليها بين الطرفين.
3- تنظيم برامج جماعية لأعضاء الأسرة حسب احتياجاتهم و قابليتهم، إما تكون جماعات ترويحية أو توجيهية أو تأهيلية أو علاجية.
4- حشد جهود السكان في أطر تنظيمية تطوعية، للاهتمام بالقضايا الأسرية و مواجهة الأزمات و المشكلات الأسرية.

5- الاستفادة من الآثار الايجابية و السلبية للظواهر الاجتماعية المتصلة بالحياة الأسرية.

6- المشاركة في برامج التثقيف الاجتماعي، و توجيهها لتطوير الحياة الأسرة.مثل قضايا تنظيم الأسرة و الفحص الطبي قبل الزواج.

7- العمل من خلال مؤسسات رعاية الأسرة، التي تعنى برأب الصدع و تعويض فرص الرعاية الطبيعية للأبناء.و ذلك على النحو التالي:

• متابعة الأسر التي تعاني من مشكلات لحل هذه المشكلات.

• تحويل الحالات التي تحتاج إلى علاج نفسي إلى مؤسسة مختصة أخرى.

• المساعدة في إيجاد عمل لأحد أعضاء الأسرة، أو إلحاقه ببرنامج للتدريب المهني.

• إيداع الطفل الذي يخشى عليه من البقاء في الأسرة الطبيعية،في مؤسسة إيوائية لحمايته من الانحراف أو الاضطراب النفسي.

• الاتصال بصناديق المساعدات المالية لتخصيص المعونة للأسر المنعدمة الدخل.

• الاتصال بمؤسسات رعاية ذوي الاحتياجات الخاصة، لتأمين خدمة الأسر التي لديها أبناء يحتاجون إليها.

• متابعة أوضاع دور الحضانة ضمن منطقة مسؤولياته.

• متابعة توصيات الدراسات الميدانية التي نفذت بقصد تطوير خدمات رعاية الأسرة.

• العمل في مؤسسات رعاية الأطفال في متابعة الأمور التالية:

▪ استلام الطفل المشرد بالطرق الرسمية لتي تثبت الحالة، مثل حالات:مرض الأب،التعرض للإهمال الشديد أو سوء المعاملة،معاناة الأهل من مشكلات أسرية كالطلاق و التشرد و السجن.

▪ القيام بزيارات لأسرة الطفل (إذا لم يكن مجهول النسب) ، حتى التأكد من تحسن ظروفها، بما يسمح بإعادة الطفل إلى أسرته الطبيعية.

- تنظيم أنشطة ترويحية و تثقيفية جماعية للأطفال المنتفعين، بهدف اكتساب المهارات و إشغال وقت الفراغ.
- توجيه الطفل في أواخر مرحلة الطفولة، حول علاقاته بأهله و بالبيئة التي سيقيم فيها.
- ملاحظة الطفل داخل المؤسسة، سلوكا و نشاطا و نموا.
- متابعة الطفل في المدرسة و مركز التدريب.
- متابعة الأسر التي تحتضن أطفالا لغيرها، و التأكد من توفر الشروط المناسبة للاحتضان.

المعوقات التي تؤثر على دور الأخصائي الاجتماعي:

تواجه الأخصائي الاجتماعي عند قيامه بدوره في المجال الأسري جملة من المعوقات من بينها:

- عدم توفر الأجواء المناسبة للأداء المهني داخل المؤسسة.
- عدم وجود أخصائيين اجتماعيين من الجنسين في المؤسسة، مما ينفي حرية البوح ببعض الأمور التي تتصل بالعلاقة الزوجية وطبيعة التعامل مع الطرف الآخر.
- عدم وجود تشريعات تسهل التدخل المهني للأخصائي الاجتماعي في القضايا المعروضة على القضاء الشرعي و النظامي.
- وجود إجراءات روتينية في المؤسسة، تحد من التصرفات الإنسانية التي تمليها فلسفة العمل الاجتماعي ، ومن تحرك الأخصائي ميدانيا..
- عدم وجود مقاييس موضوعية لأداء الأسرة، و اعتماد ذلك على الانطباعات في كثير من الاحيان.

إن للأسرة نصيب وافر في جهود العمل الاجتماعي ،نظرا لأدراك هذه المهنة أن الأسرة بيت الداء و الدواء، ومنها و إليها تنطلق عملية إعادة البناء الاجتماعي للمجتمع،

وتنمية طاقات الإنسان لتزيد إمكانياته في إشباع حاجاته وقيامه بالمسؤولية الاجتماعية تجاه مجتمعه.

4- أهمية العمل الاجتماعي في قضايا الصحة الإنجابية والجنسية

تشكل قضايا الصحة الإنجابية والجنسية ركائز هامة من ركائز التنمية ، حيث ساعد ذلك على انتشار المساعدات التنموية التي قدمتها الدول الغنية للدول الفقيرة، حيث أكدت قرارات المؤتمر الدولي للسكان والتنمية الذي عقد في القاهرة عام 1994، والمؤتمر الدولي الرابع الذي عقد في بكين عام 1995 أن الصحة الإنجابية والجنسية هي المبادىء الرئيسية لحقوق الإنسان والتنمية وخصوصا حق المرأة في اتخاذ القرار الذي يتعلق بجسدها وحياتها الجنسية حيث تعتبر أيضا من الشروط الرئيسية لتحقيق التقدم الإقتصادي والإجتماعي.

ويقصد بالصحة الإنجابية حالة رفاه كاملة بدنيا وعقليا واجتماعيا في جميع الأمور المتعلقة بالجهاز التناسلي ووظائفه وعملياته،وليست مجرد السلامة من المرض أو الإعاقة ،ولذلك فهي تعني القدرة على التمتع بحياة جنسية مرضية ومأمونة، وقدرتهم على الإنجاب وحريتهم في تقرير الإنجاب وموعده وتوتراته. ويشمل هذا الشرط أيضا حق الرجل والمرأة في معرفة واستخدام اساليب تنظيم الاسرة المأمونة والفعالة والميسورة والمقبولة في نظرهما، وأساليب تنظيم الخصوبة التي يقرراها دون تعارض مع القانون، كما تتضمن الحق في الحصول على خدمات الرعاية الصحية المناسبة، التي تمكن المرأة من أن تختار بأمان فترة الحمل والولادة، وتهيء للزوجين أفضل الفرص لإنجاب طفل متمتع بالصحة.

إن عملية تنظيم الأسرة وما يتعلق بها من قضايا ذات علاقة بالصحة الإنجابية والجنسية، ترتبط ارتباطا وثيقا بالأفكار والاتجاهات والسلوكيات الخاصة بالفرد والجماعة والمجتمع، وهي محاور يسعى الأخصائي الاجتماعي الى تبنيها أولا والإيمان بها للتأثيرعلى الآخرين من أفراد المجتمع.

إن تغيير الأفكار والاتجاهات بالنسبة للأفراد والأسرة تبدأ بتوعية المرأة والرجل بحقهما في الحياة، وحق اطفالهما في العيش في حياة أمن واستقرار، ينعم فيها المجتمع بظروف اقتصادية واجتماعية مناسبة حيث نصت المادة (25) من الاعلان العالمي لحقوق الانسان. ان لكل شخص الحق في مستوى من المعيشة كافي للمحافظة على الصحة والرفاهية له ولأسرته، ويتضمن ذلك التغذية والملبس والعناية الطبية وكذلك الخدمات الاجتماعية اللازمة له .وتنص الفقرة الثانية من نفس المادة على أن للأمومة والطفولة الحق في مساعدة ورعاية خاصتين.

كما ونذكر المادة العاشرة من العهد الدولي الخاص بالحقوق الاقتصادية والاجتماعية والثقافية عن حماية الاسرة ووجوب منحها اكبر قدر ممكن من الحماية والمساعدة ووجوب توفير حماية خاصة للأمهات من خلال فترة معقولة قبل الولادة وبعدها . وقد نصت المادة السابعة من اعلان القاهرة حول" حقوق الانسان في الاسلام"، على وجوب حماية الجنين والام وإيلائهما عناية خاصة. أما المؤتمر الدولي للسكان والتنمية الذي عقد في القاهرة في العام (1994) وشارك فيه اكثر من (180) دولة حول المباديء الرئيسية للحقوق الانجابية فقد أقر ما يلي :

*الحق في ان يكون كل فعل جنسي متحرر من الاكراه والعدوى.

*الحق في ان يكون كل حمل مقصود وان تكون كل ولادة صحية.

ان احترام الحقوق الجنسية والانجابية والتي هي جزء من حقوق الانسان تعد من ركائز التنمية والعمل الاجتماعي التي يسعى العمل الاجتماعي الى تفعيلها وتركيزها داخل المجتمع الانساني . كما ان اهمال الصحة والحقوق الانجابية والجنسية يعد سببا للعديد من المشاكل الاجتماعية والنفسية والصحية التي اعتبرها المجتمع الدولي بحاجة الى تدخل فوري وعاجل كالعنف والتحرش الجنسي- واغتصاب النساء والاطفال والايدز ووفيات الامهات وحمل المراهقات والاطفال المهجرين والممارسات المؤذية كختان الإناث والاجهاض والتزايد السكاني وانتهاكات حقوق الانسان بما في ذلك حق الانسان في الامن والحرية .

إن ممارسة العمل الاجتماعي يمكن ان تفعل عملية (التشبيك) بين المؤسسات الحكومية وغير الحكومية لنشر الوعي بأهمية تنظيم الاسرة والمحافظة على الصحة الجنسية والانجابية، ان الاخصائي الاجتماعي الذي يتمتع بمهارات اتصالية واعلامية عالية، يمكن له ان يؤثر في المجتمع والاسرة ويقدم تصورا عمليا للتربية الجنسية في مراكز تنظيم الاسرة والمدارس والجامعات ومراكز الشباب وتثقيف الشباب بخطورة الامراض الجنسية والاتصال الجنسي غير المشروع. وقد يبرز دور الاخصائي الاجتماعي ايضا بصورة اكثر فاعلية اذا كان واحداً من المستشارين الشبان في هذه البرامج رغم المعوقات الداخلية والخارجية التي تواجه الاخصائي الاجتماعي في هذه العملية، فالاخصائي قد يوضح للشباب أهمية الزواج وتكوين الاسرة و الاخطار الصحية والنفسية المترتبة على عدم الزواج.

وفي دراسة علمية في القاهرة(1999) حذر الدكتور عبد الناصر توحيد استاذ العلاج الطبيعي بجامعة المنصورة في مصر اجراها على اكثر من الف شاب مصري اعزب تتراوح اعمارهم بين الثلاثين والاربعين عاما من ان العزاب يعانون من الاكتئاب وفقر الدم رغم كل الصعاب التي تواجه الشباب الآن في عملية الزواج بسبب ارتفاع تكلفة الحياة والظروف الاقتصادية الآخذه في التعقيد. واكدت نتائج الدراسة ان الاعزب اقصر عمرا وان الزواج يقوي الصحة.

واثبتت الدراسة المصرية ان الاعزب يتناول اطعمة غير مناسبة وغير مكتملة العناصر الغذائية ومعظم هذه الاطعمة ملوث مما يؤدي الى اصابته بأمراض مختلفة مثل زيادة نسبة الحموضة في المعدة او الاثني عشر والتي تؤدي إلى اصابته بقرحة المعدة، كما يصاب الاعزب بتقلصات القولون بسبب الاطعمة غير المناسبة التي يتناولها. فضلا عن المتاعب النفسية التي يتعرض لها، والاخطر من هذا ان الاعزب قد يتعرض بسبب الطعام الملوث الى الاصابة بالالتهاب الكبدي الوبائي، وهو من اخطر الامراض المنتشرة حاليا .

وتؤكد الدراسة ان اكثر من 40% من العزاب يصابون بالانيميا وفقر الدم نتيجة تناولهم طعاما لا تتوافر فيه جميع العناصر الغذائية وبسبب تكاسل الاعزب عن تناول ثلاث وجبات يوميا. ويقول بعض العزاب في الدراسة انهم ينسون احيانا حكاية الاكل ويكتفون باحتساء الشاي والقهوة بـل ان بعضهم يتكاسل عن اعداد الطعام لنفسه داخل المنزل، ويفضل النوم مثلا دون عشاء. والشيء الغريب ان الدراسـة اوضحت ان الاعزب دون غيره معرض للاصابة بدوالي الساقين. اذ ثبت طبيا ان 25% مـن العزاب مصابون بهذا المرض، لان معظمهم يقضون وقتا طويلا خارج المنزل وهم واقفون.

كما ان العزاب كذلك مصابون بأمراض الحساسية المختلفة وامراض ضـغط الـدم، واخطـر مـرض يتعرض له الاعزب هو الاكتئاب نتيجة الوضع الاجتماعي الذي يعاني منه.فهو لا يشعر بـأي استمرارية في الحياة، ويفتقد الاطار النفسي الذي يتواصل فيه مع شريكه في الحياة الذي يقاسمه الاعباء والمشاكل التـي يتحملها وحده...فإن عملية التواصل النفسي والاجتماعي بين الزوجين والتي تتم من خلال تبادل الاحاديـث والارتكاز المعنوي لكليهما على الآخر من شأنها ان تحقق الاستقرار النفسي والتوازن والقدرة عـلى التغلـب على المشكلات مهما بلغت صعوبتها.

وتشير الدراسة الى ان لكل انسان مواصفات خاصة يطلبها في شريك حياته تتفق مـع شخصيته،وهذه المواصفات تختلف من شخص لآخر، فلا يزال المجتمع وخاصة الرجل يـرفض الفتاة التـي تتفوق عليه في امكاناته العلمية او العقلية، فالرجل يفضل ان يكون هو الاكثر كفاءة وذكاء من زوجته وان يشعر دائما بقوته وتفوقه، وتشير الى وجود زيجات فاشلة بسبب تفوق المرأة في العمل او في الـدخل عـلى زوجها، وكذلك يخشى الرجل الارتباط بزوجة متحررة، ويجب ان يكون هـو الرجل الاول في حياتها ويريـد المرأة التي يسيطر عليها وان تصبح الكلمة العليا له في المنزل .

القيود التي عرفتها جمعيات تنظيم الأسرة:

على الرغم من أهمية الزواج في حياة الانسان إلا أن هناك جملة من القيود المتعددة التي تحول دون ذلك، وهناك مجموعة من القيود التي عرفتها جمعيات تنظيم الأسرة والتي يمكن تقسيمها الى قسمين: القيود الخارجية بسبب المحيط السياسي والاجتماعي والثقافي، والقيود الداخلية على مستوى الجمعيات. (انظر الشكل التالي)

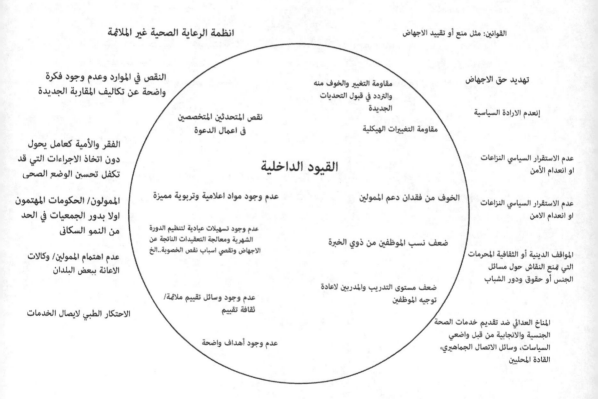

القيود الخارجية
القوانين: مثل منع أو تقييد الاجهاض
انظمة الرعاية الصحية غير الملائمة
تهديد حق الاجهاض
النقص في الموارد وعدم وجود فكرة واضحة عن تكاليف المقاربة الجديدة
إنعدم الارادة السياسية
الفقر والأمية كعامل يحول دون اتخاذ الاجراءات التي قد تكفل تحسين الوضع الصحى
عدم الاستقرار السياسي النزاعات او انعدام الأمن
الممولون/ الحكومات المهتمون اولا بدور الجمعيات في الحد من النمو السكانى
عدم الاستقرار السياسي النزاعات او انعدام الامن
عدم اهتمام الممولين/ وكالات الاعانة ببعض البلدان
المواقف الدينية أو الثقافية المحرمات التي تمنع النقاش حول مسائل الجنس أو حقوق ودور الشباب
الاحتكار الطبي لايصال الخدمات
المناخ العدائي ضد تقديم خدمات الصحة الجنسية والانجابية من قبل واضعي السياسات، وسائل الاتصال الجماهيري، القادة المحليين
مقاومة التغيير والخوف منه والتردد في قبول التحديات الجديدة
نقص المتحدثين المتخصصين في اعمال الدعوة
مقاومة التغييرات الهيكلية
القيود الداخلية
عدم وجود مواد اعلامية وتربوية مميزة
الخوف من فقدان دعم الممولين
عدم وجود تسهيلات عيادية لتنظيم الدورة الشهرية ومعالجة التعقيدات الناتجة عن الاجهاض وتقصي اسباب نقص الخصوبة..الخ
ضعف نسب الموظفين من ذوي الخبرة
ضعف مستوى التدريب والمدربين لاعادة توجيه الموظفين
عدم وجود وسائل تقييم ملائمة/ ثقافة تقييم
عدم وجود أهداف واضحة

ملحق رقم (2)

إعلان حقوق الطفل

اعتمد ونشر علي الملأ بموجب قرار الجمعية العامة1386 (د-14) المؤرخ في 20 تشرين الثاني/نوفمبر 1959

الديباجة

لما كانت شعوب الأمم المتحدة، في الميثاق، قد أكدت مرة أخري إيمانها بحقوق الإنسان الأساسية وبكرامة الشخص الإنساني وقيمته، وعقدت العزم علي تعزيز التقدم الاجتماعي والارتقاء بمستويات الحياة في جو من الحرية أفسح،ولما كانت الأمم المتحدة، قد نادت، في الإعلان العالمي لحقوق الإنسان، بأن لكل إنسان أن يتمتع بجميع الحقوق والحريات المقررة فيه، دون أي تمييز بسبب العرق أو اللون أو الجنس أو اللغة أو الدين، أو الرأي سياسيا أو غير سياسي، أو الأصل القومي أو الاجتماعي أو الثروة أو النسب أو أي وضع آخر،ولما كان الطفل يحتاج، بسب عدم نضجه الجسمي والعقلي إلي حماية وعناية خاصة، وخصوصا إلي حماية قانونية مناسبة سواء قبل مولده أو بعده، وبما أن ضرورة هذه الحماية الخاصة قد نص عليها في إعلان حقوق الطفل الصادر في جنيف عام 1924 واعترف بها في الإعلان العالمي لحقوق الإنسان وفي النظم الأساسية للوكالات المتخصصة والمنظمات الدولية المعنية برعاية الأطفال، وبما أن للطفل علي الإنسانية أن تمنحه خير ما لديها.

فإن الجمعية العامة،

تصدر رسميا "إعلان حقوق الطفل" هذا لتمكينه من التمتع بطفولة سعيدة ينعم فيها، لخيره وخير المجتمع، بالحقوق والحريات المقررة في هذا الإعلان، وتدعو الآباء والأمهات، والرجال والنساء كلا بمفرده، كما تدعو المنظمات الطوعية والسلطات المحلية والحكومات القومية إلي الاعتراف بهذه الحقوق والسعي لضمان مراعاتها بتدابير تشريعية وغير تشريعية تتخذ تدريجيا وفقا للمبادئ التالية:

المبدأ الأول

يجب أن يتمتع الطفل بجميع الحقوق المقررة في هذا الإعلان. ولكل طفل بلا استثناء أن يتمتع بهذه الحقوق دون أي تفريق أو تمييز بسبب العرق أو اللون أو الجنس أو الدين أو الرأي سياسيا أو غير سياسي، أو الأصل القومي أو الاجتماعي، أو الثروة أو النسب أو أي وضع آخر يكون له أو لأسرته.

المبدأ الثاني

يجب أن يتمتع الطفل بحماية خاصة وأن يمنح، بالتشريع وغيره من الوسائل، الفرص والتسهيلات اللازمة لإتاحة نموه الجسمي والعقلي والخلقي والروحي والاجتماعي نموا طبيعيا سليما في جو من الحرية والكرامة. وتكون مصلحته العليا محل الاعتبار الأول في سن القوانين لهذه الغاية.

المبدأ الثالث

للطفل منذ مولده حق في أن يكون له اسم وجنسية.

المبدأ الرابع

يجب أن يتمتع الطفل بفوائد الضمان الاجتماعي وأن يكون مؤهلا للنمو الصحي السليم. وعلي هذه الغاية، يجب أن يحاط هو وأمه بالعناية والحماية الخاصتين اللازمتين قبل الوضع وبعده. وللطفل حق في قدر كاف من الغذاء والمأوي واللهو والخدمات الطبية.

المبدأ الخامس

يجب أن يحاط الطفل المعوق جسميا أو عقليا أو اجتماعيا بالمعالجة والتربية والعناية الخاصة التي تقتضيها حالته.

المبدأ السادس

يحتاج الطفل لكي ينعم بشخصية منسجمة النمو مكتملة التفتح، إلي الحب والتفهم. ولذلك يراعي أن تتم تنشئته إلي أبعد مدي ممكن، برعاية والديه وفي ظل مسؤوليتهما، وعلى أي حال، في جو يسوده الحنان والأمن المعنوي والمادي فلا يجوز، إلا في ظروف

استثنائية، فصل الطفل الصغير عن أمه. ويجب علي المجتمع والسلطات العامة تقديم عناية خاصة للأطفال المحرومين من الأسرة وأولئك المفتقرين إلي كفاف العيش. ويحسن دفع مساعدات حكومية وغير حكومية للقيام بنفقة أطفال الأسر الكبيرة العدد.

المبدأ السابع

للطفل حق في تلقي التعليم، الذي يجب أن يكون مجانيا وإلزاميا، في مراحله الابتدائية علي الأقل، وأن يستهدف رفع ثقافة الطفل العامة وتمكينه، علي أساس تكافؤ الفرص، من تنمية ملكاته وحصافته وشعوره بالمسؤولية الأدبية والاجتماعية، ومن أن يصبح عضوا مفيدا في المجتمع.

ويجب أن تكون مصلحة الطفل العليا هي المبدأ الذي يسترشد به المسؤولون عن تعليمه وتوجيهه. وتقع هذه المسؤولية بالدرجة الأولي علي أبويه. ويجب أن تتاح للطفل فرصة كاملة للعب واللهو، اللذين يجب أن يوجها نحو أهداف التعليم ذاتها. وعلي المجتمع والسلطات العامة السعي لتيسير التمتع بهذا الحق.

المبدأ الثامن

يجب أن يكون الطفل، في جميع الظروف، بين أوائل المتمتعين بالحماية والإغاثة.

المبدأ التاسع

يجب أن يتمتع الطفل بالحماية من جمع صور الإهمال والقسوة والاستغلال. ويحظر الاتجار به علي أية صورة.

ولا يجوز استخدام الطفل قبل بلوغه السن الأدنى الملائم. ويحظر في جميع الأحوال حمله علي العمل أو تركه يعمل في أية مهنة أو صنعة تؤذي صحته أو تعليمه أو تعرقل نموه الجسمي أو العقلي أو الخلقي.

المبدأ العاشر

يجب أن يحاط الطفل بالحماية من جميع الممارسات التي قد تدفع إلي التمييز العنصري أو الـديني أو أي شكل آخر من أشكال التمييـز، وأن يـربى عـلي روح الـتفهم والتسـامح، والصـداقة بـين الشـعوب، والسـلم والأخوة العالمية، وعلي الإدراك التام لوجوب تكريس طاقته ومواهبه لخدمة إخوانه البشر.

المراجع

- الجميلي_خيري خليل: **المـدخل في الممارسـة المهنيـة في مجـال الأسرة و الطفولـة،** المكتـب الجامعي، الأسكندرية 1997.

- الرشيدي - ملاك أحمد: **نظريات و نماذج علمية في تنظيم المجتمع،** كلية الخدمـة الاجتماعيـة، القاهرة 1995.

- زيدان _ علي حسين و آخرون: **الاتجاهات الحديثة في خدمة الفـرد،** كلية الخدمـة الاجتماعيـة، القاهرة 1995.

- الصـديقي _ سـلوى عـثمان: **الأسرة و السكان مـن منظـور الخدمـة الاجتماعيـة،** دار المعرفـة، الإسكندرية 2000.

- عطية _ عبد الحميد: **أساسيات ممارسة طريقة العمل مع الجماعات،** كلية الخدمة الاجتماعية، القاهرة 1991.

- غرايبه _ فيصل محمود: **الخدمة الاجتماعية في المجتمع العربي المعاصر،**دار وائـل للنشر_ عـمان 2004.

- مخلوف_ إقبال إبراهيم:**الخدمة الاجتماعية و رعاية الأسرة و الطفولة،**الإسكندرية 1992.

- Thompson, Neil .Building the Future: **Social Work with Children, Young People and their Families**. UK. Russell Hes Publ,2002

- المؤتمر الدولي للسكان والتنمية فقرة 7، المادة الثانية، القاهرة في العام (1994).

- المنظمة العربية لحقوق الإنسان /الأردن/ العدد 12،11 / أيلول 2000 – شباط 2001.

- إعلان حقوق الطفل اعتمد ونشر علي الملأ بموجب قرار الجمعية العامة1386 (د-14) المـؤرخ في 20 تشرين الثاني/نوفمبر 1959 http://www1.umn.edu/humanrts/arab/b025.html

- غنان الحاج أحمد، **العنف الأسري ضد الطفل في المجتمع الأردني**، رسالة ماجستير غـير منشـورة، الجامعة الأردنية، قسم علم الاجتماع، 2000 .

الفصل الثالث

العمل الإجتماعي في المجال التعليمي

العمل الإجتماعي في المجال التعليمي

أ- العمل الاجتماعي في مجال التعليم العام

1- نشأة وتطور المجال التعليمي للعمل الاجتماعي

كانت جهود المؤسسات الخاصة في فترة الإصلاح الاجتماعي التي انطلقت في الولايات المتحدة وأوروبا في بداية القرن العشرين، السبب في ظهور العمل الاجتماعي في المدارس . وخاصة المدارس الأهلية في كل من بوسطن ونيويورك بداية من العام الدراسي 1906 / 1907.

بدأت المبادرة من المحلات الاجتماعية وبيوت الجيرة في نيويورك ، التي رأت في زيادة المدارس واجبا عليها أن تقوم به لإيجاد صيغة من التعاون بين المدرسة والمجلات الاجتماعية لمواجهة مشكلات أبناء الحي الذي توجد فيه. مثلما سعت الجمعية النسائية للتعليم إلى إيجاد رابطة مماثلة بين المدرسة والبيت عن طريق المدرس الزائر الذي كان يطوف الأحياء لزيارة أهالي الطلبة والبحث معهم في مشكلاتهم وأوضاعهم التعليمية والاجتماعية والنفسية. أما في هارتفورد فقد سعت العيادة السيكولوجية المحلية هناك إلى التعاون مع الأسرة والمدرسة لحل المشكلات النفسية والتعليمية للطلبة .

أما على الصعيد الحكومي ، فان المدارس الحكومية قد عينت أول أخصائية اجتماعية للعمل مع الطلبة في مدرسة (وتشتسير) في نيويورك عام 1913 وغير اسم المدرس الزائر إلى الأخصائي الاجتماعي المدرسي عام 1919 بعد إنشاء أول جمعية للأخصائيين الاجتماعيين في المدارس. واخذ الأخصائيون الاجتماعيون باتجاه معالجة حالات سوء التكيف مع الأجواء المدرسية و البيتية، واستمر العمل بهذا الاتجاه إلى أن بدا بالاتساع في تناول المشكلات الاجتماعية للطلبة وبشكل جماعي ومجتمعي .

أما على الصعيد العربي، فعرف العمل الاجتماعي المدرسي في أواخر الأربعينات من القرن العشرين، وفي مصر بالذات، إلا أن الدور المهني لم يتم انجازه بسهولة ولم يعترف

به في البداية، وظل الأخصائيون الاجتماعيون يسعون بجهودهم لإشعار القطاع التعليمي خاصة والمجتمع عامة بأهمية دورهم في دعم العملية التعليمية وصقل شخصية الطالب، حتى ترسخ هذا الدور وأصبح جزءا من الأداء التعليمي في مختلف المراحل . وقد أخذت المملكة العربية السعودية التجربة المصرية وطبقتها في مدارسها، ثم أخذت دول الخليج العربي نفس التجربة بعد استقلالها في مستهل عقد السبعينات.

إلا أن الأردن وعدد من الدول العربية الأخرى كدول المغرب العربي مال نحو الاستفادة من برامج الإرشاد والنفسي والاجتماعي التي ازدهرت الدراسة فيها والإقبال عليها في كليات العلوم التربوية في الجامعات الأردنية والعربية المختلفة ، الأمر الذي أغلق المجال ولو بصورة جزئية أمام الأخصائيين الاجتماعيين للعمل مع الطلبة في قضاياهم الاجتماعية والنفسية.

أدخل العمل الاجتماعي في المجالات التعليمية بأوائل الخمسينيات، بهدف تفرغ المعلمين الذين يقومون بعمليات الإشراف لمواجهة تزايد أعداد الطلبة و زيادة عدد الصفوف، بالتالي للتفرغ للعملية التعليمية و أعباؤها،تمكنت مهنة العمل الاجتماعي في المدرسة العربية أثناءها أن تؤكد دورها الايجابي والإنشائي في العمليات التربوية والتكوينية للطالب، مستفيدة من مفاهيم التربية الحديثة، التي تؤكد على النمو الاجتماعي والنفسي للطالب إلى جانب التحصيل الدراسي، فأخذت تساهم في العلميات التربوية، لمساعدة الطالب في الوصول إلى الأهداف المتكاملة، التي تسعى المدرسة إلى الوصول إليها.

ترجع أهمية العمل الاجتماعي في المجال التعليمي إلى أنه عمل مع قطاعات كبيرة من أبناء المجتمع هم طلبة مختلف المراحل التعليمية من ذكور و إناث، وتشكل جهوده حلقة في إعداد الجيل الجديد الذي سوف يتحمل مسؤوليات المستقبل، فإذا نجحت مهنة العمل الاجتماعي في دورها البناء تكون قد ساهمت مساهمة أكيدة في تحقيق أهداف التنمية وتقدم المجتمع.

وتعني هـذة المهنـة في المجـال التعليمـي عـلى مستوى المدرسـة، وكـذلك المسـتويات الإشرافيـة والتخصصية والإدارية وغيرها، التي ينصب تأثيرها على المدرسة، وهي تمثل مجموعة المجهودات والخدمات والبرامج، التي تعمل على رعاية النمو الاجتماعي للطلاب، بقصد تهيئة الظروف الملائمة لتقدمهم التعليمـي والتربوي.

2- أهداف العمل الاجتماعي التعليمي:

تعمل مهنة العمل الاجتماعي في المجال التعليمي على تحقيق ثلاثة أهداف رئيسية هي:

الأول: المساهمة في التنشئة الاجتماعية للطلاب:

يقصد بالتنشئة هنا التوافق والتكيف والتفاعل الاجتماعي للطلاب، ومـن أجـل ذلـك يهـدف العمـل الاجتماعي التعليمي إلى:

1. دراسة المشكلات الفردية التي تواجه الطلبة، وتؤثر على حياتهم التعليمية وإيجاد الحلول المناسبة لها.
2. استثمار الوقت الحر لدى الطلبة، بما يعود عليهم بالنفع والفائدة وذلك من خلال الأنشطة الجماعية.
3. تنمية القيادات الطلابية بحيث تصبح قادرة على التأثير الإيجابي على الحياة التعليمية.

الثاني: المساهمة في التنمية الاجتماعية للحياة التعليمية، وهي تعني توفير الجو الاجتماعي المناسب، الذي يتسم بالتفاعل الاجتماعـي بـين الطـلاب، وينظم العلاقـات والخـدمات المتبادلـة بـين المؤسسـة التعليميـة والمجتمع، و من أجل ذلك تعمل الخدمة الاجتماعية التعليمية إلى:

أ. تنظيم الحياة التعليمية في إطار وحدات ديمقراطية تحقق للطلاب حرية الرأي والمشاركة الإيجابية.

ب . جعل المؤسسة التعليمية مركز إشعاع للبيئة المحلية المحيطة حتـى تـتمكن مـن المسـاهمة في خدمـة المجتمع.

ج . مواجهة الظواهر الاجتماعية المنعكسة على المؤسسة التعليمية، وذلك بتنظيم البرامج والمشروعات لمواجهة الظواهر السلبية منها،و الاستفادة من الايجابية منها.

الثالث: زيادة التحصيل الدراسي وفاعلية التعليم، من خلال

أ . تهيئة الظروف المحيطة بالطالب لمساعدته على التحصيل الدراسي.

ب . العناية بالمتأخرين دراسيا وتتبعهم اجتماعيا لمواجهة هذا التأخر.

ج . تنظيم البرامج الاجتماعية التي تساعد الطالب على زيادة تحصيله الدراسي.

3- طرق العمل الاجتماعي التعليمي :

يستخدم العمل الاجتماعي التعليمي في المجال التعليمي كما في غيره من مجالات العمل الاجتماعي ثلاث طرق فنية، وتتضمن كل طريقة من هذه الطرق عدد من المسؤوليات التي يتولاها الأخصائي الاجتماعي، ولكن ذلك لا ينفي كونها مترابطة ومتكاملة، تتجه نحو غايات واحدة، وان اختلفت ممارساتها من مؤسسة لأخرى، طبقا لظروفها واحتياجاتها ومشكلاتها.

أ. العمل مع الحالات الفردية

أولا:في المواقف الفردية المعقدة أو متعددة الأسباب، وتتطلب دراسة اجتماعية نفسية معمقة:

1. يقوم الأخصائي الاجتماعي بدراسة الحالات الفردية التي تتطلب المساعدة، ثم يشخصها، ويعمل على علاجها مستعينا بمهارته الفنية.

2. يتعرف بدقة على الإمكانيات الموجودة في المجتمع، و التي يمكنه الإستعانة بها للمساهمة في علاج هذه الحالات.

ثانيا: في المواقف الفردية العارضة أو المؤقتة، يتعامل معها باستخدام أساليب التوجيه الاجتماعي، للقيام بمايلي:

1. مساعدة الطلبة على مواجهة المواقف الاجتماعية الفردية العارضة عن طريق التعبير عنها أو لإيضاح أسبابها أو كيفية مواجهتها.

2. إجراء المقابلات الفردية و عقد الندوات الجماعية وتنظيم المؤتمرات التوجيهية، للتبصير بالمشكلات و توضيح الطريق للتخلص منها.

ثالثا: في المواقف التي تقتصر إجراءاتها على الدراسة الوثائقية:

1. يقوم الأخصائي بدراسة وثائقية للمواقف الفردية التي تحتاج لمساعدة اقتصادية وذلك لتلبية متطلباتها الضرورية العاجلة.

2. التخطيط لمشروعات وبرامج إنتاجية و تنفيذها بالجهود الطلابية ممن لديهم معاناة مادية.

رابعا: في تأمين المصادر للخدمة الفردية:

1. القيام بالاتصالات المستمرة بالهيئات والمؤسسات في المجتمع المحلي التي للاستعانة بها كمصادر في تقديم الخدمة الاجتماعية الفردية للطلبة.

2. تزويد مشرفي الصفوف بالمعلومات الاجتماعية المتعلقة بالطلبة الذين يتعاملون معهم.

ب. العمل مع الجماعات الطلابية:

أولا: مع جماعات النشاط:

1. العمل على تكوين الجماعات التي تعكس قضايا مجتمعية والإشراف عليها ومتابعة نموها بشكل مباشر متبعا خطوات وأساليب ومبادئ طريقة خدمة الجماعة.

2. تكوين الجماعات ذات الأغراض الاجتماعية والإشراف عليها وتكوين جماعات طلابية جديدة بين وقت وآخر وفقا لاحتياجات الطلبة.

ثانيا:مع الجماعات الصفية: القيام بالتوجيه الاجتماعي الجماعي بهدف مساعدة الطلاب على تفهم أنفسهم والكشف على مواهبهم وتنميتها، و التعرض لمشكلاتهم التعليمية ووضع الحلول في إطار نقاش جماعي حر.

ثالثا: العمل مع المجتمع التعليمي:

يمارس الأخصائي الاجتماعي طريقة تنظيم المجتمع سواء مع المؤسسة التعليمية كمجتمع أو مع المجتمع المحلي, في المساعدة في تكوين التنظيمات المدرسية وللرقي ببرامجها وتدريب القادة المسئولين عنها. و ذلك في الأوجه التالية:

1. التنظيمات الداخلية:

- مجلس إدارة المدرسة: فيعرض خطة عمله والمسئوليات المنوطة به وتنسيق بين مسئولياته الاجتماعية ومسئوليات هيئة التدريس في نواحي الأنشطة والخدمات المدرسية.

- مجلس الريادة ومجلس مشرفي النشاط المدرسي:و ذلك في تبادل الخبرات حول الجماعات المدرسية والتنسيق بين أنشطتها.

- مجلس الآباء والمعلمين: ويشترك كعضو وغالبا ما يقوم بدور الأمين التنيفذي.

* أنظمة الحكم الذاتي و برلمان الشباب: يعمل الأخصائي الاجتماعي على الدعوة لتشكيل هذه الأنظمة ومتابعة نشاطها والإشراف المباشر على برامجها المشتركة وتدريب قيادتها من الطلاب.

2. بالنسبة إلى التنظيمات الخارجية المرتبطة بالمؤسسة التغليمية:

يقوم الأخصائي الاجتماعي بما يلي:

* إدارة التنظيمات الخاصة بخدمة وتنمية المجتمع التي تقوم بها المدارس بما تطلبه من عمليات تنظيمية وتنسيقي وإشرافها وبرمجة وتمويل وتقويم.

* الإشراف المباشر على مشروعات خدمة البيئة والخدمة العامة المدرسية.

* الاتصال المستمر والمنظم بالتنظيمات في البيئة والمجتمع عن طريق اللجان والمجالس المشتركة بين الدراسة وهذه التنظيمات. بالإضافة الى الطرق الرئيسية للخدمة الاجتماعية هناك عدد من المسئوليات العامة للأخصائي الاجتماعي في المدرسة وهي تتمثل في خمس عمليات أساسية هي:

في مجال دراسة الخدمات الاجتماعية:

يقوم الأخصائي الاجتماعي بدراسة أوضاع المؤسسة ومتغيراتها ومشاكلها، وكذلك أوضاع المجتمع المحلي وقدراته التأثيرية، والتعرف على احتياجات الطلاب ومشكلاتهم كأفراد، وكذلك الجماعات والتنظيمات المجتمعية التعليمية الداخلية والخارجية ومدى فاعليتها, كل ذلك يقصد التمهيد لوضع خطة عمل يتبعها في إطار السياسة الاجتماعية التعليمية.

في مجال التخطيط للخدمات الاجتماعية:

يقوم الأخصائي الاجتماعي بما يلي:

1. التعرف على الاحتياجات الاجتماعية للطلاب وتحديدها وترتيبها حسب أولويتها وكذلك تحديد الإمكانيات المتاحة.

2. التخطيط لعمليات التنفيذ والمتابعة والتقويم والتسجيل للخدمات الاجتماعية المدرسية.

في مجال التنفيذ للخدمات الاجتماعية:

للأخصائي الاجتماعي التعليمي دور أساسي في تنفيذ الخدمات الاجتماعية التعليمية سواء أكانت خدمات اجتماعية فردية أو جماعية أو مجتمعية . و قد تم التطرق إليها عند الحديث عن مسؤوليات الأخصائي الاجتماعي في ممارسة طرق الخدمة الاجتماعية في المجال التعليمي

في مجال التسجيل للخدمات الإجتماعية :

يعتبر التسجيل من المسؤوليات التي يهتم بها الأخصائي الاجتماعي، باعتبار أنها الإداة التي يمكن عن طريقها قياس مدى تطور و نمو الطالب و المدرسة و الأخصائي الاجتماعي نفسه، فهي تمثل واقع العمل . ومن أهم التسجيلات التي يعدها الأخصائي السجل الاجتماعي الشامل للمؤسسة و سجلات الخدمة الاجتماعية المختلفة .

في مجال تقويم العمل الاجتماعي :

يعني التقويم بالنسبة للخدمات الاجتماعية تحديد القيمة الفعلية التي تبذل في أية ناحية من نواحي الخدمات و ذلك بهدف الوصول إلى مايلي:

1. الوقوف على أهمية الأغراض الاجتماعية و معرفة اتجاهها و مدى تحقيق جهود الأخصائي الاجتماعي لها.

2. فحص الأساليب المستخدمة في الممارسة و مدى توافقها مع اتجاهات الخدمة الاجتماعية.

3. تقدير مدى تناسب النتائج مع الجهود و الأموال التي بذلت في الخدمات التي قدمت.

4- المهمات التي يقوم بها الأخصائي الاجتماعي التعليمي:

يقوم الإخصائي الاجتماعي التعليمي بالمهام التالية :

1. مهمات ذات علاقة بالعملية التعليمية: متابعة الراسبين و المتأخرين دراسيا، حضور الحصص من أجل التعرف على المتأخرين دراسياً و المتفوقين و الموهوبين، متابعة انتقال و تحويل الطالب.
2. مهمات ذات علاقة بالتوجيه و الإرشاد: متابعة الحالات الخاصة ، التوجيه المهني ، مقابلة أولياء الأمور ، المرور على الصفوف للتوجيه، حل الخلافات بين الطلبة، أعداد الملصقات و النشرات الإرشادية.
3. مهمات ذات علاقة بالأعمال الإدارية: استيفاء بيانات البطاقة الطلابية ، الإشراف على المقصف ، إعداد الر الصباحي ، حضور اجتماع مجلس الإدارة ، متابعة بعض الإحصاءات.
4. مهمات ذات علاقة بالرعاية الصحية: حصر الطلبة ذوي الإعاقات و الأمراض المزمنة، زيارة الطلبة في المستشفى ، حضور اجتماعات المركز الصحي.
5. مهمات ذات علاقة بالأنشطة الاجتماعية: اقتراح و اعداد بعض البرامج و الحفلات، الإشراف على الأنشطة، الإشراف على الجماعات الطلابية، تنظيم اليوم المفتوح.
6. مهمات ذات علاقة بالأعمال الثقافية: تنسيق المسابقات الثقافية ، حضور الدورات و الندوات، إعداد المحاضرات، الزيارات المتبادلة بين المشرفين، مساعدة الباحثين وعمل البحوث و تنظيم الزيارات التعليمية.
7. مهمات على مستوى خدمة الفرد: دراسة المشكلات و بحث الحالات، تقديم الخدمات الاستشارية للمدرسين حول مشكلات الطلبة، إعداد السجلات.
8. مهمات على مستوى خدمة الجماعة: (توزيع الطلاب على الجماعات ، العمل مع الجماعات التي تواجه مشكلات اجتماعية، التوجيه الاجتماعي الجمعي، الإشراف المباشرعلى جماعات النشاط ذات الطابع الاجتماعي، توجيه الطلاب إلى تكوين علاقات اجتماعية.

9. مهمات على مستوى تنظيم المجتمع: حصر الطلبة المحتاجين، جمع التبرعات و توزيع المعونات،الإشراف على عمل المشاريع الطلابية، تبادل الخدمات مع هيئات البيئة، حصر المؤسسات و الموارد و الإفادة منها، تكوين علاقات اجتماعية مع المؤسسات التعليمية الأخرى، تقييم تطور الوظيفة الاجتماعية للمؤسسة التعليمية.

وفي دراسة لتقييم دور الأخصائي الاجتماعي التعليمي تبين ما يلي:

1. تشتت أعمال الأخصائي الاجتماعي و كثرتها بما لا يوفر له الوقت أو الجهد الكافي الذي تحتاجه بعض الحالات الفردية و قيامه بمهمات لا تدخل في نطاق تخصصه .

2. التركيز على الجانب الإداري والتقليل من شأن الجانب الفني فيما يقوم به من أعمال .

3. غياب الإجراءات أو الأعمال الوقائية .

4. حاجة الأخصائي الاجتماعي إلى اكتساب المهارات في أنواع النشاط التي تمارسها الجماعات الطلابية حتى يستطيع توجيه الطلاب إليها.

5. قلة اهتمام الأخصائي الاجتماعي و عدم قيامه بالأعمال المهنية المرتبطة بخدمة الجماعة مع الالتزام بتطبيق الأعمال المهنية الفردية.

6. قلة اهتمام الأخصائيين الاجتماعيين بتنسيق المسابقات و البرامج الثقافية على الرغم من أنها أحد الخبرات و المهارات التي تزود الطلبة بالمقومات اللازمة لصحتهم النفسية الاجتماعية.

7. الاهتمام بتكوين علاقات اجتماعية مع المؤسسات التعليمية الأخرى ليضمن التفاعل.

8. التواصل مع الهيئات المسئولة عن رعاية الطلاب بما يساعد في وضع وسائل أحسن لمقابلة الاحتياجات الواقعية للطلاب.

ب- العمل الاجتماعي في مجال التعليم الجامعي

لا بد أن كل مثقف وواعي يدرك القيمه الحقيقيه لدور الجامعة في خدمة المجتمع ليس فقط من خلال أمداده بكوادر مؤهلة ومهن متعددة بل من خلال بناء قاعدة قويه لأي دور في المجتمع. ومما لا شك فيه أن موضوع التعليم العالي- الجامعي- والريادة الأجتماعيه ومن المواضيع الهامة سيما وأننا في مرحلة يتزايد فيها عدد الخريجين دون وعي أو أدراك لمتطلبات السوق وحاجاته.

قد أدرك بعض علماء الأجتماع الأهميه الأجتماعيه للنظم التربويه ولذلك أهتموا بالتحليل السوسيولوجي لهذة النظم وهذا بدوره مهد لتأسيس أحدى فروع علم الأجتماع وهو ما يطلق عليه أسم (علم الأجتماع التربوي) والذي أصبحت التربيه بمقتضاه احدى مجالات الدراسة لعلم الأجتماع. وقد أكد الفلاسفه على أهمية جعل التربيه عامة لأنها تخدم جميع فئات المجتمع وأفراده ذلك أنها تزود الشخص بالمهارات الأجتماعيه والفنيه التي تجعله عنصرا فاعلا في المجتمع وقادرا على شغل أدواره بجدارة عاليه.

وقد أكد علماء الأجتماع أيضا على وظيفة التربيه فهذا (أوجست كونت) ربط تقدم المجتمع بالتربيه وأكد على أهميتها وذلك لقدرتها على غرس التعاطف الوجداني العام بين الأفراد ويرى(هربرت سبنسر) أن التربيه العمليه هي ضرورة ملحه لأن المدرسة في نظره تعد الفرد كي يعيش الحياة المحيطه به في المجتمع وأيضا يؤكد(اميل دوركايم) على وظائف التربيه بأعتبارها تنشئة لجيل الصغار وبذلك يكون البيت في نظره مثل المدرسة كلاهما يمثلان معا المجتمع ويقومان بمهمة التربيه والتي تعتبر بنظرة ضرورة أجتماعيه.

ويرى (لستر وارد) ان الوظيفه الأساسيه للتربيه هي دعم التقدم وهو في ذلك يتفق مع أوجست كونت وتأكيده على الرابطه بين التربيه والتقدم ويعتقد (وارد) أن المعرفه مفتاح لحل المشكلات الأجتماعيه فاذا ما وفرنا التعليم للجماهير الغفيره من

الناس فأنهم قادرين على جعل النظام الأجتماعي أكثر تحررا , كما أكد (سمنز) على الوظيفه الأخلاقيه للتربية عندما أشار الى التعليم هو محاولة لنقل السنن الأجتماعيه للجماعه، أما الفرد فيعرف عن طريق التعليم السلوك الذي تجيزه الجماعه والسلوك الذي ترفضه,وينظر(الفرد مارشال) الى التعليم كنوع من الأستثمار البشري في العملية الأنتاجيه. والتعليم في نظره سلعه أقتصاديه لاتصالها بحاجات المجتمع عموما وللقوى العامله على وجه أخص ولذا فهو بؤكد على أهمية التعليم الفني باعتباره وسيلة فعاله لتدبير اليد العامله الفنيه التي تمارس كافة عمليات الأنتاج على خلاف أنواعها وهو يرى أن أبلغ أنواع رأس المال هو رأس المال الذي سيتثمر فيه الأنسان.

ويرى (سويفت) أن هناك على الأقل أربع وظائف للتربيه في المجتمع:

1. تثبيت القيم ومستويات المجتمع (معتقدات,تفكير,عمل)
2. المحافظه عل التضامن الأجتماعي عن طريق تنمية الشعور بالأنتماء للمجتمع.
3. نقل المعرفة المشتمله على التراث الأجتماعي.
4. تنمية المعرفه الجديده.

1- الجامعه مجتمع تحكمه مكونات :

الجامعة دولة تحكمها مكونات الكتاب والطالب والمدرس, والجامعة هي دولة الفكر أولا ودولة العلم ثانيا, وهي دولة كبيره وأن صغرت ذات علاقه واسعه تربط القريب بالبعيد وتؤثر فيما حولها اكثر مما تتأثر بهم وتنبع أهمية الجامعه من ذاتها وليس من أي أعتبارات أخرى ذلك أن العقول المثقفه ذات القدره على قيادة مشاريع التقدم والرياده الأجتماعيه في المجتمع تحتاج الى المكان الصالح كي تعيش فيه, لأن المكان الجيد يزيد من الأنتاج الفكري والعقل الجيد بحاجه الى عقل جيد مثله ليتفاعل معه.

أن غياب الحريه الفرديه في دول العالم الثالث بوجه عام والبلدان العربيه بوجه خاص عامل اساسي للوقوف أمام التفكير العلمي . ويقول (أدوارد سعيد) ان جامعات الوطن العربي تدار بشكل مباشر تبعا لنسق موروث أو مفرد من قبل قوه مستعمره سابقه,

وعلى ذلك يرى أدوارد سعيد ان ضعف المناهج التعليميه العربيه التي قد تصل الى درجة القبح والرعب في غالب الأحيان كالصفوف المحتشده بمئات الطلبه وسوء التدريب للكادر التعليمي ورواتب المدرسين المتدنيه وغياب الابحاث العلميه والأفتقار الى مكتبه واحده ضخمه في المنطقه العربية أسباب ناتجه من القوه المستعمرة السابقه كفرنسا وبريطانيا.

ولما كان الطالب هو الموضوع المباشر للتعليم وهو محوره وأداته , وغايته الرئيسيه على السواء فأن هدف التعليم العالي ان يمكنه من أستعمال نمو شخصيته وتطورها من جميع جوانبها جسما وعقلا وخلقا وأرادة وقدرة وبراعه ومهارة تتجلى من السلوك بصوره متوازنه ومتكامله وفق أصول لعقيدة وقيم ساميه وتأكيدها العمل في خير المجتمع وصالحه.

ويعد الطلاب الجامعيون من أبرز دعاة وادوات التغيير والتطوير والتنميه الاقتصاديه والاجتماعيه على السواء خاصة فيما يتعلق بتأكيدهم على كفالة تكافؤ الفرص في المجتمع الجديد بمعنى :أتاحة الحراك الاجتماعي الى أعلى وفتح أفاق الوظائف الى أعلى لا على أساس الانتماء التقليدي وأنما على أساس العلم المتحصل والخبره العصريه وبذلك ترتبط نفوس أولئك الطلاب بالحاجه الى التنميه عند الفرد بالصعود الاقتصادي والأجتماعي من خلال تحصيل العلم من مؤسساته الرسميه الحديثه والالقاب التي تمنحها تلك الجامعات والمعاهد لخريجها. والمقصود بالطلبة: أولئك الذين أتيحت لهم فرصة الوصول الى مرحلة التعليم الجامعي أو المعاهد العليا ويرفع ذلك القطاع من الشباب شعار التطوير والتحديث والتقدم في مواجهة الجيل القديم.

ولما كان هدف النظام التعليمي ككل هو بناء الانسان والعقل الانساني وتوفير الكوادر المختلفه مهما كانت طبيعتها وان أهداف الجامعة هي من أهداف نظام التعليم , فأن الجامعة بحكم موقعها تكون رائده في تشكيل أعلى مراحل التعليم وتساعد على تطوير نظام التعليم (فأن الجامعة)بحكم موقعها هي المؤهلة أن تقوم بخلق القيادات وتؤثر وتكون قدوه النظام التعليمي وعلى المجتمع ككل لو أتيحت لها الفرصة كي تؤدي دورها

وتحقق أهدافها وهو خدمة المجتمع وضمن أطار العلاقة بين التعليم الجامعي وتكوين الطالب أجتماعيا وتطرح التساؤلات التاليه:-

- هل هناك ترابط بين ما تدرسه الجامعه وبين ما يقدمه الطالب الجامعي لخدمة المجتمع؟
- هل يؤدي التعليم بالفعل الى تكوين الانسان المثقف الواعي الذي يملك طاقه كبرى في الابداع و الابتكار أكتسبها خلال فترة دراسته؟

ان دور العمل الاجتماعي في الحياة الجامعية يكون من خلال تفعيل المثل العليا التي يحترمها المجتمع ويؤمن بقدسيتها ويسعى جاهدا لتحقيقها واستعداده لمواجهة الحياة بايجابية والقيام بما تعلمه داخل الجامعة من خلال القيام بالوظائف الاجتماعية الأساسية : العمل الانتاجي , التعليم والتعلم المستمر والقدرة على الحوار ونبذ العنف, والعمل الاجتماعي التطوعي باقتناع ووعي اكسبته اياه من خلال التعليم الجامعي وسأوضح ذلك أكثر:

- **الاستعداد** : قدرة الفرد الكامنة على تعلم عمل ما أذ ما أعطي التدريب المناسب ويدل الاستعداد على قدرة الفرد على أن يكتسب بالتدريب نوعا خاصا من المعرفة أو المهاره ومعنى ذلك أنه عبارة عن قدرة الفرد المستقبلية.
- **الوظيفة الاجتماعية** :سلسلة من الخدمات التي تقوم بها جماعة منظمه لصالح اعضائها كالخدمات الخاصه بالصحة والتعليم والعمل الاجتماعي وهي شرط لبقاء النسق الاجتماعي ابتداء من المجتمع حتى الجماعة الصغيرة والمستلزمات الوظيفية السسيولوجية كالطعام وأساليب التنشئه الاجتماعيه للصغار ونماذج التعاون.
- **العمل الأنتاجي**: يقصد به الجهود الجسمية و العقلية التي يجريها الانسان على الاشياء لينشىء بها منفعة جديدة لم تكن موجودة من قبل ويقسم الى ثلاثة أقسام العمل الجسمي و العقلي و الأداري.

- **العمل الاجتماعي التطوعي** :وصـف الطـرق النظاميـة التـي تستعمـل في تقديم يـد العـون والمساعدة للمحتاجين الذين لا يستطيعون بأنفسهم التغلـب عـلى المشـاكل والازمات الحياتيـة التي تواجههم لذا فهو يتم بمعالجة المشاكل والازمات الاجتماعية والنفسية والمادية . والجماعـة التطوعية : هي الجماعة التي ينتمي اليها الانسان بمحض أرادته وأختياره ويكون بقاؤه فيها وانسجامه رهن مشيئته كالأندية والجمعيات التعاونية ومكتب المتطوعين ينشأ لتأمين الأتصـال بين المتطوعين والمؤسسات.

- **التعليم والتعلم:** نقل المعلومات من المعلم الى المتعلم بقصد أكسابه ضروبا مـن المعرفة وهو أحدى وسائل التربية والتعليم فهي تنمية وتهذيب ينصبان على قوى الفرد واستعداده ونواحي سلوكة ابتغاء توجيهه.

2- العلاقة بين التعليم والمجتمع: (وظائف الجامعة)

يقوم التعليم بوظيفة هامة وحيوية من أجل بقاء المجتمع وأستمراره فهو يعاون في تشكيل شخصيات الأفراد لتتلائم مع الثقافة السائدة ويسهم بذلك في تكامل المجتمع عن طريق مساعدة الفرد في التوافق مع بيئته والتوافق يتضح من خلال أعتبار الجامعة مركز العلم والفكر فبين أروقتها صفوة مـن أفراد المجتمع علما وفكرا وجميع المؤسسات الاجتماعية تنظر الى الجامعة كمصدر أشعاع لعوامل تطويرها ورقيها.

ومهمة التعليم الجامعي والعالي تنحصر في بث المعرفة ونشدها وفي أعـداد وتوجيـة أجيـال متواصلـة مـن الطلبه وفي تكوين قادة المجتمع وفي مجالات الفكر والعمل في مختلف الميادين. ويقـوم التعليـم الجامعـي على البحث والتنقيب وليس على أساس التلقين لكثرة أعداد الطلبه فليس الهدف الأساسي للجامعـة هـو تخريج الموظفين والمحاسبين والمهندسين أو الاطباء لان هذه الفرد يتحقـق مـا دام هناك محاضرات تلقى ولكن الهدف الاساسي للجامعة هو التراث العام للأنسانية وهـذه لا يتحقـق الا أذا كان الطـلاب الـذين تقبلهم الجامعة على مستوى معين من الكفاءات التي تمكنهم من ذلك الجهد لتنمية العلم

بالأضافة اليه تمارس الجامعة دورها الاساسي للتنمية الاقتصادية والاجتماعية عن طريق البحوث وأجراء الدراسات وارساء النظم والقيم والقواعد وتزويد المجتمع بالمهارات والخبرات. أضافة الى:

1. تبوأ التعليم الجامعي مركز الصدارة (قطب التجديد الثقافي).
2. أرتباط التعليم الجامعي في المجتمعات الصناعية بالاقتصاد.
3. الدور القيادي للجامعات من خلال تشجيع تغيير الديناميي في النظم والقيم.
4. مجابهة التحديات التي تواجه الجامعات من بلدان العالم الثالث بشكل عام.
5. القيام بدور ريادي وايجابي وتحقيق التنمية الاقتصادية والاجتماعية المتكاملة في المجتمع. من خلال جعل التعليم والتدريب عملية مستمرة لكل أفراد المجتمع.

ونشير هنا ألى أن التعليم في البلدان النامية عامل أساسي للتقدم وألازدهار ومع ذلك لا نجد أنه يسير في الأتجاه الصحيح , حيث أن الجامعة في البلدان النامية تتحمل عبء أكبر للقيام ببرامج ومشاريع يطلبها المجتمع حيث ان مسؤولياتها لا تقتصر على منح الدرجات العلمية فقط بل يقع على عاتقها مسؤوليات أخرى:

1. تطوير البرامج الموجودة في أطار التعليم من الأبتدائي وحتى الجامعة.
2. .توفير الخبرات .
3. . التنظيم الاداري و نظم المعلومات في دول العالم الثالث.
4. خلق الانسان المثقف الذي يحتاج اليه المجتمع مهما كانت مهنته لأن الثقافة هي الأرضيه لأي تدريب مهني .

3- العمل الاجتماعي و تخطيط التعليم الجامعي

لكي يلائم تخطيط التعليم العالي متطلبات المجتمع الفعلية لا بد من تطويعه لمفهوم الحداثه أو التحديث وعلاقته بالفئات القيادية والتخطيط للتعليم العالي من خلال التركيز على برامج التعليم وتجهيزاته ومدى ايفاء الخريجين لجميع الوظائف التي يعدون لها من أجل التطور الأجتماعي فالعبرة في الجامعة ليست في نوعية الطلاب وأنما بمقدرة

الخريجين من الاسهام في حل المشاكل الاجتماعية و الأقتصادية في الحياة الاجتماعية ومدى أستعدادهم وقدراتهم على التعلم والاعتماد على النفس.

ولضمان أن يكون الخريجين قادرون بالفعل على مواجهة مجمل الأوضاع والمشاكل الصعبة وكذلك الأفراد الذين سيتعاملون معهم في عملهم من واقع خطة محددة, لا بد من التخطيط التربوي الذي يتضمن قضايا معتمدة وموجهة , وليس فقط للتبؤ بعدد العمال الذي يمكن الحاجة اليهم في جميع مجالات الحياة بعد سنوات محددة , بل لا بد من الاهتمام بمدى القابليات والاستعدادات التي تؤكد بأن الخريجين ليسو من نوعيه جيدة بل خريجون ناجحون.

وكذلك فأن التخطيط لعدد الطلبة المقبولين في الجامعة ينبغي أن يخضع لمقاييس ومعايير تضمن أختيار خريجين ناجحين ومن بين هذه المقاييس الهامة أن ينظم التوجيه التربوي والمهني بطريقه خاصة بما يخدم المجتمع أختيار طرق خاصة لاختيار مرشحين لدخول دورات محددة ونستطيع القول ان التعليم المبني على تخطيط تربوي سليم يجب أن يأخذ طريقان :

- التخطيط المعتمد على حاجات الفرد.
- التخطيط المعتمد على الطلب الاجتماعي.

4- دور الجامعة في تشكيل الشخصية الاجتماعية للطالب

قيمة المؤسسات التعليمية لا تتحدد الا من خلال نوعية الطلاب لا من خلال الأعداد المتزايدة لهم ومن خلال مقدرتهم على حل المشكلات الاقتصادية والاجتماعية والسياسية المقدرة على التعلم والاعتماد على النفس وهذا ما يحدده الجو العام في هذه المؤسسات ومقدار المادة العلمية ونوعيتها والتي يتم نقلها من الاساتذه الى الطلبة بالأضافه الى نتائج البحث العلمي ومؤسسات التعليم العالي والنتائج التي يحصل عليها الخريجين والتي يكون لها تأثير على التطور الاجتماعي فالطالب يحكم عليه من خلال

مقدرته على التعلم والخريج يحكم عليه من خلال مقدرته على حل المشكلات الاجتماعية.

وللمشاركة الطلابيه في المجتمعات العربية طابع خاص وذلك من خلال المؤسسات التعليمية ذات المعارف غير المستقلة وما ينعكس على عقلية الانسان العربي العاجزة عن أمتلاك ناحية الملكة التحليلية وبالتالي العجز عن المشاركة الفعلية في خدمة المجتمع وكمجتمع عربي يحتاج الى التطبيق الفعلي لمفهوم (تنمية القوى البشريه):وهذا يقتضي (أعتماد العقل والعلم كأسلوب الحياة وتسيير المجتمع والتعليم كوسيلة لاطلاق الطاقات النافذه والخلاقة في البشر وأعتمادها كأساس للمكانة الاجتماعية) .

وكذلك فأن الجامعة هي الشخص العلمي القادر على تمييز الخرافات من الحقائق العلمية وهي مطالبة بالتركيز على بناء الشخصية القادره على تحريك المجتمع وتوجيه أتجاه التنمية الشاملة واعادة البناء المعرفي للطالب بما يضمن اتفاقه مع الاهداف الوطنية الشاملة الذي يجب أن يكون بتركيزها على تعزيز الشعور بالأنتماء لدى الطلبة وذلك بتحويل ولائهم وأنتمائهم من أنتماء محلي وعشائري الى أنتماء وطني وقومي وأن تقو بتنشئة طلابها وأعدادهم الاعداد السليم لتحمل مسؤولياتهم تجاه أنفسهم ومجتمعاتهم بصفتها الجهة الوحيدة التي تملك القدرة على صقل شخصية الطالب وبلورة شخصيته القومية من خلال ما تملية عليه من قيم اجتماعية وانسانية تكسبه القدرة على التحليل الواقعي لمجتمع يعيش في مجلة من التناقضات والتحديات الداخلية بمحاربة الجهل والاميه والتخلف بأنواعه المختلفة والخارجية بمحاربة الغزو الثقافي للذات العربية بشكل يومي مستمر.

هل تستطيع الجامعة القيام بهذه المهمة؟

تدريب الطلبة على النقاش الموضوعي والهام والبناء من خلال الجرأة الأدبية الكافية في عملية المناقشة مع الأساتذة هي من أفضل الوسائل لتنمية مهارات الطالب ومواهبه. وأحيانا نجد الطالب لا يجرؤ على طرح أفكار خارج نطاق المحاضرة وهذا يعود

الى أسلوب التعليم سواء في مرحلة الأبتدائية أو المتوسطة أو الثانوية لأن الأستاذ لا يعطي المجال للطالب لأن يأخذ ويعطي في موضوع معين. ولا بد أن تكون الجامعه مصدرا لأعادة أنتاج التراث لأفكارأصيلة مـن خلال ما تطرحه من مناهج وأساليب تدريس أبداع وتعاون و مبادرة وتشجيع الأنتاج الاصيل والاعتماد على النفس وتنمية روح التعاون والمبادره وتشجيع الروح الجماعية من خلال ما ينفـذ مـن مشاريع. ولـمـا أصبح دور التربية كبيرا في مجال الأسهام في عملية التكامل الاجتماعـي عـن طريـق تنشئه الاشخاص وفقـا لنسق وأهداف التربيه الواضحة من قبل المجتمع ولأهداف التربـيـة دور في تشكيل الشخصيـة الاجتماعيـة التي تتسم بصفات ومميزات:

1.الاتصاف بعقليه متفتحة
2.الأستعداد للعمل في جميع المجالات
3.الولاء للتخصص الذي ينتمي اليه الطالب والذي أعدته الجامعة لها أعدادا جيدا.
4. التميز بالكفاءة الاجتماعية والالتزام باداء الواجبات المحافظه على الحقوق الشخصية والقدرة على قيـام بدور أيجابي وتطوير مختلف مجالات الحياة الاجتماعي وما ينطوي عليها من مفاهيم ومعقدات.
5. التمتع بروح الاستعداد في أكتساب الرزق والسعي له.
6. الاستعداد للتنمية الثقافية من خلال القراءة الحرة أو الالتحاق بالمعاهد المسائية لأكتساب الثقافة.
7. التمتع بأسلوب المحاورة والنقاش والبحث لأكتشاف مستقبل والنظرة لتعديل القيم الاجتماعيه البالية.

5- العمل الاجتماعي ودور الخريج في خدمة المجتمع

من أساسيات أهداف مؤسسات التعليم العالي (الجامعي) تعليم الخريجين أفكار ومعارف تمكنهم من أنشاء علاقات مع أعضاء مجتمعهم بمهنهم المختلفة وطرق حياتهم المتنوعة وان تغرس بينهم الاتجاهات الايجابية نحو الاندماج الاجتماعي في قضايا المجتمع

المحيط وتغيير سلوكهم بما يناسب نمط السلوك الاجتماعي والجماعي فأنها بهذا تعدهم لكي يخدموا مجتمعهم وليكونوا مواطنين صالحين يميزوا ما لهم وما عليهم.

فالزيادة في اوجه المعرفة والخبرات والامكانيات عند جميع افراد المجتمع يعبر عنها اجتماعيا مساعدة الافراد في الاستمتاع بحياتهم على اكمل وجه كأعضاء في المجتمع ومن طبيعة اهداف التربية تأكيد الاحساس بالمسؤولية لدى كل انسان وبالتالي احترام التقاليد واحترام اسهامات الاخرين فالفرد المتعلم الحريدرك ان التعليم ليس مسألة توظيف وخدمة فقط بل هو اثراء فكري ومجهود جبار ايضا تقويه مختلف الكليات والجامعات لايجاد الفرد الصالح في كل مجال من مجالات الحياة. ومؤسسات التعليم هي بمثابة مصانع لاعداد الكوادر البشرية والتي هي قيادات الغد في المجتمع فالشباب الجامعي الذي نال قسما كبيرا من التعليم عليه تحمل مسؤولياته والقيام بها بأمانة واقتدار:

1- **المساهمة في مجالات الحياة المختلفة**: تنمية المهارات والخبرات العلمية والعملية فهي عملية انتاجية والتعليم العالي مرتبط بالصناعة والزراعة الاقتصاد والبنية الاجتماعية للمجتمع لتخريج طلبة بثقون بأنفسهم ومجتمعهم وبتراثهم الثقافي قادرين على ادراك تخصصهم واستخدام عناصر مؤهلاتهم في ميدان العمل.

   والجامعة معنية بصقل شخصية الطالب وصولا الى القضاء على حالة الاغتراب الثقافي التي يعاني منها الطلبة، والتأسيس الغير واعي لنظام التعليم العالي وصولا الى تجذير الانتماء، التفكير.

2- **التنمية الثقافية**: تنمية روح الاستعداد لدى الخريج بأن يطور نفسه بالمطالعة الخارجية، القراءة ومتابعة التعليم والتعليم المستمر كضرورة استراتيجية لتكوين ذاتية الخريج . فالجامعة قد تكون مصدرا لتثقيف الطالب والمجتمع ومد يد العون المساعدة للمجتمع ولكن لا بد من المبادرة عن طريق الوقوف ايضا على ارائهم (افراد المجتمع) والاخذ بها كمدخل من مداخل التنمية الثقافية على اعتبار أن المشاركة الفعلية هي ضمن المسؤولية الاجتماعية وهي شعور عقلي ووجداني واخلاقي.

3- **العمل التطوعي** : تقديم يد العون والمساعدة للمحتاجين الذين لا يستطيعون بأنفسهم التغلب على المشاكل والازمات الحياتية التي تواجههم ولما كان الوعي الاجتماعي هو محط اهتمام الافراد بالتعرف على احوال مجتمعهم والمشاركة في تحمل المسؤولية في حل المشكلات الاجتماعية وتحسين احوال المجتمع فإن أولى شرائح المجتمع في الانخراط في مجال العمل التطوعي هم الطلبة الذين تتحول طاقاتهم الى ابداعات خلاقة مميزة فالعمل التطوعي وسيلة للتنمية العقلية النفسية والاجتماعية وهناك من الاعمال التي تحتاج الى الايثار والغيرية والاحساس بالمسؤولية فنتيجة المشاركة العقلية والوجدانية نجد أن الفرصة مهيئة للوحدة المحلية والاقليمية وتنمية الاحساس بالمسؤولية.

دور الجامعات في خدمة المجتمع

1- **تجسيد الجامعات للثقافة الوطنية** : توضيح وبلورة مفاهيم روح الامة وشخصية الشعب والتاريخ الوطني والتراث الحي لتأسيس هوية المجتمع وقد ارتبطت الجماعات الامريكية في بداياتها بروح وثيقة الاعلان عن الاستقلال التي ترتكز اساسيا على حرية الفكر والحفاظ على الوحدة الفيدرالية وقد طالب (جورج واشنطن) وتوماس جفرسون بإقامة جامعات فيدرالية تتولى حراسة مفاهيم الوحدة الامريكية في ضمائر الاجيال الامريكيه .

2- **دور الجامعات في ترشيد المجتمع** :اصبح العالم اسلوبا للحياة واداة لترشيد المجتمع واصبح القرار السياسي والاقتصادي ذا علاقة وثيقة بالدراسة العلمية الرشيدة فالعلم : وسيلة لتحويل المجتمع التقليدي وأنماطه الفكرية السائدة الى مجتمع العلم والعقل ومن مجتمع العلاقه الفرديه و الامزجة الشخصيه والانفعالات الى مجتمع يسودة القانون ويحكمه الفكر ويسير طبقا للمبادئ فقد استطاع استاذة وطلبة جامعة اكسفورد حل الشفيرة السريه الالمانيه اثناء الحرب العالمية.

3- **قدرة الجامعة ودورها في التغير الاجتماعي** ظهرت كتابات طه حسين ،قاسم امين ، وذاع في كتاباتهم اراء وافكار تنادي بالحريه والمساوة والعدالة الاجتماعيه وعرض قضايا الفقر و الجريمة وحقوق العمال والفلاحين وبعد الثورات العربيه الحديثه تشبع الطلبة العرب بالاشتراكيه العربية وتمسكوا بمثل الحريه والوحدة والتى اصبحت مثلا للامة العربيه في الستينات فالطالب هو طالب في الجامعة ومواطن مهموم في المجتمع.

4- **قدرة الجامعات في نشأة الافكار الجديدة:** التى تنادي بالاصلاح وتهدف الى التغير نحو الافضل والامثلة على لك كثيرة ففي حرب (فيتنام) نشأت الحركات المناهضة للحرب داخل الجامعات وتكونت حركات السلام الداعية لأيقاف الحرب ومطالبة باستقلال الشعوب وبحقها بتقرير المصير. وقد قامت الجامعات وخاصة (العلوم الأنسانيه) بفضح المركب الصناعي العسكري الذي يشترى من وراء الحروب وتجارة السلاح وتكون الشعوب هي الضحيه وقد قام مفكروا الجامعات وأساتذتها بمحاكمة أمريكا على جرائمها في فيتنام مثل (محاكمة سارتد ويرسل) ومحاكمة أسرائيل على جرائمها في صبرا وشتيلا.

ومن داخل الجامعات بدأت حركات المطالبة بالحقوق المدنيه للأقليات ضد التفرقه العنصريه في الولايات المتحده الامريكيه كما تكونت في الجامعات حركات للدفاع عن حقوق المستهلكين ضد أستغلال شركات الغذاء الكبرى التي همها الكسب دون المحافظه على صحة الناس. وتدخلت الجامعه من أجل الحفاظ على البيئه وتكونت الحركة الخضراء بعد أن عجزت قوانين تلك الدول عن المحافظه على صحة الانسان. وتكونت في الدول الاوروبيه حركات السلام ضد الاسلحه النوويه العابره للقارات دفاعا عن الشعوب ومن أجل العيش في سلام,وهناك من الجامعات من وقفت أمام حرب الكواكب لما تجره على الانسانيه من خراب ودمار وعندما شعر البعض بضرورة العوده الى الدين لحل مشاكل المجتمع الصناعي المتقدم لخدمة الجماعات الدينيه في الجامعات الاوروبيه واعيه للأخلاق الحميدة والأصلا الاجتماعي.

المراجع

1. عدلي سليمان،الخدمة الاجتماعية المدرسية,(1962) مكتبة القاهرة الحديثة, القاهرة.
2. حمدي محمد منصور،الخدمة الاجتماعية المدرسية, (1993) مطبعة دار القلم، القاهرة.
3. محمد سلامة غباري ،(1989) الخدمة الاجتماعية المدرسية, المكتب الجامعي الحديث،الإسكندرية،
4. إقبال محمد بشير الخدمة الاجتماعية في المجال المدرسي(1983)، مكتبة الانجلو المصرية،القاهرة، م.
5. سعد مسفر القعيب. الخدمة الاجتماعية والمدرسة,(1986), دار المريخ، الرياض.
6. احمد كمال احمد، المدرسة والمجتمع,(1972), مكتبة الانجلو المصرية/ القاهرة
7. ناصر ثابت ,التعليم الجامعي والريادة الجامعيه , دراسه أجتماعيه تربويه ميدانيه,1989، جامعة الامارات العربيه المتحده.
8. الجمعيه الاجتماعيه لطلاب قسم الاجتماع- كلية الاداب الجامعه والمجتمع- جامعة الامارات بحث استطلاغ آراء الخريجين والخريجات
9. جيرو لد آ بس -التعليم العالي في مجتمع متعلم , ترجمة د.شحدة الفارع , دار البشير 1992 .

10.التجديدات التربويه في الاردن 1976 - 1979

11. محمد عابد الجابري ، المسأله الثقافية ،مركز دراسات الوحدة العربية، بيروت   1994

12. فاكر الغرايبه، 1999، التعليم الجامعي والريادة الاجتماعية، بحث غير منشور.

الفصل الرابع

العمل الاجتماعي مع الشباب

العمل الاجتماعي مع الشباب

بدأت رعاية الشباب كخطط وبرامج في إطار الاهتمام بالحركة الرياضية والحركة الكشفية على مستوى الدول العربية والأجنبية منذ الثلاثينات من القرن العشرين ، وكانت طريقة خدمة الجماعة قد نشأت في منتصف الثلاثينات بعد بروز الدعوة إلى العمل الجماعي باعتباره أكثر جدوى للاهتمام بالإنسان وتنمية العنصر البشري في المجتمع من العمل بصورة فردية مع الحالات التي تعاني من القصور والعجز وسوء التكيف والمشكلات المختلفة.

وقد ارتبطت خدمة الجماعة برعاية الشباب على اعتبارها طريقة تنظم النشاطات اللامنهجية للشباب داخل المدارس وخارجها ، ولكنها ظلت في الإطار الرياضي والكشفي ، إلى أن تم التوسع في الإطارين الثقافي والفني في ظل دعوة إلى تنمية متكاملة لشخصية الشاب .

وما إن انبثقت الطريقة الثالثة للعمل الاجتماعي على مستوى المجتمعات المحلية تنمية وتنظيما لقطاع الشباب ، وكان ذلك في نهاية الأربعينيات من القرن العشرين . ما لبث أن اتسعت لتنظر إلى رعاية الشباب كجهد وطني متكامل يهتم بالشباب، كقطاع مستعرض مع قطاعات الأسرة والتعليم والصحة والعمل والرعاية الاجتماعية والثقافة والإعلام والترويح، وان مسؤولية رعاية الشباب لا تقع على جهاز أو جهة واحدة ، ولكن على عدة جهات ، وانه من المستحسن أن يكون هناك مجلس أعلى للشباب يعكس حاجات الشباب ومطالبهم ويترجمها إلى سياسات وخطط وبرامج توكل مسؤوليتها إلى الجهات المختلفة في القطاعات المختلفة التي يوجد الشباب من بين الفئات المستهدفة لخدماتها .

أخذ هذا الاتجاه بالاتساع منذ بداية السبعينيات، وان لم يدرك على حقيقته في كل الدول وفي كل التجارب، ولكنه شكل خطوة في الاتجاه الصحيح. ويبقى دور العمل

الاجتماعي بارزا من حيث دراسة الحاجات والمطالب وحصر ـ المشكلات والعوائق والتعرف على الرغبات التي يبدلها الشباب بما يساعد على وضع تصورات مستقبلية للاهتمام بالشباب هذا على المستوى الوطني، أما على المستوى المحلي فيتمثل العمل الاجتماعي في الجهود المهنية لتتناول المشكلات الفردية والصعوبات التي تواجه جماعات الشباب وبما يساعد على إسماع صوت الشباب ووحدة كلمتهم، وإفساح دور اكبر أمامهم للمساهمة في تنمية المجتمعات المحلية ، في إطار العمل التطوعي وضمن جهود معسكرات ومراكز الشباب والأندية والروابط والجمعيات والجامعات .

وتعتبر مرحلة الشباب مرحلة الاعداد الاجتماعي بإشباع كافة الحاجات وتهيئة الفرص التي تحقق له التنشئة الاجتماعية والقدرة على تحمل مسؤوليات المستقبل. فالشباب مرحلة من مراحل العمر التي تمر بالإنسان وتتميز بالحيوية وهي طاقة متجددة تضفي على المجتمع طابعا مميزا وترتبط بالقدرة على التعلم والمرونة في العلاقات الانسانية وتحمل المسؤولية ،والشباب طاقة قومية بما تحويه من قدرات وافكار وانفعالات منطلقة وتعتبر هذه القدرات الاجتماعية خلاصة المهارات والخبرات التي يكتسبها ويتشبع بها من خلال تجاربه وعلاقاته بالمجتمع،تعتبر هذه الطاقة الانسانية في الشباب خلاصة مجموعة القدرات الجسمية والعقلية والنفسية التي يولد بها والتي تشكل وتأخذ أشكال متفاوتة بين مرحلة وأخرى من مراحل العمر وتختلف من فرد لآخر في ضوء اختلافات هذه الخبرات والعلاقات الاجتماعية التي تنمو وتتكيف نتيجة ظروف تعليمية واقتصادية وصحية في المجتمع.

لم يعد مفهوم "رعاية الشباب" في المجتمع المعاصر يدل على الاهتمام بالأنشطة التي يمارسها الشباب في وقت الفراغ، و تشرف على تنظيمها جهات حكومية و أهلية، و تقدم لها الدعم و التسهيلات. إذ أن هذا الفهم لهذا المفهوم قد تجاوزه العصر، عندما وسع من إطار رعاية الشباب،ليشمل الجهود التي تبذل لتحقيق تنمية شاملة متكاملة للشباب، كفئة معينة من الفئات العمرية في المجتمع،تلك التي تشكل حلقة بين الطفولة و النضج، بغض النظر عن حدها الابتدائي و حدها الانتهائي، الذي يتفاوت باختلاف اجتهادات

المجتمعات و الاعتبارات،كأن تحدد البداية بالسنة 15 من العمر أو 18أو 20 وأن تحدد النهاية بالسنة 25 أو 30 أو 35 من العمر.

و قد تنبهت المجتمعات المعاصرة إلى أهمية الشباب، باعتباره القوى المنتجة الفعالة في مستقبل المجتمع و الدولة، و إذا صلح الشباب في الحاضر يصلح المجتمع في المستقبل، و إن تنمية الشباب جسميا و نفسيا و ذهنيا و اجتماعيا،ضمانة لإنتاج جيل جديد قوي من النواحي الجسمية و النفسية و الذهنية و الاجتماعية، يتمكن من خدمة مجتمعه و تطويره، و يقدر على تحقيق طموحاته و أهدافه، بما ينعكس بالايجابية على نفسه و أسرته و بلده، بما يمتاز به من استعداد و قدرة و إرادة و شعور بالمسؤولية الاجتماعية. تؤدي رعاية الشباب الى المحافظة على كيان المجتمع وبقائه واستمراره فالشباب هو الذي ينقل ثقافة المجتمع ونظمه واساليب تفكيره وعوامله وأدابه وفنونه. ولا يحفظ الشباب التراث الاجتماعي والقيم الاجتماعية في نطاق مجتمعه فقط بل ينقله للمجتمعات الاخرى.

و لما كانت مهنة العمل الاجتماعي تعنى بالقوة البشرية فيه، و تتعامل معها كأفراد و جماعات وكمجتمع مترابط ، لتزيد من إمكانياتها في تطوير حياتها الخاصة و العامة،لتخلو من المشكلات و المعوقات، ولتزيد فيه الإمكانيات و تتحسن فيها القدرات، فإنها- أي مهنة العمل الاجتماعي- تلتقي مع – رعاية الشباب- في المسعى وفي الهدف، و تشتركان في حمل الرسالة الإنسانية الاجتماعية ذاتها، التي تنادي بالاهتمام بالإنسان بصورة متكاملة لينعكس ذلك على المجتمع بصورة كاملة.

1- منطلقات العمل الاجتماعي مع الشباب:

استفادت مهنة العمل الاجتماعي من تجارب رعاية الشباب، و قد واكبتها منذ انبثقت كمبادرة حكومية بإرادة سياسية، تهتم بالرياضة و الكشافة و الإبداع الفني والثقافي لدى الشباب، كجزء مكمل لجهود المدارس و الجامعات،كما استفادت من تجربتها المهنية ذاتها مع مختلف الفئات و الشرائح الاجتماعية، لأغراض الرعاية و التنمية

البشرية، لتضع مهنة العمل الاجتماعي منطلقات لتدخلها المهني في مجال رعاية الشباب،تتحد على النحو التالي:

1- إن الشاب ابن مجتمعه، تنمو شخصيته و تصقل في محيطه الذي يمده بالإمكانيات المادية و المعنوية، و يغرس لديه روح الانتماء إليه، و هو يعكس ذلك بالوفاء له ومحاولة بذل الجهد لتطويره و تقوية قدراته لإسعاد أبنائه وتنمية الروح المعنوية الاجتماعية لديهم بحيث يصبح الشباب ذوو اهتمام بشؤون مجتمعهم وادراك مشاكله وظروفه وشعوره بالمسؤولية نحو خدمته والحفاظ على ثرواته.

2- إن الشاب له صفاته و خصائصه كسائر الافراد، يمكن أن تعدل أو تستبدل نحو الأفضل، و بما ينعكس على صاحبها و على مجتمعه بالفائدة، مما يستوجب بذل الجهد الواعي لإحداث التغيير المطلوب وفقا لطبيعة الخصائص، و باستثمار القدرات الكامنة فيها.

3- إن الشباب يتفاعل مع أقرانه ومن خلال هذا التفاعل يأخذ من القناعات والاتجاهات و يعطي من الخبرات و الانجازات بشكل جمعي، بما يحقق نموه و نموهم، و ينعكس ذلك بالتالي على المجتمع الذي ينادي باكسابهم القدرة على التعاون والعمل الجماعي والنشاط المشترك لتحقيق اهداف اجتماعية وبناء علاقات اجتماعية ناجحة.

4- إن التلقائية و الحرية و الارتياح التي توفرها أجواء الجماعات و برامج رعاية الشباب،عوامل تساعد على نمو شخصية الشاب بصورة تقوي لديه الشعور بالمسؤولية وتحمله لها و قدرته على اتخاذ القرار و مواجهة المواقف المختلفة بالحياة.

5- إن إعطاء الشاب القيمة الاجتماعية و الدور المجتمعي،يقوي لديه الثقة بالنفس وتقديره للآخرين، ويدفعه للاستماع إلى الآراء الأخرى و احترامها و مناقشتها والحكم عليها ومساعدتهم على بناء القدرة لمواجهة الصعاب ومواجهة المشاكل والتحديات والقدرة على حل مشاكلهم بأنفسهم خاصة البسيطة منها.

2- دور مهنة العمل الاجتماعي مع الشباب:

يؤدي الممارس لمهنة العمل الاجتماعي في مجال رعاية الشباب، عدة أدوار مهنية تتماشى مع أهداف هذه الرعاية و هذه المهنة في نفس الوقت، يمكن تفصيل هذه الأدوار على النحو التالي:

1- الدور التمكيني:

يسعى الأخصائي الاجتماعي بهذا الدور الى تمكين الشباب من تنمية قدراتهم الذاتية و إظهار طاقاتهم الكامنة و استثمارها، و ذلك بما يحقق ما يلي:

- التخلص من المشاعر السلبية الناجمة عن العجز في إشباع الحاجات ومواجهة المشكلات، وإحلال مشاعر ايجابية تمنح الثقة في مقابلة الحاجات ومواجهة المشكلات واكسابهم القدرة على التكيف مع التغيرات المرغوبة وعلى تقبل القيم والاتجاهات والاهداف التي ارتضاها المجتمع لنفسه وأراد الحفاظ عليها.

- التفكير الموضوعي المدرك للوقائع المختلفة للمجتمع والمستند على الحقائق.

- فهم الذات واكتشاف القدرات، وتعلم استثمار القدرات في إشباع الحاجات ومواجهة المواقف الحياتية.

- مواجهة المعوقات التي تحد من إمكانيات الشاب في تحقيق أهدافه وطموحاته.

2- الدور التوجيهي:

يسعى الأخصائي الاجتماعي بهذا الدور إلى توجيه الشباب نحو الأمور التالية:

- كيفية مواجهة المشكلات الطارئة و المستمرة

- كيفية التوافق مع الذات و التكيف مع المحيط.

- كيفية اتخاذ القرار و اختيار الموقف و تحديد الهدف.

- كيفية رسم صورة المستقبل بصورة واقعية.

- كيفية مراعاة الاهتمامات الخاصة و الميول الشخصية.

3- الدور التسهيلي:

يسعى الأخصائي الاجتماعي في هذا الدور إلى تحقيق ما يلي:

- تسهيل الحصول على الخدمات الضرورية من المؤسسات المناسبة.
- إفساح المجال للمشاركة باللقاءات و الأنشطة و البرامج و المشروعات

4- الدور العلاجي:

يسعى الأخصائي الاجتماعي في هذا الدور إلى تحقيق ما يلي:

- التخلص من المشاعر السلبية، و تبني الاتجاهات الايجابية،و تصويب الأفكار.
- إتباع الطرق السلمية و المشروعة في إشباع الحاجات و تحقيق الرغبات.
- محاولة حل المشكلات بصوره ذاتية، و بدون محاولة تجاهلها.
- القضاء على أشكال السلوك المنحرف و غير المقبول اجتماعيا.

5- الدورالتأثيري:

يسعى الأخصائي الاجتماعي في هذا الدور الى تحقيق ما يلي:

- التأثير على القوى الفاعلة بالمجتمع لتفهم مطالب الشباب و ضرورة الاستماع إليه.
- التأثير على المؤسسات لتطوير خدماتها للشباب و تبسيط إجراءاتها.
- السعي لتغيير السياسات الاجتماعية أو تعديلها بما يفيد تنمية الشباب بصورة متكاملة.
- المطالبة بحقوق الفئات الأقل حظا من الشباب.
- المطالبة بإيجاد خدمات و فرص و براج و مشروعات خاصة بالشباب.

6- الدور التخطيطي:

يسعى الأخصائي الاجتماعي في هذا الدورالى تحقيق ما يلي:

- تحديد احتياجات الشباب.
- تحديد مشكلات الشباب.
- حصر الموارد البشرية و المادية و الإمكانيات المتوفرة لرعاية الشباب

- وضع الأهداف التي تسعى المؤسسة في مجال رعاية الشباب.

7 - الدور التنسيقي:

يسعى الأخصائي الاجتماعي في هذا الدور إلى تحقيق ما يلي:

- توفير فرص التعاون بين المؤسسات المحلية المعنية بالشباب.
- توفير التعاون و التكامل بين الوحدات المكونة للمؤسسة التي يعمل من خلالها مع الشباب.
- الربط بين مختلف الخطط و البرامج و المشروعات الموضوعة للشباب في المجتمع المحلي و المجتمع الوطني.

8- الدور الإداري:

يسعى الأخصائي الاجتماعي في هذا الدور الى تحقيق ما يلي:

- القيام بتنظيم الأعمال و الأنشطة التي تقوم بها المؤسسة لرعاية الشباب
- القيام بالرقابة و التقييم لما ينفذ من أنشطة و برامج.
- تنظيم عملية توظيف الكوادر العاملة مع الشباب و تدريبها.

9- الدور المعلوماتي:

يسعى الأخصائي الاجتماعي في هذا الدور إلى تحقيق ما يلي:

- إجراء البحوث و الدراسات التي تعكس قضايا الشباب و مشكلاتهم و احتياجاتهم، أو الإشراف على إجرائها.
- جمع المعلومات المتعلقة بالشباب و خاصة في المجتمع المحلي،للاستفادة منها في التخطيط للبرامج.
- اقتراح المؤتمرات و الحلقات الدراسية و الندوات التي تبحث في قضايا الشباب، و يشارك الشباب فيها.

3- المهارات التي يستخدمها الأخصائي الاجتماعي مع الشباب:

يحتاج الأخصائي الاجتماعي إلى استخدام مهنة العمل الاجتماعي ، غير أن الاختيار فيما بينها يرتبط بالموقف أو الهدف، و ذلك على النحو التالي:

1- مهارات التحليل لفهم الحالات الفردية و المواقف الجماعية.
2- مهارات التفاعل و الإنصات لإدراك الاحتياجات و المشكلات.
3- مهارات الاتصال و المناقشة و الإقناع والمشورة للقيام بعمليات التوجيه والعلاج.
4- مهارات الاتصال و التخطيط و التنسيق عند تقديم التسهيلات
5- مهارات الضغط و الإقناع و الطرح و الاتصال عند محاولة تحقيق المطالب.
6- مهارات تحديد الأهداف و تحديد الأولويات وجمع البيانات و استطلاع الرأي وتحليله والاستفادة منها في التخطيط للبرامج.
7- مهارات المتابعة و التقييم للبرامج والمشروعات.
8- مهارات الاستثارة والحفز و التشجيع و التحشيد، لضمان التعاون والتعطف والتجاوب مع الخطط و البرامج المطروحة.

4- مستويات العمل الاجتماعي مع الشباب:

يعمل الأخصائي الاجتماعي في مجال رعاية الشباب، على المستويات الثلاثة المعهودة في التدخل المهني لمهنة العمل الاجتماعي ، الفردية و الجماعية و المجتمعية. وبذلك يمكن أن يستخدم طريقة خدمة الفرد في دراسة الحالات الفردية للشباب، وتشخيص الحالات التي تعاني من مواقف إشكالية،انحرافية أو تكيفية لدى بعض الشباب المستفيدين من خدمات المؤسسة التي يعمل بها، و من ثم لوضع خطة علاجية ينفذها الشاب صاحب الحالة،و بمتابعة من الأخصائي الاجتماعي.و يتابع كذلك بنفس الطريقة حالات المعوقين و المعوزين والمدمنين و الشواذ و المتأثرين بالمشكلات الأبوية والأسرية.كما يتابع الأخصائي الاجتماعي على المستوى الفردي حالات النبوغ والإبداع و الموهبة و القدرات المتميزة، بقصد المحافظة على نموها و تطورها لدى الشباب.

ويعمل الأخصائي الاجتماعي على المستوى الجماعي على نطاق أوسع، مستخدما طريقة خدمة الجماعة،و ذلك في الأنشطة الجماعية التي تنمي نواحي القيادة والتعاون والتنسيق والحوار و تبادل الآراء والعمل الفريقي و الإدارة بالمشاركة وبأسلوب ديمقراطي. ولا يتم استخدام طريقة الفرد أساسا إلا على هامش العمل مع الجماعات، عندما تظهر بعض الحالات السالبة و الايجابية و تتطلب عناية فردية في كلا الوجهين. فالبحث عن الوسائل المناسبة التي يقضي ـ بها الشباب وقت فراغه في عمل يعودعليه بالنفع الجسمي والنفسي والعقلي والاجتماعي كإعداد وتنظيم المعسكرات كلون من الوان الترويح يساعده على زيادةالانتاج وتنمية الشخصية وممارسة الاسلوب الديمقراطي وممارسة القيادة والتبعية كما تساعد هذه المعسكرات على دعم القيم وتغير الاتجاهات السلبية كما ان المشاركة في المؤتمرات المختلفة التي تناقش مشكلات وحاجات الشباب كعقد الندوات والمحاضرات التي تهتم بمشكلات ورعاية الشباب هي الاخرى من وسائل التنشئة الديمقراطية و الوطنية في اي مجتمع.

كما يعمل الأخصائي الاجتماعي مع الشباب على المستوى المجتمعي، فهو يعمل مع الشباب في مجتمع محلي معين و من خلال مؤسسة معنية بخدمتهم على المستوى المحلي، وهو بذلك يعمل مع الشباب بصورة مباشرة.و قد يكون فحوى العمل القيام ببرنامج لخدمة البيئة، أو القيام بمسح اجتماعي لناحية معينة، أو تنفيذ برنامج للتوعية، حول مرض الايدز أو حول الإدمان أو حول العنف مثلا فالقيام بالبحوث الاجتماعية في مجال الشباب وذلك لتحديد الخدمات المناسبة وللتعرف على المشكلات لإيجاد الحلول المناسبة لعلاجها. القيام بإعداد المعلومات والبيانات والاحصائيات عن نتائج برامج رعاية الشباب. يعمل الأخصائي الاجتماعي على تخطيط البرنامج والأنشطة التي تتيح الفرصة للشباب للتدريب على الاستقلال عن طريق اشراكهم في أنشطة يتحملون فيها مسؤوليات تناسب قدراتهم وامكانياتهم حتى يكتسبون الثقة بأنفسهم ويصبحون قادرون على التوافق مع متطلبات حياتهم الاستقلالية الجديدة ، ويكتسبون القدرة على التكيف مع قدراتهم ومع الآخرين وبذلك تهيئتهم للإستقلال عن الاسرة ثم الزواج.

ويعمـل الأخصـائي الاجتماعـي مـع الشـباب عـلى مسـتوى المجتمـع الـوطني(عـلى مسـتوى الدولة)،ويكون ذلك من خلال الإدارات المركزية،كالمجلس الأعلى للشباب أو وزارة الشـباب أ, وزارة التربيـة و التعليم أو الصحة أو التخطيط، و يكون طابع هذا العمـل تخطيطيـا، يقـيم مـا سـبق عملـه،و يتـابع مـا يجري تنفيذه،و يستشرف ما ينبغي القيام به. وذلك مع ما يتطلبه من دراسات و أبحاث تجمع المعلومـات و تستطلع الآراء و تبر الأغوار، و بما يتمخض عنه من سياسات تقوم عليها خطط قابلة للتنفيذ، نوضـع لهـا الموازنة و تخصص لها المبالغ و توزع المسؤوليات لتقوم بشكل متكامل و متناسق، و تهيأ لخدمة الشباب.

ان العمل الاجتماعي مع الشباب يعد المسارالذي يساعدهم على فهم انفسهم وبذلك يساعدهم على أن يتجه كل منهم الاتجاه الذي يناسب ميوله وقدراته وامكانياته وبذلك يوضـع الانسـان المناسـب في المكان المناسب.الإعداد الإقتصادي عن طريق مساعدتهم على الحصول على بعـض الاعـمال لـبعض الوقـت وخاصة اثناء العطلـة الصيفية أو انتهـاء المسـؤو ليات الدراسـية وبـذلك يكتسـبون خـبرات مهنيـة حتـى يختارون المهنة التي تناسبهم وفي نفس الوقت يكتسبون منها دخلا يفي مطالبهم الشخصية ومـع اسـتمرار العمل والنجاح فية وزيادة الدخل يستطيع الشباب الاستقلال الاقتصادي عن الاسرة وكلما أتيحت للشـباب خبرات متنوعة في مختلف أنواع العمل كلما أتيحت لهـم الفرصـة الجيـدة لاختيـار العمـل المناسـب الـذي يعتمدون عليه في حياتهم المستقبلية.

5- الصعوبات التي تواجه مهنة العمل الاجتماعي مع الشباب:

تواجه الأخصائي الاجتماعي في عمله في مجال رعاية الشباب، بعضها ما يعود إلى الشباب و بعضها إلى الأخصائي الاجتماعي، كما أن منها ما يعود إلى المؤسسة أو إلى المجتمع ألذي يعيش فيه هؤلاء الشباب.

فبالنسبة إلى الشباب فانه يتوزع إلى قطاعات عدة في المجتمع كالقطاع التعليمي والإنتاجي، و يتوزع بين المدن والقرى والبادية، و بين الأحياء المتخلفة والمتطورة، وبين ذكور و إناث، و اختلافات أكث من حيث المعتقدات و أنماط التفكير والسلوك، مما يقتضي التعدد و التنوع في البرامج و الوسائل و الخدمات الخاصة برعاية الشباب.هذا عدا عن الشباب لا يقدر أن الإمكانيات محدودة لدى المؤسسة و المجتمع، و يطالبهما فوق طاقتهما لتوفيره، و خاصة مع زيادة أعداد الشباب و تزايد مطالبهم.

أما بالنسبة للمؤسسة، فهي - أية مؤسسة- تعاني من محدودية الإمكانيات مقابل تزايد الحاجات والمطالبات، سواء من حيث الموارد المالية أو الأجهزة والأدوات والفضاءات أو الكوادر البشري وخاصة الفنية منها.وكذلك ضعف مستوى الخدمات أو عدم جاذبيتها للشباب.و بض أوجه القصور الأخرى مثل عدم الانفتاح و عدم التنسيق وتعقد الإجراءات.

أما فيما يتعلق بالاخصائي الاجتماعي، فانه قد يكون قليل الخبرة، أو غير محب لعمله أو للمؤسسة أو للعمل في المجال أو لا تقابل مبادراته بالاهتمام من قبل المسؤولين، أو تنعكس على نشاطه بعض الهموم الشخصية.

المراجع

- جمال شحاتة حبيب و آخرون: **المارسة العامة للخدمة الاجتماعية في مجال رعاية الشباب و المجال المدرسي**،مركز نشر و توزيع الكتاب الجامعي، جامعة حلوان، القاهرة2003
- برهم، نضال عبد اللطيف، **الخدمات الجتماعية**، مكتبة المجتمع العربي للنشر-عمان 2005.
- غباري، محمد سلامة،**الخدمة الاجتماعية ورعاية الشباب في المجتمعات الاسلامية**،المكتب الجامعي الحديث ،الاسكندرية 1983.
- غرايبة، فيصل محمود،**الخدمة الاجتماعية في المجتمع العربي المعاصر**، دار وائل للنشر- عمان، 2004 .
- ماهر أبو المعا طي علي و آخرون: **المارسة العامة في الخدمة الاجتماعية في المجال التعليمي و رعاية الشباب**، مركز نشر و توزيع الكتاب الجامعي، جامعة حلوان، القاهرة2002
- نصر- خليل عمران و آخرون:**الخدمة الاجتماعية في مجال رعاية الشباب**،كلية الخدمة الاجتماعية،جامعة حلوان، القاهرة1997
- Kay Hoffman &Alien Sallie, **Social Work Practice**, Bridges to Change, Boston, Allyn & Bacon,1994

الفصل الخامس

العمل الاجتماعي في مجال رعاية المسنين

العمل الاجتماعي في مجال رعاية المسنين

1- نشأة و تطور العمل الاجتماعي مع المسنين

برزت أحداث جسام وظواهر شتى في أعقاب الحرب العالمية الثانية، وكان منها تلك الأعداد الكبيرة من المسنين الذين فقدوا أسرهم وذويهم وأصبحوا بلا عائل ولا راع . في حين أن المؤسسات الإيوائية صارت عاجزة عن استقبالها واستيعابهم . هذا في الوقت الذي انتشرت فيه فكرة عدم جدوى العناية بهذه الفئة الاجتماعية التي أصبحت غير قادرة على الإنتاج وتعيش عالة على غيرها مما بشكل فاقدا اجتماعيا وماديا.

إلا أن الاكتشافات العلمية والتطور الطبي وتغلب النظرة الإنسانية في المجتمع الحديث ، الذي نهض ليبني نفسه بعد أن طحنته الحروب صارت تدعو إلى العناية بالمسنين كتعبير عن الوفاء للفئة التي قدمت وضحت وجاهدت لصنع مستقبل الأجيال ، وتبارت الدول إلى تطوير خدماتها لرعاية المسنين صحيا ونفسيا واجتماعيا ، فضلا عن أنظمة الضمان والتامين ضد الشيخوخة والعجز التي أصبحت معمولا بها في معظم دول العالم المعاصرة.

ومن مظاهر هذا الاهتمام تخصيص سنة دولية للمسنين واستحداث برامج تأهيل عالي في رعاية المسنين ضمن التخصصات الدقيقة للعمل الاجتماعي على مستوى الماجستير والدكتوراه. ورافق ذلك فتح مؤسسات لرعاية المسنين سواء بشكل إيوائي لمن لا عائل لهم أو بشكل نهاري لإشغال وقتهم بأنشطة مفيدة وممتعة مع أقرانهم.

من هنا ظهر نشاط مهني في رعاية المسنين في هذه المؤسسات لتناول المشكلات الفردية ذات الطابع النفسي الاجتماعي ، ولتنظم أوقاتهم ببرامج جماعية وللمساهمة في زيادة اندماجهم بأنشطة تطوعية لخدمة المجتمع . إلا أن ذلك لم يظهر بصورة مهنية فنية واضحة إلا في بدايات عقد السبعينات من القرن الماضي على مستوى الوطن العربي ،

وان يكن ذلك كان قد عرف منذ خمسينات القرن الماضي في أمريكا وأوروبا وخاصة في بريطانيا وفرنسا.

أما على الصعيد العربي فتعتبر رعاية المسنين من مجالات العمل الاجتماعي وتعتبر مؤسسات رعاية المسنين من المؤسسات الأولية للعمل الاجتماعي لا المؤسسات المضيفة كما هو الحال في المؤسسات التعليمية والطبية والإنتاجية والعقابية، و قد كان هناك إقبالا تطوعيا واستثماريا على إنشاء مؤسسات لرعاية المسنين من الجنسين و على مستوى متقدم من الضيافة.

إن المجتمع بما يحمله من ثقافة واتجاهات ايجابية نحو الحياة والتغيير- هو المسؤول الرئيسي عن روح الحياة لأفراده جماعاته، فليس كل دور يمكن أن يفعله الإنسان قد يقره المجتمع أو يدعمه حتى وإن كان صحيحا، فالمجتمع الذي يعطي المسن المساحة في الحياة بقدر تقبله وقيمه واتجاهاته القائمة على دور الانسان في الحياة حتى لحظة الموت، فهناك جدلية واضحة تكمن في الفارق الذي يفصل بين دور المسن في مجالات حياته المختلفة ومدى الدور الذي يقبل ويسمح له به المجتمع الذي يعيش فيه، فالقدرات الخاصة بكبار السن موجودة وممكنة التحول الى فعل اجتماعي لكن المجتمع يصر على مساحة كبار السن مرهونة بما تبقى له من عمر. وتولى مختلف الدول جهداً في سبيل الاهتمام بالمسنين ووضع وسائل رعايتهم والعناية بهم من بين أولويتها و ذلك تقدير لهؤلاء الذين قدموا الكثير من الخدمات لبلادهم طيلة حياتهم العملية وصار من واجب الأجيال التي تلت أن تقابلهم بالعرفان و التقدير بعد تقاعدهم وشيخوختهم.

لقد قدم الطب دراسات وابحاث ونتائج تتعلق بأمراض المسنين وأنواعها وطرق علاجها ما لم تقدمه العمل الاجتماعي والعلوم النفسية والاجتماعية حول تفاصيل الجوانب الثقافية والاجتماعية والنفسية للمسنين ،وقد يرجع ذلك بالتأكيد إلى الاعتقاد السائد بأن مرحلة الشيخوخة هي مرحلة تمثل الجانب المتردي من العمر نتيجة لما يصاب به المسن من ضعف ومرض وهي تجربة ستقود المسن الى الإضمحلال والموت الأكيد. إن

هذه النظرة التي تؤكد الحتمية الحيوية للشيخوخة هي نظرة تستند على علـم الأحيـاء ولا علاقـة العمل الاجتماعي والعلوم النفسية والاجتماعية بها.

لقد تأثر المجتمع بالحتمية الحيوية للشيخوخة لدرجة أنه أصبح يتعامل معها كشـكل مـن أشـكال التدهور في شخصية المسن معنويا وجسديا وأغفل أن ذلك بالتأكيد نتيجة من نتائج الاتجاهات المجتمعية الخاطئة نحو القيم والحياة ويتضمن دور الأخصائي الاجتماعي لمعالجة ذلك بالعمـل علـى تغييـر اتجاهـات المسن والأسرة والمجتمع نحو المسن والتغيرات المختلفة التي تؤثر في حياته، إضافة إلى المعرفة الميدانية بواقع هذه الظاهرة في المجتمع وسياسة الرعايـة الإجتماعيـة والتشـريعات الإجتماعيـة ومحاولـة تفعيلهـا، إضافة نظام التأمينات الاجتماعية والضمان الاجتماعي.

إن اعراض الاضطرابات الاجتماعية التي ترتبط بمراحـل العمـل المختلفـة تؤكـد مـدى الحاجـة إلى الخدمة الاجتماعية ودور الأخصائي الاجتماعي في التعامل معها ، لكن ذلك يحتـاج الى الإدراك الكامـل مـن قبل الأخصائي الاجتماعي لخصائص مراحل النمو المختلفـة للإنسان،ورؤيةالجانب الحيوي مـن شخصية المسن. إن ما سبق يحتاج الى الدراسة المتعمقة لعلم نفس الأنا: (Ego Psychology) لمساعدة المسن علـى التكيف من خلال استثمار موارد شخصيته وإحيائها.

أن العمل الاجتماعي هـو المهنة التي يمكنها التـدخل لمواجهة مشكلات المسـنين ومعاونتهم علـى استعادة قدراتهم على القيام بوظائفهم في حدود ما يبقى لهم من إمكانيات وقدرات و بما يعينهم علـى استعادة توافقهم وتكيفهم مع المجتمع، إن العلاقة بين الأخصائي الإجتماعي والمسن تحتـاج الى معطيـات معرفية كي تصبح اكثر فاعلية من حيث :

1. الادراك الكامل والواعي لمراحل نمو الشخصية ودورها في حياة الانسان.
2. ادراك وفهم اهمية العلاقات الاجتماعية وديناميـة تفاعلها
3. ربط الثقافة بالشخصية وتفهم دور التنظيمات في أنماط التفاعل الاجتماعي

لذلك بادرت الحكومات من خلال وزاراتها وهيئاتها على توفير الخدمات ووسائل الرعاية للمسنين، فضلا عن التشريعات في الخدمات التي تقدمها وزارتا التنمية الاجتماعية ووزارة الصحة و القطاع الخاص والأهلي التطوعي لهؤلاء المسنين حيث أنشأت دوراً لرعايتهم تقدم خدمات الرعاية الصحية والاجتماعية لكبار السن. و يكون للعمل الاجتماعي الدور البارز في فرق العمل القائمة على العناية بالمسنين في تلك الهيئات و المؤسسات خلال:

1- **الرعاية الإيوائية:** تقديم كافة الخدمات على مدار الساعة.

2- **الرعاية المنزلية:** تقدم الخدمات للمسنين في منازلهم مجانا.

3- **الرعاية النهارية:** قسم مجهز بأحدث الإمكانيات يقدم خدماته النفسية والاجتماعية ويرجع المسن لأهله.

4- **الرعاية اللاحقة:** هو نظام متابعة للحالات التي تم تركها للمؤسسات بهدف النصح والإرشاد.

وأشرت إلى الخدمات التي تقدم لشريحة المسنين في الكويت بما يلي:-

أ- **الرعاية الصحية الشاملة:** مجموعة الخدمات التي تقدم مجانا بما فيها البرامج التوعوية.

ب- **الرعاية الاجتماعية:** (اختصاصيين اجتماعيين نفسيين) توفر الوعظ والنصح والإرشاد.

ج- **الخدمات الإعلامية:** إعداد البرامج لرفع الوعي وزيادة التراحم والتواصل وصلة الأرحام وابراز حقوق كبار السن (تلفزيون- إذاعة- صحافة- انترنت) بروشور- بوسترات حملات شاملة- ابراز محاسن الشريعة الدالة على أحكام المسنين والتعامل معهم.

د- **الرعاية القانونية:** حماية المسن وجعله تحت مظلة الرعاية القانونية الوجوبية التي تكفلها التشريعات وتشمل حالة العجز ورد السلوك المنحرف تجاه المسنين.

2- مستويات العمل مع المسنين :

العمل مع المسنين على المستوى الفردي:
حيث يعنى العمل الاجتماعي الطبي على المستوى الفردي وفي المؤسسات الاجتماعية بمساعدة المسنين على مواجهة المشكلات التي تحول دون أدائهم لوظائفهم الاجتماعية.

في المؤسسات الايداعية للمسنين:
من أنماط الرعاية الاجتماعية للمسنين إقامة الدور الخاصة برعاية من لا تتوفر لهم الحياة الأسرية بسبب ظروف التعقد المجتمعي ولإفراط عقد الأسرة الأصيلة. وتصمم هذه الدور بكيفية تقرب الحياة فيها إلى حياة الأسرة مع تمتع المسن بنوع من الاستقلال في المعيشة وتوفير سبل الصلات بالبيئة مع العمل على تعبئة وسائل الترويح والثقافة المناسبة لهم السماح بممارسة أنشطة خارج الدور تعود على المسن ومجتمعه بالنفع. وتفتح هذه الدور أبوابها للمسنين وعائلاتهم وأصدقائهم في مناسبات عدة وبذلك تأخذ سمة المجتمع الطبيعي و ليس المنزل المعزول عن البيئة و الأسرة.
ويتمثل دور الأخصائي الاجتماعي فيها بما يلي:

◆ **القيام بالدراسة الاجتماعية:**

1. الحصول على البيانات الأولية الخاصة بالمسن: الاسم، السن، الجنس، العمل السابق. العنوان، الديانة، وغير ذلك من البيانات الأولية حول شخصية المسن وظروفه.

2. التعرف على تكوين الأسرة: و ذلك من خلال جدول خاص بها يوضح أعضاء الأسرة وظروفها الاجتماعية والصحية والتعليمية والمهنية.

3. توصيف السمات الشخصية للمسن: الجوانب الجسمية والعقلية والنفسية والاجتماعية بما فيها من جوانب القوة و الضعف.

4. تحديد الدخل الشهري وأوجه الصرف: مصادر الدخل كالراتب التقاعدي أو المساعدات أو المكافآت أو عائد العقارات أو ريع الأراضي الزراعية أو الأسهم

وأوجه الإنفاق على الإقامة في المؤسسة أو العلاج أو الترفيه أو الاتفاق على الأهل وغير ذلك.

5. وصف الحالة الصحية للمسن: سلامة جسمه وعقله وحالته النفسية وخلوه من العاهات أو الإصابات و تدوين التاريخ المرضي له.

6. تحديد المشكلات التي يعاني منها المسن خلال فترة وجوده في المؤسسة كصعوبة التوافق مع زملائه من المقيمين فيها أو وجود مشكلات صحية أو أسرية.

7. تسمية الأقارب الملزمين بالنفقة عن المسن شرعاً بما يمكن الاعتماد عليهم في الإنفاق عليه أو مساعدته فيما يختص بنفقات الإقامة بالمؤسسة أو النواحي العلاجية الخاصة بمرض معين أو الاحتياج إلى نظام خاص للتغذية.

● قيامه بتشخيص الحالة:

يقوم الأخصائي الاجتماعي بصياغة دقيقة بتشخيص الحالات كل على انفراد و خصوصية وباختلاف المواقف والمشكلات التي يتعرض لها كل مسن من نزلاء المؤسسة، تشخيصا متكاملا يجمع بين الوصف والتصنيف و بصياغة صياغة واضحة وعملية و غير معقدة. وكلما كانت صياغة التشخيص واضحة وعملية كلما ساعد ذلك على نجاح الخطة العلاجية المقترحة.

● وضعه لخطة العلاج:

يستخدم الأخصائي خدمة الفرد عددا من أساليب العلاج للحالات الفردية للمسنين في المؤسسة، منها ما يركز على ذات المسن ومنها ما يركز على ظروفه المحيطة و ذلك على النحو التالي:

(أ) العلاقة المهنية:

يتمكن الأخصائي الاجتماعي عن طريق العلاقة المهنية أن يزيل أو يخفف من قلق المستفيد ومخاوفه، وأن يهيئ جواً يجعل العميل واثقا بالأخصائي الاجتماعي وفي قدرته على مساعدته، وذلك في الوقت الذي يحتاج المسن فيه إلى شخص يرتاح إليه ويشكو له مما يضايقه.

(ب) **التعاطف:**

و ذلك بهدف أن يشعر المستفيد أن الأخصائي الاجتماعي يقدر موقفه والظروف المؤلمة والصعبة التي يعاني منها وما إلى ذلك من مشاعر سلبية.و هو ما يحتاجه المسن في التخفف عنه مما يعانيه من ضغوط بسبب ترك العمل وضعف الحالة الصحية وفقد العلاقات الاجتماعية.

(ج) **الإفراغ الوجداني:**

أي بتشجيع الأخصائي الاجتماعي للمسن على التعبير عن مشاعره الحبيسة واستجابة الأخصائي الاجتماعي للمشاعر التي يعبر عنها المسن، ويساعده على أن يحول تلك المشاعر السلبية إلى إيجابية.

(د) **التأثير المباشر:**

وذلك بقيام الأخصائي الاجتماعي بدور بنوعٍ من التدخل المباشر في شئون المسن عن طريق التعزيز و تأكيد الأخصائي الاجتماعي وموافقته على عمل معين يفكر فيه المسن كرغبته في إقامة مشروع يدر عليه دخلا ويشغل به الوقت.

(هـ) **تكوين البصيرة:**

فبمساعدة العميل على فهم ذاته وحقيقة ما يتعرض له من مشكلات في سبيل توعية المسن بالظروف والتغيرات الفسيولوجية والنفسية والاجتماعية المصاحبة لمرحلة التقدم بالسن. وهكذا يستطيع إقناع المسن بضرورة تغيير سلوكه بما يتواءم مع متطلبات المرحلة الجديدة التي يمر بها.

(و) **الخدمات المباشرة:**

وهي الخدمات المادية الملموسة للعميل والتي تقدم مباشرة لها. وتفيد تلك الخدمات في مجال العمل مع المسنين عند حاجة المسن للمساعدة المالية أو صرف بعض الأجهزة الطبية أو عند حاجته إلى إجراء عملية جراحية وهكذا.

(ز) الخدمات غير المباشرة:

وهي التي تنصب على تعديل اتجاهات المحيطين بالمسن. اتجاهات كالأبناء و الأقارب نحو المسن و حثهم على زيارته في المؤسسة وعدم إهمال دورهم في رعايته أو الإنفاق عليه."

رعاية المسنين داخل أسرهم:

تميل الفلسفة الحديثة لرعاية المسنين إلى إتباع أساليب الرعاية النهارية و العيادات المتنقلة، بما يوفر بقاء المسن في بيئته وتزويده بالخدمات الاجتماعية والنفسية والطبية فيها. ويقوم الأخصائيون الاجتماعيون بدور الوسيط بين الأسر والبرامج وبين المؤسسات الأخرى ويسعون إلى توفير الخدمات التي تقدمها المؤسسات للمسنين داخل أسرهم الطبيعية.

رعاية المسنين المصابين بأمراض نفسية وعقلية:

يتعرض المسن للعديد من الضغوط بسبب التقاعد وما يصاحبه من مشاعر الوحدة وفقدان الثقة بالنفس وعدم وجود هدف في الحياة. الأمر الذي يمهد لنمو الاضطرابات النفسية والعقلية لدى المسنين. و يستخدم الأخصائي الاجتماعي الطريقة الفردية في التعامل مع هذه الحالات.

العمل مع المسنين على مستوى الجماعة:

تركز خدمة الجماعة على دفع النمو والتغيير بالنسبة لأعضاء الجماعة عن طريق تدعيم الذات وتوفير فرص النمو، ومساعدة أعضاء الجماعة عن طريق دافعية التغيير من خلال الخبرات الجماعية ، كأداة علاجية في مؤسسات رعاية المسنين. فلما كان المسن يفقد الكثير من أدواره الاجتماعية، ويصبح العجز في إشباعه لحاجاته المختلفة واضحاً، فان الحياة الجماعية تغدو ذات أهمية للأسباب التالية:

1. أن الحاجة إلى فهم وتقبل تغير القدرات الجسمية والنفسية للمسن من قبله، وتحتاج ما يعوضها ليعيد تنظيم أنماط سلوكه،لذا فأن جماعات الزملاء الذين يعيشون هذه التغيرات يمكن أن تقدم ذاك الفهم الذي يكون أكثر الوسائل مساعدة للأفراد، خاصة

عندما تكون الجماعة وسطا بناءا يوفر المناخ المناسب والقيم السليمة والقيادة الصالحة.

2. توفر الجماعات الفرصة لتجديد الصدقات القديمة، و توجد صداقات جديدة تعوض الخسارة في الأصدقاء القدامى وعند وفاة الزوج أو الزوجة.

3. لما كان المسن يفقد عمله ويشعر بضعف قيمته ومكانته، لذا فان انضمامه إلى الجماعات والهيئات بالمجتمع يحقق له فائدة كبيرة في رفع مكانته.

4. يشعر المسن داخل الجماعات بأنه ينتمي لشيء أكبر من نفسه أو أسرته، فهو يستطيع من خلالها الفرد أن يعمل مع الآخرين للتعبير عن وجهة نظره وإنجاز أعماله.

يتضح مما سبق أن المشاركة في الحياة الجماعية لا تقتصر على مجرد شغل وقت الفراغ أو الترويح، بل أن بعض الحاجات الإنسانية الأساسية والضرورية يمكن أن تشبع من خلال هذه المشاركة.ولتحقيق المكتسبات الإنسانية المشار إليها ، من المفيد استخدام البرامج التي تتيح للمسنين ممارسة ألوان النشاط التي توفر لهم المهارات والخبرات الاجتماعية، وتستثمر قدرات المسنين وتشجيع مشاركتهم في وضع وتنفيذ البرامج، خاصة ما يشجع على الإبداع. هنا يتجلى دور الأخصائي الاجتماعي ومحور الارتكاز في توجيه التفاعلات، بما لديه من مهارات.

مسئوليات الأخصائي الاجتماعي مع جماعات المسنين في المؤسسات:
يمكن تلخيص تلك المسؤوليات بما يلي:

1. وضع الإطار العام لبرامج الجماعات بما يرتبط بحاجات الأفراد المختلفة والتي تتراوح بين التوجيه والمعونة النفسية، بما يساعد على تحقيق السعادة.

2. العمل المباشر مع جماعات المسنين خاصة ممن يعانون من مشكلات إقامة العلاقات الاجتماعية مع الآخرين.

3. الاتصال بالأعضاء خارج اجتماعات الجماعة مع جماعات المسنين، والقيام بالزيارات المنزلية للمسنين عند الحاجة.

4. التعاون مع المتطوعين والموظفين الذين يشاركون في برنامج المسنين.

5. تقديم خدماته للمسنين الذين لا يستطيعوا الاشتراك في الحياة الجماعية للجماعات،

6. تزويد المجتمع المحلي بالمعلومات التي تتعلق بالمسنين وبحاجاتهم والإسهام في مقابلتها.

ما يجب أن يراعى في العمل مع جماعات المسنين:

ينبغي على الأخصائي الاجتماعي مراعاة ما يلي عند العمل مع جماعات المسنين:

1. أن ينظر بعين الاعتبار إلى مرحلة التقدم في العمر، والتي تتطلب إشباع احتياجات خاصة تسهم في التكيف والتوافق للمسنين.

2. مساعدة أعضاء الجماعة على تفهم طبيعة التغيرات التي تتميز بها مرحلة الشيخوخة.

3. الاهتمام بالأعضاء كأفراد لهم احتياجاتهم متميزة ويساعدهم على إشباعها وتحقيقها من خلال عمله مع الجماعة.

4. المبادأة في التخطيط للنشاط الاجتماعي وإيجاد مختلف الوسائل لاستثمار الأعضاء للمشاركة في النشاط.

5. تدعيم العلاقات بين أعضاء الجماعة لتلافي مشكلة فقد العلاقة بالآخرين أو التعويض عنها.

6. مساعدة الأعضاء على الأدوار والمسئوليات كبديل عما فقدوه نتيجة لتقاعدهم.

7. مساعدة الأعضاء على التعبير عن مشاعرهم خاصة تلك التي تواجه توافقهم وتكيفهم.

8. الاستفادة من طاقات الأعضاء و استثمار خبراتهم وقدراتهم في النشاط داخل الجماعة.

9. تدعيم العلاقة بين الجماعة التي يعمل معها والمجتمع المحلي الذي توجد به، بما يسهم في التغلب على بعض مشكلات المسنين.
10. الإشراف الفني على تدريب المتطوعين والعاملين في المؤسسة لتوفير حد أدنى من الإعداد الواجب للتعامل مع هؤلاء المسنين.

العمل مع المسنين على المستوى المجتمعي

تهتم طريقة تنظيم المجتمع في هذا المجال بتشجيع المواطنين والحكومة على بدء خدمات جديدة و في إذكاء الوعي الاجتماعي بين المواطنين فيما يرتبط بقضايا المسنين و اهتمام المجتمع بهم. ومن أهم تلك الجهود المهنية المجتمعية في مجال رعاية المسنين ما يلي:

1. تنشيط مشاركة المسنين في حياة المجتمع الإنتاجية والاجتماعية، كضرورة من ضرورات التنمية وحق من حقوق الإنسان.
2. مواصلة استخدام المسنين في أعمالهم لإنتاج السلع أو لتقديم الخدمات بعد سن الستين.
3. تشجيع الابتكارات التي تستفيد من التقدم التكنولوجي والتي تقلل من الاعتماد على الجهد البدني وعمل المشروعات التي تستفيد بجهود المسنين في أعمالها.
4. تشجيع إنشاء أندية أو جمعيات المسنين لتسهم في توفير فرص العمل والأنشطة الترفيهية و الاجتماعية.
5. التنسيق مع تنظيمات الجيرة أو جماعات أصدقاء المسنين للقيام بالزيارات الدورية على المسنين على والتأكد من أحوالهم الصحية وتقديم المساعدة لهم.
6. العمل على إصدار التشريعات الاجتماعية الخاصة بحقوق المسنين، و تعمل على إدماجهم في الأنشطة الإنتاجية في المجتمع.
7. تنظيم البرامج المهنية التي تهيئ السن وتجعله لائقا لفترة أطول.
8. عقد البرامج التدريبية لكبار السن من أهالي المنطقة لتعريفهم بالأدوار المميزة التي يستطيعون أن يقوموا بها في البيئة التي يعيشون فيها

9. دعم برامج تعليم الكبار خاصة تلك التي تقدم في مرحلة العمل المتقدم بالمحتويات التي تهيئ الشخص للتقاعد عن العمل ومده بالخبرات والمعلومات التي تزيد من تكيفه.

مما لا شك فيه أن فارق السن بين الأخصائي الاجتماعي والحالة المدروسة (المسن) قد تؤثر على لعلاقة بينهما فهي الاساس في تقديم عملية المساعدة مما يؤدي ايضا ال التأثير على نتائج الدور الذي يلعبه الأخصائي الإجتماعي مع كبير السن. ويمكن القول ايضا أن الاهتمام بقضايا المسنين من قبل الأخصائيين الإجتماعيين قد لا يكون بنفس الدرجة من الرغبة ،ذلك أن عمل الاخصائي الاجتماعي مع المسنين من خلال المؤسسات الرسمية أو غير الرسمية قد لا يعبر بالضرورة عن إتجاهات حقيقية بالرغبة في العمل مع المسنين وهذا بالتأكيد سيؤثر على العلاقة المهنية القائمة على الثقة المتبادلة بين الأخصائي الإجتماعي والمسن.

ملحق رقم (3)
اللجنة المعنية بالحقوق الإقتصادية والاجتماعية والثقافية
(الدورة الثالثة عشرة، 1995)
التعليق العام رقم 6

الحقوق الاقتصادية والاجتماعية والثقافية لكبار السن

1- مقدمة

1- تزداد ظاهرة الشيخوخة بين سكان العالم بشكل مطرد وبمعدل مذهل تماما. فقد زاد مجموع الذين يبلغون من العمر 60 سنة فأكثر من 200 مليون في عام 1950 إلى 400 مليون في عام 1982، ومن المقدر أن يصل إلى 600 مليون في عام 2001 وإلى 1.2 بليون في عام 2025، وفي ذلك الوقت، سيكون أكثر من 70 في المائة منهم يعيشون في ما يسمى اليوم بالبلدان النامية. وزاد، وما فتئ يزيد بصورة مثيرة للغاية كذلك، عدد الذين يبلغون من العمر 80 سنة فأكثر، إذ ارتفع من 13 مليون في عام 1950 إلى أكثر من 50 مليون اليوم، ومن المقدر أن يزيد إلى 137 مليون في عام 2025. وهذه الفئة هي أسرع فئات السكان زيادة في العالم، ومن المقدر أن تزداد بمعامل يبلغ 10 بين عام 1950 وعام 2025 مقابل معامل يبلغ 6 بالنسبة إلى الفئة البالغة من العمر 60 سنة فأكثر، ومعامل يبلغ أكثر من ثلاثة بقليل بالنسبة إلى مجموع السكان(1).

2- وهذه الأرقام هي أمثلة توضيحية لثورة هادئة، ولكنها ثورة ذات نتائج بعيدة المدى يتعذر التنبؤ بها. وهي ثورة تمس الآن الهياكل الاجتماعية والاقتصادية للمجتمعات على الصعيد العالمي وعلى الصعيد القطري، بل ستزداد تأثيرا على هذه الهياكل في المستقبل.

2- وتواجه معظم الدول الأطراف في العهد، والبلدان الصناعية بصفة خاصة، مهمة مواءمة سياساتها الاجتماعية والاقتصادية مع شيخوخة سكانها، لا سيما فيما يتعلق

بالضمان الاجتماعي. أما في البلدان النامية، فإن غياب وقصور نظام الضمان الاجتماعي يتفاقمان بسبب هجرة الشباب التي تؤدي إلى إضعاف الدور التقليدي للأسرة، التي تشكل الدعم الرئيسي لكبار السن.

2- السياسات موضع الإقرار على الصعيد الدولي فيما يتعلق بكبار السن

4- اعتمدت الجمعية العالمية للشيخوخة في عام 1982 خطة عمل فيينا الدولية للشيخوخة. وصادقت الجمعية العامة على هذه الوثيقة الهامة التي تعتبر مرشدا مفيدا جدا للعمل لأنها تبين بالتفصيل التدابير التي ينبغي للدول الأعضاء اتخاذها من أجل المحافظة على حقوق كبار السن في إطار الحقوق التي أعلنها العهدان الدوليان الخاصان بحقوق الإنسان. وهي تتضمن 62 توصية يتصل كثير منها اتصالا مباشرا بالعهد الدولي الخاص بالحقوق الاقتصادية والاجتماعية والثقافية(2).

5- وفي عام 1991، اعتمدت الجمعية العامة مبادئ الأمم المتحدة المتعلقة بكبار السن التي تعتبر بسبب طبيعتها البرنامجية، وثيقة هامة أيضا في هذا السياق(3). وهي مقسمة إلى خمسة أقسام ترتبط ارتباطا وثيقا بالحقوق المعترف بها في العهد. إن "الاستقلالية" تشمل حق كبار السن في الحصول على ما يكفي من الغذاء والماء والمأوى والملبس والرعاية الصحية. وتضاف إلى هذه الحقوق الأساسية إمكانية ممارسة العمل بأجر والحصول على التعليم والتدريب. و "المشاركة" تعني وجوب أن يشارك كبار السن بنشاط في صوغ وتنفيذ السياسات التي تؤثر مباشرة في رفاههم، وأن يقدموا إلى الأجيال الشابة معارفهم ومهاراتهم، وأن يكونوا قادرين على تشكيل الحركات أو الرابطات الخاصة بهم. ويدعو القسم المعنون "الرعاية" إلى وجوب أن توفر لكبار السن فرص الاستفادة من الرعاية الأسرية والرعاية الصحية، وأن يمكنوا من التمتع بحقوق الإنسان والحريات الأساسية عند إقامتهم في مأوى أو مرفق للرعاية أو للعلاج. أما فيما يتعلق بمبدأ "تحقيق الذات"، فينبغي بموجبه تمكين كبار السن من التماس فرص التنمية الكاملة لإمكاناتهم من خلال إتاحة إمكانية استفادتهم من موارد المجتمع

التعليمية والثقافية والروحية والترويحية. وأخيرا، ينص القسم المعنون "الكرامة" على أنه ينبغي تمكين كبار السن من العيش في كنف الكرامة والأمن، ودون خضوع لأي استغلال أو سوء معاملة، جسدية أو عقلية، وينبغي أن يعاملوا معاملة منصفة، بصرف النظر عن عمرهم أو جنسهم أو خلفيتهم العرقية أو الإثنية، أو كونهم معوقين، وبصرف النظر عن مركزهم المالي أو أي وضع آخر، وأن يكونوا موضع تقدير بصرف النظر عن مدى مساهمتهم الاقتصادية.

6- وفي عام 1992، اعتمدت الجمعية العامة ثمانية أهداف عالمية في مجال الشيخوخة لسنة 2001، ودليلا مقتضبا لوضع الأهداف الوطنية في مجال الشيخوخة. وبالنسبة إلى عدد من الجوانب الهامة، تفيد هذه الأهداف العالمية في تعزيز التزامات الدول الأطراف في العهد(4).

7- وفي عام 1992 أيضا، وبمناسبة الذكرى السنوية العاشرة لاعتماد مؤتمر الشيخوخة لخطة عمل فيينا الدولية، اعتمدت الجمعية العامة الاعلان بشأن الشيخوخة الذي حثت فيه على دعم المبادرات الوطنية المتعلقة بالشيخوخة بحيث يقدم الدعم الكافي إلى المسنات لقاء مساهماتهن في المجتمع غير المعترف بها إلى حد كبير. ويشجع كبار السن من الرجال على تطوير قدراتهم الاجتماعية والثقافية والعاطفية التي ربما يكونون قد منعوا من تطويرها في سنوات كسبهم للعيش، ويقدم الدعم إلى الأسر من أجل توفير الرعاية، ويشجع جميع أفراد الأسرة على التعاون في توفير الرعاية، ويوسع التعاون الدولي في إطار الاستراتيجيات الموضوعة لبلوغ الأهداف العالمية في مجال الشيخوخة لسنة 2001. كما تقرر في الاعلان الاحتفال بعام 1999 بوصفه السنة الدولية لكبار السن، اعترافا ببلوغ البشرية "سن النضج" الديموغرافي(5).

8- وأولت وكالات الأمم المتحدة المتخصصة، في مجالات اختصاصها، ولا سيما منظمة العمل الدولية، اهتمامها أيضا لمشكلة الشيخوخة.

3- حقوق كبار السن فيما يتعلق بالعهد الدولي الخاص بالحقوق الاقتصادية الاجتماعية والثقافية

9- تختلف المصطلحات المستخدمة لوصف كبار السن اختلافا كبيرا، حتى في الوثائق الدولية. فهي تشمل: "كبار السن"، و"المسنين"، "والأكبر سنا"، و"فئة العمر الثالثة"، و"الشيخوخة"، كما أطلق مصطلح "فئة العمر الرابعة" للدلالة على الأشخاص الذين يزيد عمرهم على 80 عاما. ووقع اختيار اللجنة على مصطلح "كبار السن" (older persons) (بالفرنسية، personnes âgées، وبالأسبانية، personas mayores)، وهو التعبير الذي استخدم في قراري الجمعية العامة 5/47 و98/48. ووفقا للممارسة المتبعة في الادارات الاحصائية للأمم المتحدة، تشمل هذه المصطلحات الأشخاص البالغين من العمر60 سنة فأكثر، (تعتبر إدارة الاحصاءات التابعة للاتحاد الأوروبي أن "كبار السن" هم الذين بلغوا من العمر 65 سنة أو أكثر، حيث إن سن ال 65 هي السن الأكثر شيوعا للتقاعد، ولا يزال الاتجاه العام ينحو نحو تأخير سن التقاعد).

10- ولا يتضمن العهد الدولي الخاص بالحقوق الاقتصادية والاجتماعية والثقافية أية إشارة صريحة إلى حقوق كبار السن، وإن كانت المادة 9 التي تتناول "حق كل شخص في الضمان الاجتماعي، بما في ذلك التأمينات الاجتماعية"، تعترف ضمنا بحق الحصول على ضمانات الشيخوخة. ومع ذلك، وحيث إن أحكام العهد تطبق تطبيقا كاملا على جميع أفراد المجتمع، يصبح من الواضح أنه يحق لكبار السن التمتع بالطائفة الكاملة للحقوق المعترف بها في العهد. وقد وجد هذا النهج التعبير الكامل عنه أيضا في خطة عمل فيينا الدولية للشيخوخة. وفضلا عن ذلك، ونظرا لأن احترام حقوق كبار السن يتطلب اتخاذ تدابير خاصة، فإن العهد يطالب الدول الأطراف بأن تفعل ذلك بأقصى قدر من مواردها المتاحة.

11- وثمة مسألة هامة أخرى هي معرفة ما إذا كان التمييز على أساس السن محظورا بموجب العهد. فلا العهد ولا الاعلان العالمي لحقوق الإنسان يشيران بصراحة إلى السن كأحد الاعتبارات التي يحظر التمييز على أساسها. وبدلا من النظر إلى هذا

الإغفال على أنه استبعاد مقصود، ربما يكون أفضل تفسير له هو أن مشكلة الشيخوخة الديموغرافية، عندما اعتمد هذان الصكان، لم تكن واضحة أو ملحة كما هي الآن.

12- ومع ذلك، فإن المسألة تبقى غير محسومة، إذ يمكن تفسير منع التمييز بسبب "أي وضع آخر" على أنه ينطبق على السن. وتلاحظ اللجنة أنه رغم أنه ليس من الممكن حتى الآن استنتاج أن التمييز على أساس السن محظور تماما بموجب العهد، فإن مجموعة المسائل التي يمكن قبول التمييز بصددها محدودة جدا. وفضلا عن ذلك، ينبغي التشديد على أن عدم قبول التمييز ضد كبار السن مؤكد في كثير من الوثائق الدولية المتعلقة بالسياسة العامة وفي تشريعات الأغلبية الكبيرة من الدول. وفي المجالات القليلة التي ما زال يسمح بالتمييز فيها مثلما هو الحال فيما يتعلق بسن التقاعد الإلزامية أو بسن الحصول على التعليم العالي، هناك اتجاه واضح نحو إلغاء هذه الحواجز. ومن رأي اللجنة أنه ينبغي للدول الأطراف أن تسعى للتعجيل بتنفيذ هذا الاتجاه إلى أكبر حد ممكن.

13- ومن ثم، فمن رأي لجنة الحقوق الاقتصادية والاجتماعية والثقافية أنه ينبغي للدول الأطراف في العهد أن تولي اهتماما خاصا لتعزيز وحماية الحقوق الاقتصادية والاجتماعية والثقافية لكبار السن. ومما يزيد من أهمية دور اللجنة ذاته في هذا الصدد واقع أنه، على خلاف حالة فئات السكان الأخرى مثل النساء والأطفال، لا توجد بعد اتفاقية دولية شاملة تتعلق بحقوق كبار السن، كما لا توجد ترتيبات اشرافية ملزمة تتعلق بشتى مجموعات مبادئ الأمم المتحدة في هذا المجال.

14- وكانت اللجنة، ومن قبلها سلفها فريق الخبراء الحكوميين العامل للدورة، قد نظرت، في نهاية دورتها الثالثة عشرة، في 144 تقريرا أوليا، و70 تقريرا دوريا ثانيا، و20 تقريرا عالميا أوليا ودوريا بشأن المواد 1 إلى 15. وأتاح النظر في هذه التقارير إمكانية تحديد كثير من المشاكل التي يمكن مواجهتها لدى تنفيذ العهد في عدد كبير من الدول الأطراف التي تمثل جميع مناطق العالم والتي لها نظم سياسية واجتماعية -

اقتصادية وثقافية مختلفة. ولم تقدم التقارير التي بحثت حتى الآن أية معلومات، بصورة منهجية، عـن حالة كبار السن فيما يتعلق بالامتثال للعهد، فيما عدا بعض المعلومات، التي قدمت بدرجات متفاوتة من الاكتمال، عن تنفيذ المادة 9 المتعلقة بالحق في الضمان الاجتماعي.

15- وفي عام 1993، كرست اللجنة يوما للمناقشة العامة لهذه المسألة بغية تخطيط نشاطها في هذا المجال في المستقبل، وفضلا عن ذلك، بـدأت في الـدورات الأخـيرة تعلـق أهميـة أكـبر بكـثير علـى المعلومـات المتعلقة بحقوق كبار السن، وأوضح استبيانها بعض المعلومات القيمة جدا في بعض الحـالات. ومـع ذلك، فإن اللجنة تلاحظ أن الأغلبية الكبيرة من تقارير الـدول الأطـراف مـا زالـت تشير مجـرد إشـارة ضئيلة إلى هذه المسألة الهامة. ولذا، فإنها ترغب في الإشارة إلى أنها سـوف تصرـ في المسـتقبل علـى وجوب تناول وضع كبار السن فيما يتعلق بكل حق من الحقوق المعترف بها في العهد تنـاولا كافيـا في جميع التقارير. ويحدد الجزء الباقي من هـذا التعليـق العـام المسـائل المحـددة ذات الصـلة في هـذا الصدد.

4- الالتزامات العامة للدول الأطراف

16- يتميز كبار السن كمجموعة بالتباين والتنوع، شأنهم في ذلك شأن باقي السكان، ويعتمد وضعهم علـى الحالة الاقتصادية والاجتماعية للبلد، وعلى العوامل الديموغرافية والبيئية الثقافية والمتعلقـة بالعمـل. كما يعتمد، على الصعيد الفـردي، عـلى الحالـة الأسريـة وعـلى مسـتوى التعليـم والبيئـة الحضريـة أو الريفية، وعلى شغل العاملين والمتقاعدين.

17- وإلى جانب كبار السن الذين يتمتعون بصحة جيدة والذين تعتبر حالتهم المالية مقبولة، هناك كثيرون لا تتوافر لهم الموارد الكافيـة، حتى في البلـدان المتقدمـة، ويـبرزون بجـلاء بـين أكـثر الجماعـات ضعفا وتهميشا وافتقارا إلى الحماية. ويتعرض كبار السن بصفة خاصة للمخاطر في أوقات الانتكاس وإعادة هيكلة الاقتصاد. وكما أكدت

اللجنة من قبل (التعليق العام رقم 3 (1990)، الفقرة 12)، يقع على عاتق الدول الأطراف، حتى في أوقات وجود قيود شديدة على الموارد، واجب حماية الضعفاء من أفراد المجتمع.

18- أما الطرائق التي تستخدمها الدول الأطراف للوفاء بالالتزامات التي قطعتها على نفسها بموجب العهد فيما يتعلق بكبار السن، فستكون، بصفة أساسية، هي نفس الطرائق المستخدمة للوفاء بالالتزامات الأخرى (انظر التعليق العام رقم 1 (1989)). وهي تشمل ضرورة تحديد طبيعة ونطاق المشاكل داخل أي دولة من خلال عملية الرصد المنتظم، وضرورة اعتماد سياسات وبرامج موضوعة بشكل سليم للوفاء بالاحتياجات، وضرورة سن التشريع عند الاقتضاء وإلغاء أي تشريع تمييزي، وضرورة كفالة الدعم ذي الصلة من الميزانية أو، كما هو مناسب، التماس التعاون الدولي. وفي هذا الشأن الأخير، يمكن للتعاون الدولي وفقا للمادتين 22 و23 من العهد أن يكون سبيلا هاما، إلى حد كبير، لتمكين بعض البلدان النامية من الوفاء بالتزاماتها بموجب العهد.

19- وفي هذا السياق، يمكن توجيه الانتباه إلى الهدف العالمي رقم 1 الذي اعتمدته الجمعية العامة في عام 1992 والذي يدعو إلى انشاء هياكل دعم أساسية وطنية لتعزيز السياسات والبرامج المتعلقة بالشيخوخة في الخطط والبرامج الانمائية الوطنية والدولية. وفي هذا الصدد، تلاحظ اللجنة أن أحد مبادئ الأمم المتحدة المتعلقة بكبار السن، الذي تشجع الحكومات على إدراجه في برامجها الوطنية، هو وجوب تمكين كبار السن من تشكيل الحركات أو الرابطات الخاصة بهم.

5- أحكام محددة من العهد المادة 3: المساواة في الحقوق بين الذكور والإناث

20- وفقا للمادة 3 من العهد، التي تتعهد الدول الأطراف بموجبها ب"ضمان مساواة الذكور والإناث في حق التمتع بجميع الحقوق الاقتصادية والاجتماعية والثقافية"، ترى اللجنة أنه ينبغي للدول الأطراف أن تولي اهتماما خاصا للمسنات اللاتي غالبا ما

يصبحن في أحوال خطيرة بسبب إنفاقهن كل حياتهن أو جزءا منها في رعاية أسرهن بدون ممارسة نشاط مأجور يخولهن الحق في الحصول على معاش الشيخوخة واللاتي لا يحق لهن أيضا الحصول على معاش كأرامل.

21- ومن أجل معالجة هذه الحالات، والامتثال بشكل كامل للمادة 9 من العهد والفقرة 2(ح) من الاعلان بشأن الشيخوخة، ينبغي للدول الأطراف أن تنشئ إعانات شيخوخة على أساس عدم الاشتراك، أو صنوف مساعدات أخرى لجميع الأشخاص، بغض النظر عن جنسهم، الذين يجدون أنفسهم بلا موارد عند بلوغهم السن المحددة في التشريع الوطني. وبالنظر إلى زيادة العمر المتوقع للنساء وواقع أنهن في أغلب الأحيان هن اللاتي لا يحصلن على معاشات تقاعدية لعدم اشتراكهن في نظام للتقاعد، ستكون النساء هن المستفيدات الرئيسيات من ذلك.

المواد 6 إلى 8: الحقوق المتعلقة بالعمل

22- تقتضي المادة 6 من العهد من الدول الأطراف اتخاذ الخطوات المناسبة لضمان حق كل شخص في أن تتاح له إمكانية كسب رزقه بعمل يختاره أو يقبله بحرية. وفي هذا الصدد، إذ تأخذ اللجنة في اعتبارها أن العمال كبار السن الذين لم يبلغوا سن التقاعد بعد، كثيرا ما يواجهون مشاكل في الحصول على الأعمال والاحتفاظ بها، وتركز على ضرورة اتخاذ تدابير لمنع التمييز على أساس السن في العمل وشغل الوظائف(6).

23- ويتسم الحق "في التمتع بشروط عمل عادلة ومرضية" (المادة 7 من العهد) بأهمية خاصة من أجل ضمان تمتع العمال كبار السن بشروط عمل آمنة حتى بلوغهم سن التقاعد. ومن المستصوب، بصفة خاصة، استخدام العمال كبار السن في ظروف تتيح أفضل استفادة من خبراتهم ودرايتهم التقنية (7).

24- وينبغي، في السنوات التي تسبق التقاعد، تنفيذ برامج الإعداد للتقاعد، بمشاركة ممثلي منظمات أصحاب العمل والعمال وغيرها من الهيئات المعنية، من أجل إعداد العمال كبار السن لمواجهة وضعهم الجديد. وينبغي لهذه البرامج، بصفة خاصة، أن

تزود هؤلاء العمال بالمعلومات عـن حقـوقهم والتزامـاتهم كمتقاعـدين، وعـن الفـرص والشروط اللازمـة لمواصلة القيام بنشاط وظيفي أو للاضطلاع بعمل تطوعي، وعـن وسائل مكافحة الآثار الضارة للشيخوخة، وعن التسهيلات المتعلقة بتعليم الكبار والأنشطة الثقافية، واستخدام أوقات الفراغ(8).

25- أما الحقوق التي تحميها المادة 8 من العهد، وهي الحقوق النقابية، بما في ذلك بعد بلوغ سن التقاعد، فينبغي أن تطبق على العمال كبار السن.

المادة 9: الحق في الضمان الاجتماعي

26- تنص المادة 9 من العهد، بصفة عامة، على وجوب أن تقر الدول الأطراف "بحق كل شخص في الضمان الاجتماعي" بدون تحديد نوع أو مستوى الحماية التي يتعين ضمانها. ومع ذلك، فـإن تعبـير "الضمان الاجتماعي" يشمل ضمنيا جميع المخاطر المترتبة عن فقد وسائل الاعاشة لأسباب خارجـة عـن ارادة الشخص.

27- ووفقا للمادة 9 من العهد وللأحكام المتعلقة بتنفيذ اتفاقيات منظمة العمل الدولية بشأن الضمان الاجتماعي - الاتفاقية رقم 102 بشأن الضمان الاجتماعي (المعايير الدنيا) (1952)، والاتفاقية رقم 128 بشأن إعانات العجز والشيخوخة والورثة (1967) - ينبغي للدول الأطراف أن تتخذ التـدابير الملائمـة لوضع نظم عامة للتأمين الإلزامي على كبار السن، بدءا من سن معينة، يحددها القانون الوطني.

28- وتمشيا مع التوصيات الواردة في اتفاقيتي منظمة العمل الدولية المذكورتين أعلاه، والتوصية رقم 162، تدعو اللجنة الدول الأطراف إلى تحديد سن التقاعد بحيث تكون مرنة، تبعا للوظائف المؤداه ولقدرة الأشخاص المسنين على العمـل، مـع إيـلاء الاعتبار الواجب للعوامـل الديموغرافيـة والاقتصـادية والاجتماعية.

29- ومن أجل أن تصبح أحكام المادة 9 من العهد نافذة المفعول حقا، ينبغي للدول الأطراف أن تضمن تقديم إعانات الورثة والأيتام عند وفاة الشخص المعيل الـذي كان مشمولا بالضمان الاجتماعي أو الذي كان يتلقى معاشا تقاعديا.

30- وبالاضافة إلى ذلك، وكما لوحظ آنفا في الفقرتين 20 و21، وبغية تنفيذ أحكام المادة 9 من العهد تنفيذا كاملا، ينبغي للدول الأطراف، في حدود الموارد المتاحة لها، أن تقدم إعانات شيخوخة على أساس عدم الاشتراك، ومساعدات أخرى لجميع كبار السن الذين لا يكونون، عند بلوغهم السن المنصوص عليها في القانون الوطني، قد أكملوا فترة الاشتراك المؤهلة ولا يحق لهم الحصول على معاش شيخوخة، أو على غيره من إعانات أو مساعدات الضمان الاجتماعي ولا يكون لديهم أي مصدر آخر للدخل.

المادة 10: حماية الأسرة

31- ينبغي للدول الأطراف أن تبذل على أساس الفقرة 1من المادة 10 من العهد والتوصيتين 25 و29 من توصيات خطة عمل فيينا الدولية للشيخوخة، كل الجهود اللازمة لدعم وحماية وتعزيز الأسرة ولمساعدتها، وفقا لنظام القيم الثقافية في كل مجتمع، على تلبية احتياجات أفرادها المسنين الذين تعولهم. وتشجع التوصية 29 الحكومات والمنظمات غير الحكومية على إنشاء إدارات اجتماعية لدعم الأسرة بأكملها عندما تؤوي مسنين في مسكنها، وعلى تنفيذ تدابير توجه بصفة خاصة لصالح الأسر ذات الدخل المنخفض التي ترغب في رعاية المسنين منها في المسكن. وينبغي تقديم هذه المساعدة أيضا إلى الأشخاص الذين يعيشون وحدهم، أو إلى الأزواج المسنين الذين يرغبون في البقاء في المنزل.

المادة 11: الحق في مستوى معيشي كاف

32- من مبادئ الأمم المتحدة المتعلقة بكبار السن، ينص المبدأ رقم 1 الذي يتصدر القسم المتعلق باستقلالية كبار السن على أنه: "ينبغي أن تتاح لكبار السن إمكانية الحصول على ما يكفي من الغذاء والماء والمأوى والملبس والرعاية الصحية، بأن يوفر لهم مصدر للدخل ودعم أسري ومجتمعي ووسائل للعون الذاتي". وتعلق اللجنة

أهمية كبيرة على هذا المبدأ الذي يطلب توفير الحقوق الواردة في المادة 11 من العهد لكبار السن.

33- وتؤكد التوصيات 19 إلى 24 من توصيات خطة عمل فيينا الدولية للشيخوخة على أن المسكن للمسنين ينبغي النظر إليه على أنه أكثر من مجرد مأوى إذ له، بالإضافة إلى المدلول المادي، مدلول نفسي واجتماعي ينبغي أخذه بالحسبان. ومن ثم، ينبغي للسياسات الوطنية أن تساعد المسنين على مواصلة الحياة في مساكنهم أطول مدة ممكنة، من خلال إصلاح المساكن وتطويرها وتحسينها وتكييفها مع قدرة هؤلاء الأشخاص على الحصول عليها واستخدامها (التوصية 19). وتركز التوصية 20 على أنه ينبغي لخطة وقوانين إعادة البناء والتطوير الحضريين إيلاء اهتمام خاص لمشاكل المسنين وتقديم المساعدة إليهم لضمان دمجهم في المجتمع، في حين توجه التوصية 22 الانتباه إلى ضرورة أن تؤخذ في الاعتبار الطاقة الوظيفية لكبار السن بغية توفير بيئة معيشية أفضل لهم، وتسهيل حركتهم واتصالاتهم من خلال توفير وسائل نقل كافية لهم.

المادة 12: الحق في الصحة البدنية والعقلية

34- ينبعي للدول الأطراف بغية إعمال حق كبار السن في التمتع بمستوى مرض من الصحة البدنية والعقلية، وفقا للفقرة 1 من المادة 12 من العهد، أن تأخذ في الاعتبار مضمون التوصيات 1 إلى 17 من خطة عمل فيينا الدولية للشيخوخة، التي تركز بشكل كامل على تقديم مبادئ توجيهية بشأن السياسة الصحية للمحافظة على صحة المسنين، وتستند إلى نظرة شاملة تتراوح بين الوقاية وإعادة التأهيل ورعاية المرضى في نهاية العمر.

35- ومن الواضح أن تزايد عدد الأمراض المزمنة والمتنكسة، وارتفاع تكاليف العلاج في المستشفيات التي تتطلبها هذه الأمراض، لا يمكن معالجتهما بالوسائل العلاجية فقط. وفي هذا الشأن، ينبغي للدول الأطراف أن تأخذ في الاعتبار أن المحافظة على الصحة

في العمر المتقدم تتطلب استثمارات طوال فترة الحياة، وبصفة أساسية، مـن خـلال اعتماد أسـاليب حيـاة صحية (من ناحية الغذاء والتدريبات البدنية وعـدم التـدخين أو تنـاول المشـروبات الكحوليـة، الـخ.). وتلعب الوقاية من خلال عمليات الفحص المنتظمة التي تناسب احتياجـات المسـنين دورا حاسـما، مثلما تفعل عملية إعادة التأهيل من خلال المحافظة على القدرات الوظيفية للمسنين مـما يـؤدي إلى انخفاض تكاليف الاستثمارات في مجال الرعاية الصحية والخدمات الاجتماعية.

المواد 13 إلى 15: الحق في التعليم والثقافة

36- تعترف الفقرة 1 من المادة 13 من العهد بحق كل فرد في التربية والتعليـم. وفي حالة المسنين، ينبغي تناول هذا الحق من وجهتي نظر مختلفتين ومتكـاملتين: (أ) حـق المسـنين في الاستفادة مـن البـرامج التعليمية، و(ب) تقديم الدراية التقنية للمسنين وخبراتهم إلى الأجيال الشابة.

37- وفيما يتعلق بالأولى، ينبغي للدول الأطراف أن تأخذ في الاعتبار: (أ) التوصيات الواردة في المبدأ 16 من مبادئ الأمم المتحدة المتعلقة بكبار السن، التي مؤداها وجوب أن تتاح لكبار السن إمكانية الاستفادة من البرامج التعليمية المناسبة لهم، والحصول على التدريب، ومن ثم، ينبغـي، عـلى أسـاس إعـدادهم وقدراتهم ومدى ما لديهم من حوافز، أن تتاح لهم فرص الوصول إلى مختلف مستويات التعليم مـن خلال اعتماد التدابير المناسبة فيما يتعلق بتعليم القراءة والكتابة، والتعليم مدى الحياة والوصول إلى التعليم الجامعي، الخ.، و(ب) التوصية 47 من توصيات خطة عمل فيينا الدولية للشيخوخة التي تدعو، وفقا لمفهوم التعليم مدى الحياة الذي أصدرته اليونسكو، إلى وضع برامج للمسنين غير رسمية ومعتمدة على المجتمع المحلي وموجهة نحو الترويح، بغية تنمية شعورهم بالاعتماد عـلى الـذات وشعور المجتمع المحـلي بالمسـؤولية. وينبغي أن تحظى بـرامج كهـذه بتأييـد الحكومـات الوطنيـة والمنظمات الدولية.

38- وفيما يتعلق بالاستفادة من الدراية التقنية والخبرة المتوافرة لكبار السن، على النحو المشار إليه في الجزء من توصيات خطة عمل فيينا الدولية للشيخوخة المتعلق بالتعليم (الفقرات 74-76)، يوجه الانتباه إلى الدور الهام الذي لا يزال المسنون وكبار السن يلعبونه في معظم المجتمعات باعتبارهم ناقلين للمعلومات والمعارف والتقاليد والقيم الروحية. وإلى وجوب عدم فقد هذا العرف. ومن ثم، تعلق اللجنة أهمية خاصة على الرسالة الواردة في التوصية 44 من الخطة التي تشير إلى تنمية "البرامج التعليمية التي تصور كبار السن بصفة المعلمين وناقلي المعرفة والثقافة والقيم الروحية".

39- وتقر الدول الأطراف في الفقرة 1(أ) و(ب) من المادة 15 من العهد بحق كل فرد في أن يشارك في الحياة الثقافية وأن يتمتع بفوائد التقدم العلمي وبتطبيقاته. وفي هذا الخصوص، تحث اللجنة الدول الأطراف على أن تأخذ في الاعتبار التوصيات الواردة في مبادئ الأمم المتحدة المتعلقة بكبار السن، وبوجه خاص، المبدأ 7: "ينبغي أن يظل كبار السن مندمجين في المجتمع، وأن يشاركوا بنشاط في صوغ وتنفيذ السياسات التي تؤثر مباشرة في رفاههم، وأن يقدموا إلى الأجيال الشابة معارفهم ومهاراتهم"، والمبدأ 16: "ينبغي أن تتاح لكبار السن إمكانية الاستفادة من موارد المجتمع التعليمية والثقافية والروحية والترويحية".

40- وبالمثل، فإن التوصية 48 من توصيات خطة عمل فيينا الدولية للشيخوخة، تشجع الحكومات والمنظمات الدولية على دعم البرامج الرامية إلى تسهيل وصول المسنين إلى المؤسسات الثقافية (كالمتاحف والمسارح ودور الموسيقى ودور السينما وهلم جرا).

41- وتركز التوصية 50 على ضرورة أن تبذل الحكومات والمنظمات غير الحكومية والمسنون أنفسهم الجهود للتغلب على تصوير المسنين في قوالب على أنهم مصابون دائما بعاهات بدنية ونفسانية، وأنهم عاجزون عن التصرف على نحو مستقل، وأن لا دور ولا مركز لهم في المجتمع. وهذه الجهود، التي ينبغي لوسائل الإعلام والمؤسسات

التربوية أن تشارك فيها أيضا، ضرورية لتحقيق مجتمع يدافع عن الاندماج الكامل للمسنين فيه.

42- وفيما يتعلق بالحق في التمتع بفوائد التقدم العلمي وبتطبيقاته، ينبغي للدول الأطراف أن تأخذ في الحسبان التوصيات 60 و61 و62 من توصيات خطة عمل فيينا الدولية للشيخوخة، وأن تبذل جهودها لتعزيز البحوث المتعلقة بالجوانب البيولوجية والعقلية والاجتماعية للشيخوخة وبوسائل المحافظة على القدرات الوظيفية للمسنين ومنع أو إرجاء بدء الأمراض المزمنة وصنوف العجز. وفي هذا الخصوص، يوصى بوجوب قيام الدول والمنظمات الحكومية الدولية والمنظمات غير الحكومية بإنشاء مؤسسات متخصصة في تدريس علم الشيخوخة وطب الشيخوخة والطب النفسي للشيخوخة في البلدان التي لا توجد فيها مؤسسات من هذا القبيل.

المراجع

- الغزاوي،جلال الدين،دراسة سسيولوجية حول ظاهرة الشيخوخة ودور الخدمة الإجتماعية، الحولية التاسعة، الرسالة الخمسون،1988.

- أبو عباه_ صالح بن عبد الله: أساسيات ممارسة طريقة العمل مع الجماعات،مكتبة العبيكان، الرياض2000.

- باين_مالكوم:نظرية الخدمة الاجتماعية المعاصرة، المكتب العلمي للنشر، الإسكندرية 1998.

- بدوي – هناء حافظ: إدارة و تنظيم المؤسسات الاجتماعية في الخدمة الاجتماعية، المكتب الجامعي، الإسكندرية 2000.

- صالح _ عبد الحي محمود: الخدمة الاجتماعية و مجالات الممارسة،دار المعرفة، الأسكندرية2000.

- عبد الباقي_هدى سليم: خدمة الجماعة:أسلوب و تطبيق،مؤسسة بحسون للنشر، بيروت 1996.

- فهمي_ محمد سيد:مدخل إلى الخدمة الاجتماعية من منظور إسلامي، المكتب الجامعي، الإسكندرية 2000.

- Tolson, Eleanor Reardon, William J Reid and Charles D. Garvin. Genereralist Practice; A Task-Centered Approach.USA,Columbia UP,2003

- اللجنة المعنية بالحقوق الإقتصادية والاجتماعية والثقافية (الدورة الثالثة عشرة، 1995)التعليق العام رقم 6 الحقوق الاقتصادية والاجتماعية والثقافية لكبار السن http://www1.umn.edu/humanrts/arabic/cescr-gc6.html

الفصل السادس

العمل الاجتماعي في مجال الدفاع الاجتماعي

العمل الاجتماعي في مجال الدفاع الاجتماعي

1- نشأة وتطور الدفاع الاجتماعي كمجال للعمل الاجتماعي

بدا ذلك الاهتمام من خلال برامج رعاية الأحداث المنحرفين الذين يقضون فترة محكوميتهم في إطار الجهود الإصلاحية التأهيلية تمهيدا لإعادة إدماجهم في المجتمع. والذي بدأ بإنشاء أول مؤسسة لرعاية الأحداث في ولاية نيوجرسي الأمريكية عام 1818 وفي بوسطن عام 1826 وفي نيويورك عام 1870 ثم إنشاء أول محكمة للأحداث في شيكاغو عام 1899 بفصل مثل هذه الحاكم عن محاكم الجنايات للكبار . ثم وضع نظام المراقبة الاجتماعية ومنه عرف الضابط الاجتماعي عام 1931 في ما مساشوستس وفي عام 1935 في بنسلفانيا ، وكان ذلك مجالا خصبا للعمل الاجتماعي لدراسة أسباب الانحراف عند الأحداث ودوافعه وليساعد فهمها في معالجة ظاهرة انحراف الأحداث بشكل عام .

انتقلت الفكرة إلى أوروبا بدءا من بريطانيا ، ثم أخذت دول العالم الثالث بأخذ الفكرة للتعامل مع الأحداث المنحرفين بموجبها ، فكان دخول العمل الاجتماعي على الصعيد العربي في مجال رعاية الأحداث عام 1940 وفي مصر بالذات عندما أنشأت الجمعية المصرية للدراسات الاجتماعية أول مكتب للعمل الاجتماعي في محكمة الأحداث ، اقرت وزارة العمل والشؤون الاجتماعية بوجوده و فوائده عام 1949، وعينت فيه عددا من الأخصائيين الاجتماعيين، وامتد الاهتمام إلى جهاز الشرطة بتعيين أخصائيات اجتماعيات كباحثات اجتماعيات في جهاز شرطة الأحداث عام 1956، واستعانت محكمة الأحداث ودور الملاحظة والإيداع ومكاتب المراقبة بالأخصائيين الاجتماعيين، بشكل اكتملت الصورة فيه عام 1996 عند صدور قرار بضرورة وجود مثل هؤلاء الأخصائيين .

ومنذ بداية الخمسينات فان وظيفة مراقب السلوك في مديريات الشؤون الاجتماعية موجودة في جميع الدول العربية، وان لم تكن توكل إلى أخصائيين اجتماعيين، حيث لم يكن تخصص الخدمة الاجتماعية (العمل الاجتماعي) موجودا في الجامعات أو المعاهد العربية سوى في القطر المصري ، والذي انتقلت منه الفكرة إلى سوريا والأردن ولبنان ثم إلى السعودية ودول الخليج إلى أن أخذت بها دول المغرب العربي بالاستفادة من التجربة الفرنسية في هذا المجال .

وتأخذ الممارسة المهنية المتخصصة للعمل الاجتماعي شكلها الواقعي الآن في مؤسسات رعاية الأحداث، وتطورت لتغزو مجالات الدفاع الاجتماعي كالسجون والتشرد والتسول ورعاية الأيتام و مجهولي النسب والتبني والحضانة عند غياب الأم الأصلية الحاضنة . الأمر الذي تبلور في معظم الدول العربية منذ بداية عقد السبعينات من القرن العشرين ، ومازال المتخصصون على مستوى الدراسات العليا في هذا المجال بتزايد، وهم يلتحقون بوظائف فنية حيوية في قطاع الدفاع الاجتماعي، بشقيه الحكومي والأهلي التطوعي.

يشكل الانحراف مشكلة اجتماعية هامة و بارزة، تواجه مختلف المجتمعات المتقدمة والمتخلفة, وعلى الرغم من الجهود التي تبذل لمواجهتها إلا إنها لا تزال ماثلة بوضوح وفي تزايد مستمر، و تشير الإحصائيات الخاصة بالانحراف والجريمة إلى الزيادة الكبيرة في عدد حالات السلوك المنحرف بأنواعه المختلفة بين الصغار والكبار. خاصة إذا ما عمدنا إلى توسيع نطاق المفهوم، ليدل الانحراف على انتهاك للتوقعات والمعايير الاجتماعية، وهو يشكل حالة من التصرفات السيئة التي قد تهدد الحياة نفسها, لذلك أدركت المجتمعات المعاصرة أهمية وخطورة تلك المشكلات، وواصلت الجهود لمواجهتها، والتي كان من نتيجتها ظهور التشريعات المتقدمة في مجال الأحداث الجانحين، و التي تقضي برعاية الأحداث المنحرفين أو الجانحين لا بمعاقبتهم. أما الهدف الأساسي لرعاية المنحرفين فهو تحقيق نموهم الاجتماعي، عن طريق ما تكسبه لهم من خبرات، وما تنمية من مهارات، وما تستثمره من قدرات ، بما يساعدهم على التكيف الناجح في المواقف الحياتية المتعددة.

وتسعى المجتمعات في وقتنا الحاضر إلى العمل على مكافحة الجريمة بشتى صورها وأشكالها، وذلك بتلمس أسبابها وبداياتها للعمل على القضاء عليها في مهدها ، بل وقبل حدوثها بوسائل وقائية احترازية ، ولعل أبرز المظاهر في ذلك هو الاهتمام بالمجرم الصغير وتداركه بالعلاج قبل أن يتمادى في انحرافه وبالتالي تحوله إلى مجرم محترف يهدد أمن المجتمع ، والصغير قد يقع في زلة أو يمارس انحرافاً ما، فتجتمع الجهود الإصلاحية لتقويمه، ويسلك طريق الصلاح ، إلا أن عودته إلى الانحراف مرة أخرى تضع علامة استفهام كبيرة عن مدى فاعلية الجهود الإصلاحية التي بذلت معه خلال فترة عقابه في المرة الأولى وكذلك تضع علامة استفهام عن حقيقة هذا الفرد الصغير الذي عاد مرة أخرى إلى الانحراف.

تعد الجريمة ظاهرة خطيرة تهدد كيان المجتمع ، وتعمل على عدم استقراره والإضرار بمصالح أفراده دونما تمييز ، وتزداد خطورة الجريمة والمجرم الذي ارتكبها حينما تكون هذه الجريمة تمثل الجريمة الثانية أو الثالثة وهو ما يسمى بالعود للجريمة أو اعتياد الإجرام ، ولئن كانت تلك الخطورة متمثلة في المجرم الكبير ، فإن تلك الخطورة تزداد بحق الحدث الصغير بشكل أكبر ، فلقد دلت بعض الدراسات على أن الحدث العائد إلى الانحراف غالباً ما يكون أشد خطراً وأكثر حدّة من الانحراف الأول.

2- مفهوم الانحراف:

يعرف الانحراف بمعناه الواسع بأنه انتهاك للتوقعات والمعايير الاجتماعية, والفعل المنحرف ليس أكثر من أنه حالة من التصرفات السيئة التي قد تهدد الحياة نفسها. ومفهوم الانحراف يشير دائما إلى السلوك والتصرفات, والأفراد المنحرفين يشعرون دائما بنظرة القلة من الآخرين , ويفكرون في أنفسهم أحيانا بأنهم لا يساوون شيئا, وأقل قيمة من الآخرين , أو ناقصين عنهم. فنجد أن (العوجي، 1408هـ) يعرفه بأنه " كل خروج على ما هو مألوف من السلوك الاجتماعي "، في حين عرفه كلٌ من (جيبونز و جونز ، 1991م) بأنه " كل سلوك يخالف المعايير المجتمعية "

تعريف الحدث:

إن الحدث في اللغة هو صغير السن, ويختلف مفهوم الحدث حسب المجال الذي يحدد في نطاقة المفهوم. وقد ميز التشريع ين نوعين من الأحداث هما الأحداث المشردين والأحداث المنحرفين. وينظر علماء النفس والاجتماع للحدث على أنه " الصغير منذ ولادته حتى يتم له النضج الاجتماعي وتتكامل له عناصر الرشد الحدث : لغةً : الفتي السن ، ورجل حدث أي شاب" . وتختلف تشريعات الدول في تحديد سن الحداثة ، فنجد أن غالبية الدول العربية اعتمدت سن الثامنة عشرة حداً أقصى للحداثة في حين شذت كلُ من دولة البحرين وتونس والمغرب ، حيث أنقصتها إلى الخامسة عشرة والسادسة عشرة ، في حين رفعتها كل من قطر والسودان إلى عشرين عاماً ، أما في المملكة العربية السعودية فسن الحداثة المعتبر هو ما بين السابعة إلى الثامنة عشرة. وهناك نوعان من الاحداث:

النوع الأول: الحدث المشرد

يعرف الحدث المشرد بأنه الشخص ذكرا او أنثى الذي لم يبلغ من العمر ثمانية عشر عاما يرتكب فعلا مخالفا للقانون، و تكاد التشريعات في الدول العربية تتماثل في محددات هذا المفهوم. و في تصنيف حالات التشرد كما يلي:

1- إذا وجد متسولا, ويعد من أعمال التسول بيع سلع أو تقديم خدمات تافهة.
2- اذا قام بأعمال الدعارة أو بافساد الأخلاق أو القمار أو المخدرات.
3- اذا لم يكن له محل إقامة مستقر أو كان يبيت عادة في الطرقات، أو في أماكن أخرى غير معدة للاقامة أو المبيت.
4- اذا خالط المعرضين للانحراف أو المشتبه فيهم أو الذين أشتهر عنهم سوء السيرة.
5-اذا اعتاد الهروب من معهد التعليم أو التدريب.

النوع الثاني: الحدث المنحرف:

يختلف مفهوم الحـدث المنحـرف تبعـا للمجـال الـذي يحـدد مـن خلالـه المفهـوم، فبيـنما يعرفـه القانونيون:بأنه ذلك الشخص الذي يعتدي على حرمـة القـانون، ويرتكـب فعـلا نهـى عنـه في سـن معينـة. يعرفه **الاجتماعيون** بأنه ضحية ظروف سيئة اجتماعية كانـت أم اقتصـادية أم صـحية أم ثقافيـة. و يعرفـه النفسيون بأنه الشخص الذي يرتكب فعلا يخالف أنماط السلوك المتفق عليه لدى الأسوياء في مثل سنه وفي البيئة نتيجة معاناته صراعا نفسيا لا شعوريا ثابتا نسبيا يدفعه لاإراديا لارتكاب هذا الفعل الشاذ.

أنواع الانحراف:

يتشكل الانحراف بواحد من ثلاثة أنواع هي:

1. انحراف فردي :

يبدو فيه الانحراف على أنه ظاهرة شخصية، كونه يحدث مرتبطا بخصائص فرديه لشخص ذاتـه , أي أن الانحراف في هذه الحالة ينبع في ذات الشخص.

2. انحراف بسبب موقف :

يكون الفرد فيه بعض عاملا تفاعليا, فالانحراف في هذه الحالة يمكن تفسيره باعتبـاره متفاعـلا مـع الموقف الخارجي عن الفرد أو الموقف الذي يكون فيه الفرد جزءا متكاملا , وبعض المواقف قد تشكل قوى قاهرة ويمكن أن تدفع الفرد إلى الاعتداء على القواعد الموضوعية للسلوك.

3. انحراف منظم:

يبدو كنسق سلوكي مصحوب بتنظيم اجتماعي خاص له أدوار ومراكز وأخلاقيات متميـزة عـن طـابع الثقافة السائدة.

العوامل المسببة لانحراف الأحداث:

يرد الانحراف إلى مجموعة من العوامل الذاتية و البيئية و التربوية والثقافية:

أولا: العوامل الذاتية:

وهي تنقسم بدورها إلى عوامل عضوية, عوامل عقلية, عوامل نفسية.

*** العوامل العضوية:**

أتفق الكثير من العلماء على أن الانحراف نتاج لعوامل بيئية و ذاتية معا, لكن أغلبها عوامل البيئة, بينما يرى البعض الآخر أن هناك الكثير من الحالات التي تظهر فيها أثرها العوامل العضوية واضحة بحيث تعتبر دوافع رئيسية للانحراف ومن أمثلتها العوامل العضوية المكتسبة ومنها العاهات الحسية والحركية، التي كثيرا ما تكون سببا في شقاء صاحبها خاصة إذا جسمية أو لم يتقبلها الفرد في المجتمع, ومن هذه العاهات عيوب البصر والسمع والكلام و الحركة.

إن وجود تلك العوامل العضوية غالبا ما تؤدي إلى النقص، ومحاولة التعويض لتخفيف الشعور بالنقص والإحساس بالقوة, ومن أساليب التعويض السلبية, إخفاء النقص وراء ظلم الغير, أو الانضمام إلى عصابة من الساخطين الذين يتكتلون ضد المجتمع الذي أذلهم , ولم يمنحهم فرصة مشروعة للعيش في حدود قدراتهم المتبقية, وغالبا ما تقودهم مثل هذه المسالك التعويضية إلى ارتكاب الجريمة أو الانحراف. كما أن اعتلال الصحة, ونقص التغذية, وعدم القدرة على القيام بأعمال اعتيادية متوقعة, قد تكون عوامل مؤدية إلى الانحراف, كما أن عدم انتظام إفرازات الغدد الأخرى كالغدة الدرقية قد يؤدي إلى سرعة الغضب وحدة الطبع مما يعرض الشخص للانحرافات العدوانية.

*** عوامل عقلية:**

لا يرتبط الانحراف دائما بالنقص العقلي وسوء التصرف فقط , إنما يرتبط أيضا بالذكاء المرتفع , فأقسى أنواع الجرائم يقوم بها أشخاص ذوو ذكاء مرتفع, وتتميز هذه الجرائم بإتقان رسم خطتها ومن أمثلتها الجرائم الانتقامية, كالقتل وجرائم النصب

والاحتيال, والأغلب يكون التفوق الذهني سبب الجناح في هذه الحالات, كما أن العوامل العقلية الموروثة لها تأثيرها الملموس على الانحراف.

* عوامل نفسية:

لا يمكن فصل العوامل النفسية للانحراف عن العوامل الأخرى، فهي ترتبط بها ارتباطا وثيقا, ولا يكون للعوامل الأخرى خطر إلا بارتباطها بالعامل النفسي, الذي يدفع الفرد ويوجه سلوكه باتجاه معين, لذا ينبغي إدراك خطر العوامل النفسية في السلوك من خلال التعرف على حقيقة السلوك الإنساني, وما السلوك سويا كان و منحرفا إلا محاولة نفسية لتحقيق المواءمة بين الفرد و مقتضيات الحياة, هذه العملية تتم بطريقة لاشعورية لا يحس بها الفرد في أول الأمر, ثم تتخذ طريقها إلى الشعور, فتأخذ مظاهر السلوك الذي يستقبله المجتمع بالرضا إذا جاء خاضعا لقيوده و أحكامه، أو بالسخط إذا خرج عن النمط المتعارف عليه المجتمع وهو ما يعرف بالسلوك المنحرف.

ثانيا: العوامل البيئية:

و هي ذات صنفين هما:

* عوامل البيئة الداخلية:

إذ من المتفق عليه أن الأسرة تعمل على تكوين نمط شخصية الفرد ,وهو الإطار العام الذي تمارس فيه جميع الأدوار الاجتماعية المختلفة التي يؤديها الفرد في الحياة , وهي الأساس الذي يحدد استجاباته المختلفة تجاه بيئته.

قد يجعل التوتر بين الأبوين جو المنزل متوترا, ويصبح غير صالح لتنشئة الطفل, حيث يحار الطفل ا بين خضوعه لأبيه أو لأمه, وقد يلجأ الطفل الى استخدام أحد الأبوين ضد الآخر وقد يقوم أحد الأبوين باستخدام الطفل بنفس الطريقة, أو قد يهمل كلاهما الطفل, فيصاب الطفل بالتوتر الانفعالي الذي يعوق نمو الشعور بالأمان, وبالتالي يهيئ الطفل للانحراف قد يعتبر الأب نفسه مصدرا للسلطة المطلقة، ولا أحد غيره له الحق في أي شيء ، وهنا تكون العلاقة بين أفراد الأسرة علاقة مادية خالية من أي عاطفة ويسود الشجار ويقل احترام كل منهم للآخر, في مثل هذه الأجواء الأسرية

تنشأ الاضطرابات النفسية و تكون عاملا من عوامل الانحراف ودافعا للسلوك الشاذ اجتماعيا.

وقد تفقد الأسرة أحد أو الأبوين بالوفاة أو السجن أو المرض الطويل, أو تفكك الروابط العائلية بالطلاق أو الهجر كذلك العجز عن الكسب سواء بالبطالة أو التقاعد, فهذه العوامل تكون سببا في انهيار الأسرة. كما أن انحراف الوالدين أو أحدهما أو انحراف أكبر الأبناء أو البنات من عوامل الانحراف الأخلاقي للأسرة، فينشأ الطفل في هذه البيئة المنحرفة و ينخرط في الانحراف ويصبح أمرا مستساغا.

*** عوامل البيئة الخارجية:**

تتوافر في البيئة المقومات المعيشية التي لها صلة وثيقة بالحياة اليومية للحدث ، تتأثر بها شخصيته، وذلك سواء كانت داخل المنزل أو خارجه ،فقد دلت الدراسات على ان للشارع وحي السكن والرفاق وظروف العمل أو البطالة أثر واضح في تشكل حالة الانحراف. إن طبيعة الحياة في المدينة ، تيسر سبل الانحراف أمام الأحداث فهي واسعة الأرجاء ومكتظة بالسكان و يسهل انتشار بيوت الدعارة السرية والنوادي الليلية ودوائر القمار في المدن الكبرى بينما يضيق مجال اللهو في المدن الصغرى وينعدم تقريبا في القرى, كما ان مساحة الحرية والتجربة بالنسبة للأطفال الحضريين أكبر من الأطفال الريفيين، الأمر الذي يحرض الأطفال على الانحراف في المدينة الواسعة بينما يقل أثره في القرى.

أما إذا كان المسكن مكتظا أو ضيقا أو خاليا من النوافذ أو متصلا بفناء واسع يلهو فيه دون رقابة أو توجيه, أو إذا كان السكن مجاورا للسكك الحديدية أو الورش والمصانع أو المناطق المهجورة, فمن الطبيعي ان تكون هذه المنازل بيئات غير صالحة لنمو الحدث نموا سليما وغالبا ما توجد هذه المنازل في أحياء فقيرة مكتظة بالسكان وتتميز بانخفاض المستوى الاقتصادي والاجتماعي فينشأ الطفل فيها وقد وجد نفسه محروما من معظم احتياجاته الأساسية ولا يجد مصدرا لإشباعها ، مما يعرض الطفل إلى الصراع النفسي بين الحرمان الذي يشعر به ورغبته في إشباع حاجاته فيلجأ إلى الانحراف كوسيلة لإشباع احتياجاته.

ويتأثر الطفل بمن لهم علاقة به كالأصدقاء والأقارب والجيران وزملائه بالمدرسة أو العمل أو أقرانه باللعب. و إذا كان لدى هؤلاء الأطفال استعدادا للانحراف نتيجة عوامل تجعله سهل الانقياد لغيره, و انضموا إلى جماعة من الأصدقاء من نفس أعمارهم تضم بعض عناصر الانحراف فانهم لا شك يتأثرون بها ويسيرون في تيار الانحراف.

أما في حالات التسرب من المدارس، و مواجهة الفشل في الحصول على العمل الذي يناسب قدرات الحدث وميوله ورغباته ومهارته , كأن يكون العمل مرهقا أو الأجر الذي يناله من عمله غير كاف أو إن زملاءه في العمل لا يتكيفون معه أو لا يتقبلونه أو كانوا سيئين أخلاقيا أو كان رئيس العمل قاسيا في معاملته فانه هذا يضطر إلى ترك العمل و يسعى إلى وسيلة أخرى لإشباع حاجاته ، و غالبا ما يكون الانحراف ومصاحبة أقران السوء المنحرفين من أبرز هذه الوسائل.

ثالثا: عوامل تربوية و ثقافية:

اذا لم تكن العلاقة بين التلميذ ومعلمه حسنة و ودودة نظرا لجهل المعلم بخصائص التلاميذ النفسية والعقلية والجسمية والوجدانية والاجتماعية في مراحل نموهم المختلفة أو لما يعانيه من إرهاق في العمل فأنه سوف يكره المعلم ، و قد يلجأ التلميذ نتيجة لذلك إلى الهروب من المدرسة والعودة إلى المنزل في المواعيد المدرسية حتى لا يتعرض لعقاب والديه، ويقضي هذا الوقت في الشوارع والأزقة بين رفاق السوء ومغريات الطريق التي تدفعه إلى الانحراف. كما قد يجد التلميذ نفسه عرضة لسخرية زملائه ونقدهم اللاذع له نتيجة انخفاض مستواه الاجتماعي والاقتصادي, أو لوجود عيب جسماني مما قد يشكل دافعا للتلميذ أن يرد على سلوكهم, بسلوك عدواني أو انحرافي.

تأتي السينما في مقدمة وسائل التسلية تأثيرا في نفوس الصغار، الحواس, و قد يكون الصغير فقيرا فيلجأ إلى سرقة النقود من والديه أو زملائه حتى يستطيع دخول السينما تحت تأثير إغرائها أو قد يرضخ لأوامر بعض المجرمين فيسرق أو يوزع المخدرات، مقابل المال الذي يمكنه من ارتياد السينما, كما أن السينما تدفع الصغار إلى تقليد المشاهد و من

أبرزها المشاهد الانحرافية بمختلف أشكالها. و كذلك الحال بالنسبة إلى الكتب المبتذلة التي تتحدث عن البطولات الوهمية أو الوصول إلى النجاح والثروة بطرق غير واقعية وغير مشروعة قد تؤدي بالناشئين إلى إساءة فهم الحقائق وقد تؤدي إلى حالة الصراع بين قيم المجتمع وبين هذه السلوكيات غير السوية.

الإجراءات الرسمية التي يمر بها الحدث المنحرف:

يمر الحدث المنحرف منذ لحظة القبض عليه، بسلسلة من الإجراءات الرسمية، من شأنها إيقافه عن انحرافه و العودة به في نهاية المطاف إلى جادة الصواب وإتباع السلوك السليم الذي يتوافق مع ثقافة المجتمع و نواميسه الأخلاقية، واستئناف حياته الاعتيادية في الحياة و في ظل أسرته، تتم هذه الإجراءات على النحو التالي:

أولا: الحدث والشرطة

تقوم معظم الدول بإنشاء شرطة خاصة بالأحداث المنحرفين يعد أفرادها إعدادا خاصا بحيث يلمون بمشاكل الأحداث وعوامل الانحراف وطرق العلاج. وتقوم شرطة الأحداث بكثير من خدمات التبصيروالتوجيه والإرشاد للأحداث المنحرفين وأسرهم, فعندما يقبض رجل الشرطة على الحدث يقوده إلى مراكز الاستقبال في الوحدات الاجتماعية حيث يقوم الأخصائيون الاجتماعيون باستقبال الحدث من الخطوة الأولى.

ثانيا: الحدث ونيابة الأحداث

تعتبر نيابة الأحداث هي المرحلة القضائية الأولى التي تتعامل مع الحدث المنحرف. وتهتم نيابة الأحداث بالدراسة الاجتماعية للدوافع المختلفة لانحراف الحدث و في ضوء الدراسة تتصرف النيابة في مشكلة الحدث. و قد تأخذ النيابة بأحد الإجراءات التالية:

1- إطلاق سراح الحدث لعدم ثبوت الأدلة أو لعدم كفايتها أو لان التهمة تعتبر كيدية بالنسبة للطفل.

3- الأمر بتسليم الحدث إلى أبويه أو أحد أفراد أسرته لحين تقديمه للمحاكمة على إن يكون التسليم تحت مسؤولية الشخص الذي قام باستلام الحدث.

3- الأمر بإيداع الحدث بدار الملاحظة للحجز المؤقت لحين تقديمه للمحاكمة, و عادة يكون ذلك في الجرائم الكبيرة كجرائم القتل أو الاتجار بالمخدرات أو الانضمام لعصابة من عصابات الأحداث, أو في حالة النشرد و عدم وجود مأوى للطفل .

ثالثا: الحدث ودار الملاحظة :

إن دار الملاحظة هي مكان للحجز المؤقت, يودع فيها الطفل بسبب اقترافه إحدى الجرائم أو تشرده و عدم وجود اسره تقوم باستلامه, و الغرض من حجز الطفل المنحرف بدار الملاحظة, حمايته من الاختلاط بالمجرمين الكبار, و في هذه الدار يفحص الحدث جسميا و يعالج مما به من أمراض, كما تدرس شخصيته و سلوكه في المواقف المختلفة, وفي أثناء النشاط الحر الذي يمكن أن يعبر فيه تعبيرا صادقا عن نزعاته و ميوله واتجاهاته.

أهمية مشكلة انحراف الأحداث من وجهة نظر العمل الاجتماعي

يرجع اهتمام العمل الاجتماعي بمشكلة انحراف الأحداث إلى الاعتبارات التالية:

1- ان انحراف كبير من الأحداث يعوق إعداد الأجيال الجديدة إعدادا يضمن سلامة المجتمع و قوته و أمنه.

2,- إن تفاقم المشكلة يعوق كل جهد يبذل لتغيير المجتمع من خلال عمليات التنمية الاجتماعية و الاقتصادية في هذا الشأن , و يبدو هذا فيما يلي :

أ- إنفاق الدولة الأموال الطائلة لإنشاء المحاكم و المؤسسات الاجتماعية , والإجراءات الأخرى المرتبطة برعاية تلك الفئة , بدلا من توجيه تلك الأموال والجهود إلى مجالات التنمية الاقتصادية.

ت- تمثل تلك الفئة فاقدا من القوى البشرية المنتجة في المجتمع وهي قادرة على المساهمة في مشروعات مختلفة.

3- إن نظرة العمل الاجتماعي لهذه المشكلة تختلف عن نظرة غيرها مـن المهـن التـي تتعامـل مـع هـذه المشكلة , فهي تهتم أساسا بالأسرة باعتبارها وحدة المجتمع وترى إن أي خلل يصيب الأسرة ينعكس أثره على الأطفال الذي يمثلون جيل المستقبل.

4- إن تفاقم هذه المشكلة في العصر ـ الراهن , يلح على مهنـة العمـل الاجتماعـي لتـنهض بمسؤوليتها في استثارة المجتمع للعمل على إصدار التشريعات والقوانين التي تنظم رعاية الأسرة, والشباب, وتحمـل مسئولية المساهمة في علاج هذه المشكلة والوقاية منها.

3- دور الأخصائي الاجتماعي في مجال رعاية الأحداث:

يعتبر الأخصائي الاجتماعي هو المهني المحقق للأهداف الوقائية والعلاجية والتنمويـة فـي مجـال رعايـة الأحداث بالتعاون مع غيره من ذوي المسؤوليات المعنية، و هو يسعى لتحقيق الأهداف، مـن خلال قيامـه بالمهام التالية:

1- دراسة حالة الحدث من الناحية الاجتماعية ،لإعداد التاريخ الاجتماعي للحالة، والذي يتضمن ما يلي:

* دراسة طبيعة الانحراف: وهل هو عارض أم متكرر؟ وما التهمة الموجهة وظروفها وأحكامها؟

* دراسة شخصية الحدث: من مختلف الجوانب الجسمية كالصحة والمرض والعاهات, العقبية و النفسية و الاجتماعية.

* دراسة بيئة الحدث: ويشمل ذلك البيئة الداخلية أي الأسرة, من حيث مستواها الاقتصادي والاجتماعي والأخلاقي و بناء الأسرة ودرجة تماسكها, والبيئـة الخارجيـة أي المدرسـية والمهنيـة وكيفيـة قضـاء الحـدث لأوقات فراغه.

2- التشخيص الاجتماعي والنفسي للحالة:

والذي يستفيد فيه الأخصائي الاجتماعي من معطيات الدراسة، و في ضوء تحليله لها، و تعيينه لمواطن الخلل في شخصية الحدث، أي ذاتيته، و في بيئته داخل الأسرة وخارجها، محاولا أن يبرز مؤشرات تـدل عـلى دوافع الانحراف، منها ما يعود إلى ذاته الجسمية و العقلية و النفسية، و منها ما يعـود إلى المحيط الأسري و المدرسي أو المهني والحي و المجتمع المحلي.

3- العلاج الاجتماعي النفسي للحالة:

في ضوء التشخيص الذي ينجزه الأخصائي الاجتماعي، يقوم بوضع خطة العلاج مركزا عـلى الجـانبين، كما يلي:

1- العلاج الذاتي: وهو العلاج الخاص بشخصية الحدث و يتضمن الأساليب التالية:

* تدعيم ذات الحدث: وذلك بازالة المشاعر السلبية المرتبطة بمشكلته كالخوف والغضب.

* تعديل استجابات الحدث للمواقف: وخاصة استجاباته السلبية و العدوانية وسلوكه الاندفاعي في التفكير غير المنطقي.

* تعديل ذات الحدث: وذلك باستخدام أسلوب العلاج السلوكي الـذي يركز عـلى التعلـيم و التـدريب و التوجيه.

2- العلاج البيئي: وهو العلاج الخاص ببيئة الحدث ويشتمل على الأساليب التالية:

* خدمات مباشرة : تقدم للحدث سواء من المؤسسة أو من موارد البيئة.

* خدمات غير مباشرة: تستهدف تعديل اتجاهـات المحيطين بالحـدث كالآبـاء والأهـل عمومـا و المعلمـين وأرباب العمل و الزملاء و الرفاق والأصدقاء. وذلك في الحالات التي يتبين فيها أن مسئولية الانحـراف تقـع عليهم.

دور الأخصائي الاجتماعي في مؤسسات رعاية الأحداث:

يختلف دور الأخصائي الاجتماعي باختلاف طبيعة عمل و أهداف المؤسسة التي يعمل مع الأحداث من خلالها، و ذلك على النحو التالي:

1- دور الأخصائي الاجتماعي في مراكز استقبال الأحداث:

- استقبال الحدث والعمل على إزالة مخاوفه، وخاصة ما ارتبط مع موقف القبض عليه بواسطة الشرطة.

- الاتصال فور التحدث مع الحدث بأسرة الحدث للتفاهم حول الموقف. و إعلامهم عن طبيعة الرعاية التي تقدم بمراكز الاستقبال.

- المساهمة مع فريق العلاج في عملية تصنيف الحدث على أساس نوع التهمة والسن وظروف الحدث الشخصية والبيئية.

- دراسة شخصية الحدث وظروفه البيئية.

2- دور الأخصائي في دار الملاحظة:

- استقبال الحدث وفتح ملف خاص به. يتضمن ما تم الحصول منه على بعض البيانات المعرفة به و عن الأسرة والمسكن والعمل

- تشجيع الحدث على الالتحاق بأحد الجماعات الموجودة بالدار، والتي تتناسب أنشطتها مع عمره وقدراته ورغباته.

* توجيه الحدث ومساعدته على اكتساب عادات سلوكية جديدة من خلال المساهمة في الأعمال الخاصة بالدار.

* الاتصال بأسرة الحدث ودعوتها لزيارته والتعرف على اتجاهاتها نحوه ونحو المشكلة, وبذا يشعر الحدث بأهميته و بأنه مرغوب فيه ، بما يساعد على تغيير نظرته نحو نفسه ونحو المجتمع.

* الاشراف الليلي على الطفل ومعالجة مشاكله التي قد تبرز أثناء الليل مثل التبول اللاارادي والتجوال أثناء النوم.، أو الأرق أو محاولة الهرب.

* يشترك الأخصائي الاجتماعي مع الفريق العلاجي (الطبيب النفسي والاخصائي النفسي) في رسم خطة علاج الحدث وتدريبه وتأهيله.

طريقة خدمة المجتمع في مجال رعاية المنحرفين:

يستخدم الأخصائي الاجتماعي طريقة تنظيم المجتمع في مجال رعاية المنحرفين،عند قيامه بالمهام التالية :

1- دراسة المشكلات السائدة في المجتمع والكشف عن العوامل والأسباب التي تؤدي إليها والمقترحات الخاصة بمواجهتها.

2-المشاركة في وضع التخطيط لرعاية المنحرفين على المستوى المحلي والمستوى الوطني و بما يعيد هؤلاء إلى مسيرة المجتمع الاعتيادية بصورة سليمة.

3- استثارة المجتمع للوقوف مع الجهود التي تبذل في مجال رعاية المنحرفين, و خاصة المشاركة في تنفيذ الخطط والبرامج الموضوع بالمال والعلم والخبرة والجهد.

4- تنسيق الخدمات القائمة بما يمنع التكرار الذي لامبرر له, وإستحداث خدمات جديدة لمواجهة الاحتياجات القائمة أو المرتقبة في مجال رعاية المنحرفين ورفع الأداء الفني لهذه الخدمات.

5- تعيين الصعوبات التي تحد من الاستفادة من الخدمات التي يقدمها المجتمع لرعاية المنحرفين.

ويستخدم الأخصائي الاجتماعي أساليب ووسائل متعددة لتحقيق أهداف رعاية المنحرفين, ومن هذه الأدوات والوسائل البحث الاجتماعي والمؤتمرات واللجان والاستعانة بآراء الخبراء كالأخصائيين النفسيين وعلماء الدين ورجال القانون للوقوف على آرائهم في الموضوعات الخاصة بمجال رعاية المنحرفين والاستفادة من آرائهم لتدعيم الخدمات في هذا المجال.

4- مسئولية المجتمع في الوقاية من الانحراف:

تقتضي النظرة العلمية الإنسانية في مجال العمل الاجتماعي توفير الخدمات العلاجية للمنحرفين ليعودوا أعضاء أسوياء في بيئتهم , بل تمتد الجهود إلى الوقاية من الانحراف والعمل بمختلف الوسائل والتدابير إلى انتشالهم من الهوة التي قد يقعون فيها إذا لم تمتد إليهم الرعاية في الوقت المناسب, ومن هذه الأساليب ما يلي:

1- في الأسرة:

إن الأسرة هي أول وأهم وسيط تربوي فهي التي تغرس قيم الدين والأخلاق في سلوك الفرد وتشكل سلوكه طبقا لهذه القيم , لذلك نرى ان من أهم أساليب الوقاية داخل الأسرة هو إعداد الآباء للأبوة وهذا الإعداد يبدأ منذ طفولة الأب, بالإضافة إلى الاهتمام بالمرأة العاملة ورعايتها وضرورة توفير مزيد من دور الحضانة لتوفير أساليب الرعاية للأطفال حتى تتفرغ المرأة لعملها.

2- في المدرسة:

1- دراسة الحاجات الأساسية للأطفال ومراعاتها: لكي تساعد على معرفة أسباب المشكلات التي تدفع الطفل إلى سلوك منحرف, فدراسة حاجات الطفل ومحاولة إشباعها إذا تمكنت المدرسة من تنفيذها تكون بذلك قد تمكنت من إقامة صرح للوقاية من الانحراف.

2- تنظيم الحياة الاجتماعية بالمدرسة: حتى تصبح محببة إلى الطلاب صالحة لنمو قدراتهم العقلية والوجدانية والجسمية , وحتى تجنبهم التعرض للانحراف عن طريق الهروب من المدرسة ثم تحقيق التعاون التام بين هيئة التدريس والطلاب وإنشاء تنظيم جماعات النشاط المدرسي.

4- العمل على الاستعانة بمصادر الخدمات الاجتماعية: كالعيادات النفسية ومؤسسات رعاية الأسرة والطفولة لتحقيق ما يجنب الطلبة التعرض للمشكلات قبل وقوعها.

3- **في مجالات الترويح وقضاء وقت الفراغ:**

1- الحد من فرص تعليم النشل والسرقة و التحريض على الدعارة وابتزاز الأموال وتوزيع المخدرات, وتشديد الرقابة على الملاهي الليلية وعدم السماح للأحداث بارتيادها.

2- إنشاء الأندية والساحات والحدائق العامة وغيرها من دور الترويح الجسمي والنفسي- والاجتماعي الموجه التي تهيئ مجالات طبية للناشئين يقضون فيها أوقات فراغهم بما يبنى شخصياتهم ويعدل سلوكهم.

3- تشديد الرقابة على وسائل الإعلام كالسينما والمسرح وغيرها, وان تتجه قوى المجتمع الضاغطة إلى محاربة تلك الوسائل للحد من تأثيرها غير التربوي ومن بعض برامجها التي تزيد من صور الانحراف والجريمة في المجتمع.

5- **دور العمل الاجتماعي في رعاية المنحرفين الكبار:**

ويقصد بذلك رعاية من حكم بايداعهم في السجون، بعد أن أصبح ينظر إلى السجن كمؤسسة اجتماعية تعمل على تقويم الانحراف واعادة السجين إلى المجتمع بعد الإفراج عنه. حيث تعتبر رعايتهم من أولى الجهود العلاجية، التي تهدف إلى إعطاء الفرصة للسجين، كي يواجه مشكلاته بطريقة واقعية، وتزويده بالمهارات اللازمة التي تهيئه كي يعمل وينتج ويكتسب. ومن أبرز هذه الخدمات:

1- **الخدمات الطبية:**

يهتم العمل الاجتماعي برفع مستوى الخدمات الطبية داخل السجن، لما لها من دور كبير في إعادة تأهيل المسجونين,لذا يشارك الأخصائي الاجتماعي في دور الإصلاح والتأهيل في المهام التالية:

1- الإشراف على المرافق الصحية بالمؤسسة والعمل على تدعيمها بالإمكانيات المادية والبشرية

3- الإشراف الصحي الوقائي منعا من انتشار الأمراض الوبائية.

3- الإشراف على التغذية داخل السجن حتى يتاح للمسجونين الوجبات الغذائية المتكاملة.

4- الإشراف على وصول الأدوية الكافية و المناسبة للمسجونين.

2- الخدمات التعليمية:

يهتم العمل الاجتماعي بتوفير الخدمات التعليمية للمسجونين وذلك بتحقيق ما يلي:

1- تنظيم برامج لمحو أمية السجناء الأميين، وتزودهم بحد أدنى من التعليم والثقافة.

2- تمكين السجناء من استثمار وقت فراغهم الطويل بممارسة الهوايات و القيام بالأنشطة و تعلم مهارات جديدة.

3- تنمية الاتجاهات الاجتماعية والخلقية والعادات السليمة لدى السجناء، ليساعدهم ذلك على حسن التكيف داخل السجن و المجتمع بعد خروجه.

4- العمل على توفير الكتب المختلفة وإنشاء مكتبة داخل السجن، تزيد من ثقافة السجناء و توفر لهم متعة المطالعة و تنمية المعلومات.

3- الخدمات الاجتماعية:

يولي الأخصائي الاجتماعي الخدمات الاجتماعية اهتماما خاصا، وهي من مسؤولياته المباشرة، لما لها من أثر فعال على تكيف السجين, و هو في هذا الإطار يسعى إلى تدعيم العلاقات بين المسجونين داخل السجن، وبين المسجونين وأسرهم كذلك, لذا فهو يهتم بزيارات الأهل السجناء ويساعدهم على انتظامها لما لها من تأثير كبير على رفع روحهم المعنوية، و قيامه بتنظيم زيارات السجناء للمؤسسات الاجتماعية المختلفة، بحدود قيود السجن . و الخلاصة أنه يعمل على توفير أجواء اجتماعية داخل السجن، تقوم على الألفة و التعاون و الاحترام المتبادل .

6- العمل الاجتماعي في مجال السجون

تعد السجون أماكن رسمية للتحفظ على الأفراد الذين يرتكبون جرائم يعاقب عليها القانون، و تتوقف مدة الحكم فيه على نوع الجرم و فداحته، و ذلك بموجب قرار المحكمة التي تبت بالقضية و تطبق إزاءها أحكام القوانين سارية المفعول. و قد أخذت الدول العربية باتجاه تحويل السجون إلى مراكز للإصلاح و التأهيل، لكي تنقل المحكومية من فكرة العقوبة إلى فكرة إعادة تأهيل المذنب للاندماج بالمجتمع مستفيدا من تجربته ومعبرا عن قصده في استئناف حياته بصورة ايجابية و بفاعلية منتجة. و بذلك تتسابق إدارات السجون إلى إثبات جدارتها في تحقيق المواءمة بين النزلاء و المجتمع.

ان اعتقال المدنيين او المخالفين ووضعهم في السجون، لا يمثل حلا للجرائم والمشكلات في المجتمع، ذلك ان حجم الخسارة الاجتماعية والاقتصادية لأي جريمة لا يعوض من خلال تفعيل او استصدار التشريعات والقوانين، فتكلفة السجون عالية في جميع انحاء العالم والصراع مستمر بين منظمات حقوق الانسان وحكومات معظم دول العالم التي تضع هذه السجون على اراضيها حول حقوق السجناء فحجم الرضا محدود بينهما. وقد بدأت كثير من الدول تتجه الى دراسة فكرة خصخصة السجون واسناد ادارتها الى جهات غير حكومية.

إن تزايد أعداد السجناء يعد خسارة كبيرة لمجتمعات تزخر بمشكلات كالفقر والايدز وسوء التغذية ونقص المياه، فالتكلفة عالية وكذلك النظرة متفاوتة عند كثير من المجتمعات نحو اهمية تقديم الخدمات والرعاية للسجناء داخل السجن ، فالبعض يتبنى اتجاها يقول فيه ان رعاية السجناء غير ضرورية مما يدفع كثير من السجناء الى العودة وتكرار الجريمة.

ولا بد هنا من الاشارة الى قضيتين على درجة عالية من الاهمية ، الاولى ان رعاية السجناء داخل السجن والمحافظة على حقوقهم الصحية والاجتماعية والمدنية والنفسية هي حقوق وليست مكتسبات وامتيازات من قبل الحكومات ،والقضية الثانية هي انه لابد الاهتمام أكثر بالدور الوقائي للحد من الجريمة فالدور الوقائي للعمل

الاجتماعي في التعامل مع الجريمـة والانحـراف هـو انجـح واهـم مـن الـدور العلاجـي المكلـف اجتماعيا واقتصاديا.

ان الدور العلاجي للعمل الاجتماعي في التعامـل مـع السـجناء يسـتند عـلى المواثيـق الدوليـة في التعامل مع السجناء والـذي يـنص روحـا ومضـمونا عـلى تـوفير الحـدود الـدنيا مـن الحقـوق الاجتماعيـة والصحية والنفسية التي تحترم روح وكرامة الانسان فـالعلاج لا يـأتي بالقسـوة أو الاكـراه. وهنـا لا بـد مـن توضيح الغايات والدوافع للرعاية الاجتماعية للسجناء والتي ينظر اليها منظور العمل الاجتماعـي (Social Work Approach) على انها حق لهم وان الهدف من وضع السجناء في المؤسسات العقابيـة هـي حمايـة المجتمع من خطرهم لحين اصلاحهم وتأهيلهم واعادتهم الى المجتمع مرة اخرى بناء عـلى سياسـة تكامليـة تركز على البرامج العلاجية والاصلاحية لكل نوع من انواع الجرائم.

يهدف العمل الاجتماعي من خلال تقديم الخدمات الاجتماعيـة والنفسـية و الصـحية للسـجناء داخل السجن الى رعايتهم وتوفير الوسائل الكفيلة الى تكيفهم وتهيئتهم للعيش في مجتمـع السـجن والـذي يعد بالنسبة لهم مجتمع جديد .كما ويهدف العمل الاجتماعي الى تنمية الشعور بالثقة بالنفس والاعـتراف بالخطأ وعدم تكراره مرة اخرى.اضافة الى تعليـمهم القواعـد الاخلاقيـة السـليمة وتـأهيلهم المهنـي داخـل السجن بما يكفل لهم حياة كريمة بعد الخروج من السجن.

مشكلات السجناء داخل السجن:

المجتمع الجديد (السجن) له ظروفه وخصائصه وله تجمعاته ومشكلاته ايضا فـإذا كـان السـجن وجد لحماية المجتمع من خطر المجرمين، فإن السجن ليس بالضرورة قادرا على حمايـة السـجين مـن خطـر السجناء الموجودين فيـه فهنـاك الشـللية والجهويـة والحزبيـة والايـديولوجيات المتصارعة داخـل السـجن فحماية السجين هي قضيه مهمة بالنسبة له

وتلك تعد من المشاكل الاولى لعدم القدرة على التكيف مع الوضع الجديد بالنسبة للسجين خاصة اذا كان من غير المكررين.

اما بالنسبة للمشاكل الاخرى المرتبطة بالاسرة والاقارب متمثلة بالتبعات الاقتصادية للسجين على اسرته واطفاله ،او العار الذي لحق بالعشيرة او القرية او المجتمع الذي ينتمي اليه السجين ،او ربما فقدان الوظيفة او العمل...فتعد هي الاخرى العبء الاكبر على الحكومة والدولة رغم ارتباطها الاجتماعي والبيولوجي بالسجين.

هذه المشكلات العديدة التي تواجه السجناء، تنتظر من الأخصائي الاجتماعي الذي يعمل في السجن أن يساعد في حلها بالتدخل المهني مع أصحابها، وهي تنقسم إلى ذاتية و بيئية، و إن كانت مترابطة و متداخلة في بروزها و في انعكاساتها. و سنحاول عرضها في ما يلي:

أ - مشاكل ذاتية:

1 - الشعور بالقلق و الكراهية للسلطة و الحقد على المجتمع الشعور بالمهانة و الحزن لفقده حريته الشخصية، و تشكل هذه المجموعة بداية لمشكلات السجين عند بدء الإقامة في السجن.

2- الانقطاع عن نشاطه المعتاد، التعليمي إذا كان من طالبا أصلا، و المهني إذا كان يعمل، و يترتب عن ذلك تأخر التخرج بالنسبة للطالب و انقطاع الدخل بالنسبة للعامل، و في كلا الحالتين يعتريه القلق و الشعور بالضياع.

3- تدني نظرة المجتمع الى السجين، مع شيء من الحذر و الابتعاد عنه، مما يعكس في نفسه مشاعر السخط على الآخرين.

4- عدم إشباع الاحتياجات الأساسية و الثانوية للسجين و خاصة ما يتعلق منها بالجانب النفسي والجنسي- و هذا الأمر بحد ذاته ينشىء لدى السجين متاعب نفسية مستمرة، تبدو على شكل قلق و اكتئاب و تشاؤم.

4- الشعور بالابتعاد عن الحياة البشرية متصلا بالشعور بالحرمان من ظروف التفاعل و الابتهاج، داخل أماكن نائية و معزولة لا تتوفر فيها الأجواء المرحة جسميا و نفسيا.

ب- مشاكل بيئية داخل السجن:

1- النظرة السلبية إلى العاملين في السجن، باعتبارهم من المساهمين في فقدان السجين لحريته و المحددين لنطاق تصرفاته.

2- التعامل غير المريح من قبل المشرفين المهنيين على الورش المهنية و البرامج التدريبية، إذ يشعر النزلاء أن النظرة إليهم كسجناء فقط لا كمتدربين ينتظر لهم مستقبل إنتاجي ومهني مريح.

ج- مشاكل بيئية خارج السجن:

1- فقدان رب الاسرة: فقدان الأسرة لمن كان يسهم في توجيه أبنائها و يعمل على هنائها و يحاول إشباع احتياجاتها المادية و المعنوية، عدا عن قلقها عليه و عدم ارتياحها لوضعه ساء كان أب أو زوج أو أخ.

2- فقدان النموذج: فقدان الأبناء للأب كقدوة، و صدمتهم من تحوله إلى سجين محكوم بجناية، و قد تتغير نظرتهم إليهم سلبا.

3- ابتعاد الأصدقاء و تغير نظرتهم إليه،مما يزيد من حالة الاغتراب و الابتعاد و السخط لديه.

د- مشكلات تستمر بعد الإفراج:

هناك قلق عام من:

1- استمرار النظرة السالبة من الأبناء نحو أبيهم الذي غادر السجن، و عدم العودة إلى الأخذ بتوجيهاته، و اتخاذه كقدوة خاصة وانهم تعودوا على غيابه لفترات طويلة.

2- عدم الترحيب به في مكان عمله السابق، و صعوبة التجاوب معه في الحصول على وظيفة في أماكن جديدة.

3- استمرار الأقارب و الأصدقاء و المعارف بالابتعاد عنه، و عدم التعامل معه، حتى على أقل مستوى.

دور الأخصائي الاجتماعي في التعامل مع السجناء:

ان الخدمات الاجتماعية والطبية والعلاجية هي من المبادىء العامة المتفق عليها لمعاملة السجناء حسب ميثاق الامم المتحدة سواء كانو موقوفين او محكومين، وقد بدأ العمل بهذا المشروع منذ عام (1929) عن طريق اللجنة الدولية للعقاب (International Commission for Punishment) والتي كانت من ابرز مهامها صياغة المبادىء الدولية العامة لمعاملة السجناء حيث بذلت اللجنة جهودا كبيرة كللت بالنجاح بشكلها النهائي عام (1955) وتعد هذه المبادىء والأسس بمثابة القواعد المتفق عليها دوليا لمعاملة السجناء الموقوفين منهم والمحكومين، حيث اعتمدت من قبل المجلس الاقتصادي الاجتماعي التابع للأمم المتحدة المنعقد (بجنيف) سنة (1955) تحت مسمى " Standard Minimum Rules for the Treatment of Offenders" "قواعد الحد الادنى لمعاملة السجناء"، وقد اعتمدتها الجمعية العامة للأمم المتحدة بتاريخ 31/ تموز / 1975 بقرار رقم (663) ولعل من أبرز هذه القواعد وأهمها ما يتعلق بمعاملة السجناء وهي القواعد الواردة في المواد من (22- 26) وتتضمن مشاكل السجين داخل السجن كالشعور بالتحقير الاجتماعي Social Humiliation والشعور بتخلي المجتمع عن السجين(العزلة) the feeling of being let down والاغتراب عن الواقع الاجتماعي leads of a kind of Alienation. ويؤكد (د.احسن طالب، 1998) الى ان الرعاية الاجتماعية او الطبية التي يمكن ان تقدم للسجناء داخل السجن لا يمكن لها ان تؤدي ثمارها الا اذ كان هناك:

- قناعة تامة بالدور الاصلاحي التهذيبي والتقويمي للسجون وبامكانية اصلاح المذنبين .

- اصلاح علاجي تقويمي احترافي عن طريق برامج مدروسة علميا وجادة ومناسبة للاصلاح ولتأهيل داخل السجن وخارجه.

- اعتماد على منهج الفردية في العلاج والاصلاح والتأهيل والمتابعة الفعلية لكل حالة.

- تكامل الجهود الاهلية والحكومية في الاصلاح والتأهيل والخدمات في السجن وخارجه وتبني سياسة الرعاية اللاحقة والمتابعة الجادة.

دور الأخصائي الاجتماعي داخل السجن:

يعمل الأخصائي الاجتماعي أساسا ضمن فريق عمل متكامل على تهيئة السجن فعليا لكي يكون مركزا للإصلاح و التأهيل , وأن يتجاوز دوره كمكان لقضاء المحكومية و تنفيذ العقوبة وسط شروط الحد من الحرية و الاستمتاع اليومي بالحياة و في ظروف مناسبة. وبناء على هذه الفلسفة يسعى الأخصائي الاجتماعي للتعامل مع النزلاء بصورة فردية و جماعية وكذلك يتدخل الأخصائي الاجتماعي مع أسرة النزيل وايضا مع المجتمع لصالح النزلاء.

أ- التعامل مع النزلاء بصورة فردية:

1- **دراسة ملف النزيل:** ليلم بالقضية و المحاكمة و الحكم، الى جانب الحصول على خلفية عامة عن شخصية النزيل و ظروفه.

2- **مقابلة النزيل بعد وصوله إلى السجن مباشرة،** بقصد تخليصه من التوتر و المشاعر السلبية كالسخط على إدارة السجن أو القضاء أو المجتمع عموما، و معالجة أعراض الانهيار و الخوف من البقاء في السجن.

3- **إجراء سلسلة من المقابلات مع النزيل** ليتعرف من خلالها بالسجن ونظمه وأهدافه ومحددات التعامل مع النزلاء، و معرفة التاريخ الاجتماعي للنزيل و طبيعة الجرم الذي أودعه السجن ، و تتم خلال هذه المقابلات دعم النزيل بالمعونة النفسية التي تساعده على الإفراغ الوجداني وتهدئ من روعه و تقوي من نزعة التجاوب لديه.

5- **تشخيص حالة النزيل،** و ذلك بالتعاون مع فريق العمل، و يركز على الجوانب الاجتماعية و النفسية، في ضوء معطيات الدراسة التي أنجزها عن الحالة.

5- **وضع خطة العلاج** استنادا إلى التشخيص الذي وضعه، و التي تمتد مع فترة قضاءالعقوبة داخل السجن، و التي تشتمل على أنماط من التدخل المهني لمعالجة الحالة من حيث التوازن الانفعالي و الاستقرار النفسي و التكيف الاجتماعي و التجاوب والتعاون و الاندماج في برنامج التهيئة و التدريب المهني و المشاركة في الأنشطة الاجتماعية و الثقافية و الدينية و الرياضية.

6- **متابعة سير النزيل في التهيئة المهنية و تقييم نموه و تقدمه،** وكذلك التقدم الذي أحرزه بعد انخراطه بالبرامج المهنية والعلاجية المتنوعة من حيث الوعي و الانضباط و الشعور بالمسؤولية و التجاوب و التعاون مع النزلاء الآخرين.

7- **مساعدة النزيل في وضع خطة للتعايش مع ظروفه المستجدة،** سواء بالنسبة لمسؤولياته داخل السجن أو بالنسبة لعلاقته بأسرته و مسؤولياته تجاهها، و بما لا يحول دون نجاح برنامج التأهيلين المهني و الاجتماعي.

ب- التعامل مع النزلاء بصورة جماعية:

1- دعوة النزلاء إلى الانضمام إلى جماعات النشاط داخل السجن، و توضيح أهدافها الاجتماعية و فائدتها في تنمية الشخصية و استثمار الوقت وبما هو مفيد و ممتع.

2- العمل على تشكيل هذه الجماعات بشكل متجانس بين الأعضاء تبعا لجنحهم واعمارهم وأهتماماتهم.

3- تقديم تصور لبرامج الجماعات لأعضائها من النزلاء بم يتلاءم مع ميولهم و رغباتهم و قدراتهم.

4- توجيه التفاعل و تقديم الخبرة و ملاحظة النمو لدى الجماعة كوحدة واحدة و لدى كل نزيل من الأعضاء بما يساعد على تطوير اتجاهاتهم و أنماط سلوكهم بشكل ايجابي.

ج- دور الأخصائي الاجتماعي مع أسرة النزيل:

1- الاتصال بأسرة النزيل لمساعدتها في تأمين احتياجاتها بالاستفادة من مصادر المساعدة في المجتمع المحلي مثل الهيئات التطوعية و الخيرية والحكومية.

2- طمأنة الأسرة على ظروف النزيل و حثها في نفس الوقت على القيام بزيارته في الأوقات المعينة لزيارة الأهل.

3- تهيئة الأسرة لاستقبال النزيل عند اقتراب موعد خروجه من السجن، و بعد أن حقق التدخل المهني الاجتماعي تحسنا باتجاه النزيل نحو الأسرة و المجتمع.

د- دور الأخصائي الاجتماعي مع المجتمع لصالح النزلاء:

1- العمل على توفير التقبل للنزلاء الخارجين من السجن من قبل أهالي المجتمع، و كسب ذوي الرأي و الكلمة للدعوة لذلك من خلال مختلف وسائل الاتصال.

2- العمل على استمرار جهود تحسين أحوال السجناء و ظروف السجن من الأوجه المادية و الإنسانية.

3- المشاركة في الفعاليات العلمية و الاجتماعية و الإعلامية التي تعقد للبحث في أحوال السجناء، و طرح القضايا الاجتماعية المتصلة بالموضوع.

4- العمل على تشكيل الهيئات الاجتماعية التطوعية التي تعنى بالسجناء أثناء فترات إيداعهم السجن و بعد خروجهم منه.و العمل مع هذه الهيئات لتعزيز دور العمل الاجتماعي مع السجناء.

5- المطالبة بتطوير التشريعات الخاصة بمعاملة السجناء بما يعلي من الجانب الإنساني فيها، و ينعكس على حياة السجناء و أسرهم بشكل ايجابي.

استراتيجية العمل الاجتماعي في الوقاية من الجريمة (الدور الوقائي)

ان بناء مزيد من السجون ومؤسسات العقاب لا يعد الطريقة المناسبة لمكافحة الجريمة وحماية المجتمع أو حتى اصلاح وتأهيل السجناء. فحماية المجتمع من خطر الجريمة لم تعد منوطة بالجهاز الأمني أو الشرطي بل هي جزء من خطة علاج وقائي تشترك فيه

مؤسسات حكومية وخاصة كثيرة اضافة الى المجتمع نفسه من خلال استخدام وتفعيل ما يسمى "بالشرطة المجتمعية" كما سيتم الحديث عن ذلك في الفصول القادمة.

لقد اثبتت الدراسات التي قام بها علماء الجريمة في كل من بريطانيا،وامريكا،والمانيا وكندا والأرجنتن والدنمارك واليونان وساحل العاج حول التنبؤ بتوقع العودة للجريمة من قِبل السجناء المطلق سراحهم والتي عرضت نتائجها في مدريد سنة (1990) أثناء انعقاد المؤتمر الدولي لعلم الإجرام بأنه لا فائدة من وضع المكررين من السجناء في السجن لذا فقد أوصى المشاركون بوضع السجناء المكررين بمؤسسات اخرى غير السجون كي تقدم لهم العلاج النفسي والاجتماعي والطبي المناسب ،ذلك أن معظم هؤلاء وصلوا الى مرحلة متقدمة من التدهور الاجتماعي والنفسي والعقلي.

إن الاستراتيجية الجادة للوقاية من الجريمة يجب أن تستند إلى البحث العلمي الإجتماعي عن أسباب الجريمة قبل وقوعها. حيث أجريت دراسة لاستطلاع الرأي العام في مدينة كيبك الكندية عام 1992 حول سبل تخفيض معدلات الجريمة وكانت نتائج الاستطلاع تشير إلى أن (39%) منهم قالوا أن خفض الفقر هو الطريقة المثلى للوقاية من الجريمة فيما قال (30%) منهم أن اعتماد سياسة وقائية هي الأساس لمكافحة الجريمة.

من هنا فإن العمل الاجتماعي معني مباشرة بالعمل على البحث عن أسباب الجريمة وتبني سياسة مكافحة الفقرومعالجة جيوبه كمثال على التدخل المهني إضافة الى تبني سياسة اجتماعية - مهنية تعتمد على:

1. الدعم الاجتماعي للجهود الامنية والتي تركز على المكافحة الميدانية في إطار البحث والتحري والكشف والقبض على المجرمين من خلال دعم أسلوب ووسائل التحقيق القائم على المقابلة وأسلوب الضغط النفسي على المجرمين من جهة اضافة الى تزويد الأجهزة الأمنية بنتائج الدراسات والابحاث حول الجريمة ومحاولة التنبؤ بأنواع ومسار الجريمة طبقا للجغرافيا والجندر والعوامل الإقتصادية والنفسية وغيرها.

2. التدخل المهني العلاجي داخل السجن لمنع السجناء من تكرار جرائمهم مرة اخرى طبقا لسياسة علاجية دقيقة ومتابعة مستمرة (الرعاية اللاحقة).
3. مواكبة التطور اليومي لنوع الجريمة وشكلها ومسارها ورصد مدى تطورها ونوع العلاج المناسب لمنعها وعلاجها، فلم تعد الجرائم معتمدة على الجرائم التقليدية (القتل ، الإيذاء، السرقة ، الإغتصاب،...) بل تعدتها الى سرقة الاعضاء البشرية، الرقيق الأبيض، جرائم الحاسوب، جرائم اللكية الفكرية،جرائم البورصات وغيرها.
4. الدورالأهم للعمل الإجتماعي في هذا الإطار، البحث في اسلوب الجريمة ومبرراتها من وجهة نظر المجرمين وأسرهم ومحاولة ايجاد الحلول العملية لها وتحصين المجتمع من الجريمة بالتنمية الوطنية الصادقة والتنشة الاجتماعية السليمة ، واستثمار طاقات الشباب ،وتفعيل العمل التطوعي وبث روح الديمقرايطة والمساواة والعدالة الاجتماعية وتكافؤ الفرص وفتح باب التعليم للجميع وتنمية القيم الأخلاقية والدينية في خط الدفاع الأول لنبذ العنف والكراهية وقتل المجتمع ونظامه الاجتماعي والامني.

اقتصاديات السجون وخصخصتها

تقاس تكلفة المجتمع بتكاليف بناء السجون وفرشها وتأثيثها وفرشها والتي تعتبر تكاليف رأسمالية ثابتة، بالإضافة الى تكاليف تشغيلها وهي تكاليف متغيرة أو متكررة تعتمد على عدد السجناء ،فكلما ازداد عدد السجناء ازدادت تكاليف السجون التشغيلية، وإذا اكتظت السجون بالسجناء لدرجة فاقت طاقتها الإستيعابية يضطر المجتمع لبناء المزيد منها مما يزيد تكاليفها الثابتة والمتغيرة في آن واحد ، والعكس أيضا صحيح، وهذا يعني أنه على المجتمع أن يضع عدد السجناء عند حده الأدنى وذلك بالتربية السليمة وتقوية الوازع الديني وتدبير الشؤون الاقتصادية بحيث لا يصبح العامل الإقتصادي هو الدافع لإرتكاب الجريمة ، ومن ذلك تقليص البطالة للحد الأدنى إن لم يكن التوظيف

الكامل ممكنا ،ومكافحة الفقر بتحسين توزيع الدخل والحرص على خفض التضخم المالي لكي لا ترتفع الاسعار لدرجة تزيد مستوى الفقر في المجتمع،أي بمعنى آخر تقليص الأسباب الإقتصادية للجريمة ووضعها عند حدها الأدنى ،وبما أن وسائل عقاب المجرمين هو إعاشتهم بالحد الأدنى من مستوى المعيشة، ففي ذلك أيضا تخفيض لتكلفة السجون التشغيلية ، إلا أنه نتيجة لدعوات مصلحي السجون لكي تصبح مؤسسة اصلاحية أكثر من كونها مؤسسة عقابية فقد تغير الهدف الاقتصادي من السجون من تدنية تكلفة المجتمع الى تعظيم منفعته منها،وذلك لأن اصلاح السجين بدلا من مجرد عقابه سيحمي المجتمع من تردد السجناء الامر الذي يضاعف تكلفة السجون ويقلل كفاءتها،غير ان هدف تعظيم المنفعة (اصلاح السجين) قد زاد من تكاليفها كثيرا لأنها اضافت لحراسها وإدارتها الأخصائيين الإجتماعيين والنفسانيين والمرشدين الدينيين والمعلمين والمدربين ،وقد وصل الأمر ببعض الدول أن أوكلت السجون للقطاع الخاص فيما يعرف بخصخصة السجون وذلك سعيا وراء تخفيض الإنفاق الحكومي وزيادة كفاءة السجن،غير أن هنالك الكثير من الاعتراضات على ذلك القطاع لأن القطاع الخاص يهتم بتعظيم أرباحه اكثر مما يهتم بتعظيم منفعة المجتمع او تدنية تكاليفه، فقد يقلص تكلفة السجين الواحد للحد الذي يجعل السجناء أكثر سخطا على المجتمع مما يزيد من احتمال ارتكابهم الجرائم بعد خروجهم منه وتزداد نسبة ترددهم على السجن مما يفيد المستثمر ويضر بالمجتمع،ولذلك تتعامل كثير من الدول مع فكرة تخصيص السجون بحذر شديد وترفضها دول أخرى جملة وتفصيلا.

ملحق رقم (4)

قواعد الأمم المتحدة

بشأن حماية الأحداث المجردين من حريتهم

أوصـى باعتمادهـا مـؤتمر الأمـم المتحـدة الثامن لمنـع الجريمة ومعاملـة المجـرمين
المعقـود في هافانـا مـن 27 آب/أغسـطس إلى 7 أيلـول/سـبتمبر 1990
كـما اعتمـدت ونشرـت عـلي الملأ بموجـب قـرار الجمعيـة العامـة للأمـم المتحدة
113/45 المؤرخ في 14 كانون الأول/ديسمبر 1990

أولا: منظورات أساسية

1. ينبغي أن يسـاند نظام قضاء الأحداث حقوق الأحداث وسلامتهم، ويعـزز خيرهم المادي
واسـتقرارهم العقـلي. وينبغـي عـدم اللجـوء إلى السـجن إلا كمـلاذ أخـير.

2. وينبغي عدم تجريد الأحداث من حريتهم إلا وفقا للمبادئ والإجراءات الـواردة في هذه
القواعد وفي قواعد الأمم المتحدة الدنيا النموذجية لإدارة شؤون قضاء الأحداث (قواعد بكين).
وينبغي ألا يجرد الحدث من حريته إلا كملاذ أخير ولأقصر فترة لازمة، ويجب أن يقتصر ذلك
على الحالات الاستثنائية. وينبغي للسلطة القضائية أن تقرر طول فترة العقوبة دون استبعاد
إمكانيـــة التبكــــير بـــإطلاق سراح الحــــدث.

3. والهدف من القواعد هو إرساء معايير دنيا مقبولة من الأمم المتحدة لحماية الأحداث
المجردين من حريتهم، بأي شكل من الأشكال، وفقا لحقوق الإنسان والحريات الأساسية، توخيا
لمجابهـة الآثـار الضـارة لكـل أنـواع الاحتجـاز ولتعزيـز الانـدماج في المجتمـع.

4. ويتعين تطبيق القواعد بنزاهة على جميع الأحداث دون أي تمييز من حيث العنصر أو اللون
أو الجنس أو العمر، أو اللغة أو الدين أو الجنسية، أو الرأي السياسي أو غير السياسي، أو
المعتقدات أو الممارسات الثقافية، أو الممتلكات، أو المولد أو الوضع العائلي، أو الأصل العرقي أو
الاجتماعي، أو العجز. ويتعين احترام المعتقدات والممارسات الدينية والثقافية للحدث ومفاهيمه
الأخلاقية.

5. وقد نظمت القواعد بحيث تكون معايير مرجعية سهلة التناول وتقدم التشجيع والإرشاد للمهنيين العاملين في مجال تدبير شؤون نظام قضاء الأحداث.

6. ويتعين جعل هذه القواعد ميسورة المنال للعاملين في مجال قضاء الأحداث بلغاتهم الوطنية. ويحق للأحداث غير المتمكنين من اللغة التي يتكلم بها موظفو مرفق الاحتجاز أن يحصلوا على خدمات مترجم شفوي، حيثما يلزم ذلك، دون مقابل، وخصوصا أثناء الفحوص الطبية والإجراءات التأديبية.

7. وعلى الدول، عند الاقتضاء، أن تدرج هذه القواعد في تشريعاتها أو أن تعدل تشريعاتها وفقا لها، وأن تهيئ سبل انتصاف فعالة في حالة خرقها، بما في ذلك دفع التعويضات عندما يلحق الأذى بالأحداث. وعلى الدول أيضا أن تراقب تطبيق هذه القواعد.

8. وعلى السلطات المختصة أن تسعى دائما إلى زيادة وعى الجمهور بأن رعاية الأحداث المحتجزين وتهيئتهم للعودة إلى المجتمع يشكلان خدمة اجتماعية بالغة الأهمية، وتحقيقا لهذا الغرض ينبغي اتخاذ خطوات فعالة لإيجاد اتصالات مفتوحة بين الأحداث والمجتمع المحلي.

9. ولا يجوز تأويل أي من هذه القواعد على أنه يستبعد تطبيق صكوك ومعايير الأمم المتحدة والصكوك والمعايير الخاصة بحقوق الإنسان التي يعترف بها المجتمع الدولي، والتي تكون أكثر إفضاء إلى كفالة حقوق الأحداث والأطفال وجميع الشباب وإلى كفالة رعايتهم وحمايتهم.

10. وفي حالة تعارض التطبيق العملي لبنود معينة من القواعد الواردة في الفروع الثاني إلى الخامس مع القواعد الواردة في هذا الفرع يعتبر الامتثال للقواعد الأخيرة هو الشرط الغالب.

ثانيا: نطاق القواعد وتطبيقها

11. لأغراض هذه القواعد تنطبق التعاريف التالية:

(أ) الحدث هو كل شخص دون الثامنة عشرة من العمر. ويحدد القانون السن التي ينبغي دونها عـدم السماح بتجريد الطفل من حريتـه أو الطفلة مـن حريتهما.

(ب) يعني التجريد من الحرية أي شكل من أشكال الاحتجاز أو السجن، أو وضع الشخص في إطار احتجازي عام أو خاص لا يسمح له بمغادرته وفق إرادته، وذلك بناء على أمر تصدره أي سلطة قضائية أو إداريـة أو سلطة عامـة أخـرى.

12. يجرى التجريد من الحرية في أوضاع وظروف تكفل احترام ما للأحداث مـن حقوق الإنسان. ويؤمن للأحداث المحتجزين الانتفاع في مرافق الاحتجاز بأنشطة وبرامج مفيدة غايتها تعزيز وصون صحتهم واحترامهم لذاتهم، وتقوية حسهم بالمسؤولية، وتشجيع المواقف والمهارات التي تساعدهم علـى تنميـة قـدراتهم الكامنـة بوصـفهم أعضـاء في المجتمـع.

13. لا يحرم الأحداث المجردين مـن حريتهم، لأي سبب يتعلق بوضعهم هذا، من الحقوق المدنية والاقتصادية والسياسية والاجتماعية والثقافية التي يخولهم إياها القانون الوطني أو الدولي والتي لا تتعارض مع التجريد من الحرية.

14. تؤمن السلطة المختصة حماية الحقوق الفردية للأحداث، مع إيلاء اعتبار خاص لقانونية تنفيـذ تـدابير الاحتجاز، على أن تؤمن أهداف الإدماج الاجتماعي بعمليات تفتيش منتظمة ووسائل مراقبة أخرى تضطلع بها، وفقا للمعايير الدولية والقوانين والأنظمة الوطنية، هيئة مشكلة وفقا للأصول ومأذون لها بزيادة الأحداث وغير تابعة لمرفق الاحتجاز.

15. تنطبق هذه القواعد على كل أنواع وأشكال مرافق الاحتجاز التي يجرد فيها الأحداث مـن حريتهم، وتنطبق الفروع الأول والثاني والرابع والخامس من القواعد على كل مرافق الاحتجاز والأطر المؤسسية التي يحتجز الأحداث فيها، بينما يطبق الفرع الثالث على وجه التحديد علي الأحداث المقبوض عليهم أو الـذين ينتظرون المحاكمة.

16. تنفذ هذه القواعد في سياق الأوضاع الاقتصادية والاجتماعية والثقافية السائدة في كل من الدول الأعضاء.

ثالثا: الأحداث المقبوض عليهم أو الذين ينتظرون المحاكمة

17. يفترض أن الأحداث المقبوض عليهم أو الذين ينتظرون المحاكمة (الذين لم يحاكموا بعد) أبرياء ويحاكمون على هذا الأساس، ويجتنب، ما أمكن، احتجازهم قبل المحاكمة، ويقصر ذلك على الظروف الاستثنائية. ولذلك يبذل قصارى الجهد لتطبيق تدابير بديلة. ولكن إذا استخدم الاحتجاز الوقائي، تعطى محاكم الأحداث وهيئات التحقيق أولوية عليا للتعجيل إلى أقصى حد بالبت في هذه القضايا لضمان أقصر فترة ممكنة للاحتجاز. ويفصل بين الأحداث المحتجزين الذين لم يحاكموا، والذين أدينوا.

18. وينبغي أن تكون الشروط التي يحتجز بموجبها الحدث الذي لم يحاكم بعد متفقة مع القواعد المبينة أدناه، مع ما يلزم ويناسب من أحكام إضافية محددة تراعى فيها متطلبات افتراض البراءة، ومدة الاحتجاز، والأوضاع والظروف القانونية للحدث.

ويمكن لهذه الأحكام أن تشمل ما يلي، ولكن ليس على سبيل الحصر:

(أ) يكون للأحداث الحق في الحصول على المشورة القانونية وفى التقدم بطلب عون قانوني مجاني، حيثما يتوفر هذا العون، والاتصال بانتظام بالمستشار القانوني. ويضمن لهذا الاتصال الخصوصية والسرية،

(ب) تتاح للأحداث حيثما أمكن، فرص التماس العمل لقاء أجر، ومتابعة التعليم أو التدريب، ولكن لا يجوز إلزامهم بذلك. وينبغي ألا يتسبب العمل أو التعليم أو التدريب، بأي حال في استمرار الاحتجاز،

(ج) يتلقى الأحداث المواد اللازمة لقضاء وقت الفراغ أو الترفيه ويحتفظون بها، حسبما يتفق وصالح إقامة العدل.

رابعا: إدارة مرافق الأحداث السجلات

19. توضع كل التقارير بما في ذلك السجلات القانونية والسجلات الطبية وسجلات الإجراءات التأديبية وكل الوثائق الأخرى المتصلة بشكل العلاج ومحتواه وتفاصيله، في ملف إفرادي سري يجرى استيفاؤه بما يستجد، ولا يتاح الاطلاع عليه إلا للأشخاص المأذونين، ويصنف بطريقة تجعله سهل الفهم. ويكون لكل حدث حق الاعتراض، حيثما أمكن، على أي واقعة أو رأى وارد في ملفه، بحيث يتاح تصويب البيانات غير الدقيقة أو التي لا سند لها أو المجحفة بحقه. ومن أجل ممارسته لهذا الحق، يتعين وجود إجراءات تسمح لطرف ثالث مناسب بالاطلاع على الملف عند الطلب. وتختم ملفات الأحداث عندما يطلق سراحهم ثم تعدم في الوقت المناسب.

20. لا يستقبل أي حدث في مؤسسة احتجازيه دون أمر احتجاز صحيح صادر من سلطة قضائية أو إدارية أو أي سلطة عامة أخرى. وتدون تفاصيل هذا الأمر في السجل فورا. ولا يحتجز حدث في أي مؤسسة أو مرفق ليس فيه مثل هذا السجل.

(باء) الإدخال إلى المؤسسة والتسجيل والحركة والنقل

21. يحتفظ في كل مكان يحتجز فيه الأحداث بسجل كامل ومأمون يتضمن المعلومات التالية عن كل حدث يستقبل فيه:

(أ) المعلومات المتعلقة بهوية الحدث،

(ب) واقعة الاحتجاز وسببه والسند الذي يخوله،

(ج) يوم وساعة الإدخال، والنقل والإفراج،

(د) تفاصيل الإشعارات المرسلة إلى الوالدين أو أولياء الأمر بشأن كل حالة إدخال أو نقل أو إفراج يتصل بالحـــدث الـــذي كـــان في رعـــايتهم وقـــت الاحتجـــاز،

(هـ) تفاصيل المشاكل المعروفة المتصلة بالصحة البدنية والعقلية، بما في ذلك إساءة استعمال المخدرات والكحول.

22. تقدم المعلومات المتصلة بالإدخال والمكان والنقل والإفراج، دون إبطاء إلى والدي الحدث المعني أو أولياء أمره أو أقرب قريب له.

23. توضع في أقرب فرصة تلي الاستقبال تقارير كاملة ومعلومات ملائمة فيما يتصل بأحوال كـل حـدث وظروفه الشخصية، وتقدم إلى الإدارة.

24. يعطى كل الأحداث عند إدخالهم إلى المؤسسة، وبلغة يفهمونها، نسخا من نظام المؤسسة وبيانا خطيا بحقوقهم وواجباتهم، إلى جانب عناوين السلطات المختصة بتلقي شكاويهم وعناوين الهيئـات العامـة أو الخاصة أو الأفراد الذين يقدمون المساعدة القانونية. وإذ كان الأحداث أميين أو يتعذر عليهم فهـم اللغـة المكتوبة، ينبغي أن تقدم لهم المعلومات بطريقة تمكنهم من فهمها تماما.

25. تقدم المساعدة إلى كل الأحداث لفهم اللوائح التي تسري على التنظيم الداخلي للمؤسسة، وأهـدف الرعاية المقدمة ومنهجيتها، والمقتضيات والإجراءات التأديبية، وسائر ما هو مرخص به من طرائـق التمـاس المعلومات وتقديم الشكاوى، وكـل مـا هنالـك مـن المسائل الأخرى اللازمـة لتمكينهم مـن الفهـم التـام لحقـــــوقهم وواجبـــــاتهم أثنـــــاء الاحتجـــــاز.

26. ينقـل الأحداث علـي حسـاب الإدارة، في وسـائط نقـل ذات تهويـة وإضاءة ملائمتين، وفي أوضـاع لا يتعرضون فيها، بأي حال، للعناء أو المهانة. ولا يجوز نقل الأحداث من مؤسسة إلي أخري تعسفا.

(جيم) التصنيف والإلحاق

27. تجرى مقابلة مع الحدث في أقرب فرصة تلي إدخاله إلى المؤسسة، ويعد تقرير نفسي واجتماعي تحـدد فيه أي عوامل ذات صلة بنوع ومستوى الرعاية والبرامج التي يحتاج الحدث إليها. ويرسل هذا التقرير إلى المدير مشفوعا بالتقرير الذي يعده الموظف الطبي الذي فحص الحدث عند إدخاله، بغية تحديد المكان الأنسب للحدث داخل المؤسسة، ونوع ومستوى الرعاية والبرامج اللازم اتباعها. وعنـدما تـدعو الحاجـة إلى معالجة بإعادة التأهيل، ويسمح بذلك طول فترة البقاء في المؤسسة، ينبغي لموظفي المؤسسة المـدربين إعداد خطة مكتوبة للمعالجة تتسم بطابع فردي وتحدد أهداف المعالجة وإطارها الزمنـي والوسـائل والمراحل وفترات التأخير التي ينبغي السعي بها إلى تحقيق هذه الأهداف.

28. لا يحتجز الأحداث إلا في ظروف تراعى تماما احتياجاتهم الخصوصية وأوضاعهم والمتطلبات الخاصة المتصلة بهم وفقا للعمر والشخصية والجنس ونوع الجرم وكذلك الصحة العقلية والبدنية، وتكفل لهم الحماية، ما أمكن، من التأثيرات الضارة وحالات الخطر. وينبغي أن يكون المعيار الأساسي للفصل بين مختلف فئات الأحداث المجردين من حريتهم هو تقديم نوع الرعاية الأنسب لاحتياجات الأفراد المعنيين وحماية سلامتهم البدنية والعقلية والمعنوية وخيرهم.

29. يفصل، في كل المرافق، بين النزلاء الأحداث والنزلاء البالغين ما لم يكونوا أفراد من ذات الأسرة. ويجوز، في ظروف خاضعة للمراقبة، الجمع بين أحداث وبالغين مختارين بعناية، ضمن برنامج خاص تبين أنه مفيد للأحداث المعنيين.

30. تنشأ للأحداث مؤسسات احتجاز مفتوحة، وهى مرافق تنعدم التدابير الأمنية فيها، أو تقل. وينبغي أن يكون عدد النزلاء في هذه المؤسسات أدنى ما يمكن. وينبغي أن يكون عدد الأحداث في المؤسسات المغلقة صغيرا إلى حد يمكن من الاضطلاع بالعلاج على أساس فردى. وينبغي أن تكون مؤسسات الأحداث ذات طابع غير مركزي وذات حجم يسهل الاتصال بينهم وبين أسرهم. وينبغي إنشاء مؤسسات صغيرة تندمج في البيئة الاجتماعية والاقتصادية والثقافية للمجتمع المحلى.

(دال) البيئة المادية والإيواء

31. للأحداث المجردين من الحرية الحق في مرافق وخدمات تستوفى كل متطلبات الصحة والكرامة الإنسانية.

32. يتعين أن يكون تصميم مؤسسات الأحداث وبيئتها المادية متوافقا مع غرض إعادة تأهيل الأحداث عن طريق علاجهم أثناء إقامتهم في المؤسسات، مع إيلاء الاعتبار الواجب لحاجة الحدث للخصوصية وتنمية مداركه الحسية، وإتاحة فرص التواصل مع الأقران، واشتراكه في الألعاب الرياضية والتمارين البدنية وأنشطة أوقات الفراغ. ويتعين أن تكون مرافق الأحداث مصممة ومبنية بطريقة تقلل إلى الحد الأدنى من خطر الحريق وتضمن إخلاء المباني بأمان. ويجب أن تكون مزودة بنظام فعال للإنذار في حالة نشوب

حريق، مع اتخاذ إجراءات نظامية ومجربة عمليا لضمان سلامة الأحداث. وينبغي عدم اختيار مواقع المرافق في مناطق معروفة بتعرضها لأخطار صحية أو غير صحية.

33. ينبغي أن تتألف أماكن النوم عادة من مهاجع جماعية صغيرة أو غرف نوم فردية تراعى فيها المعايير المحلية. ويتعين خلال ساعات النوم فرض رقابة منتظمة دون تطفل على كل أماكن النوم، بما في ذلك الغرف الفردية والمهاجع الجماعية، ضمانا لحماية كل حدث. ويزود كل حدث وفقا للمعايير المحلية أو الوطنية، بأغطية أسرة منفصلة وكافية، وتسلم إليه نظيفة وتحفظ في حالة جيدة، ويعاد تغييرها بما يكفى لضمان نظافتها.

34. تحدد مواقع دورات المياه وتستوفى فيها المعايير بما يكفى لتمكين كل حدث من قضاء حاجته الطبيعية، كلما احتاج إلى ذلك، في خلوة ونظافة واحتشام.

35. تشكل حيازة المتعلقات الشخصية عنصرا أساسيا من عناصر الحق في الخصوصية، وعاملا جوهريا لضمان صحة الحدث النفسية. وينبغي أن يحظى حق كل حدث في حيازة متعلقات شخصية والتمتع بمرافق ملائمة لحفظ هذه المتعلقات بالاعتراف والاحترام. وتودع متعلقات الحدث الشخصية التي يرغب في عدم الاحتفاظ بها أو التي تصادر منه، في حيازة مأمونة، وتعد بها قائمة يوقع عليها الحدث، وتتخذ الإجراءات اللازمة لحفظها في حالة جيدة. وتعاد كل هذه المواد والنقود إلى الحدث عند الإفراج عنه، ناقصا منها النقود التي يكون قد أذن له بصرفها والممتلكات التي يكون قد أذن له بإرسالها خارج المؤسسة. وإذا تلقى الحدث أو وجدت في حيازته أي أدوية، يترك للموظف الطبي أن يقرر وجه استخدامها.

36. يكون للأحداث قدر الإمكان حق استخدام ملابسهم الخاصة. وعلى المؤسسات الاحتجازية أن تضمن أن يكون لكل حدث ملابس شخصية ملائمة للمناخ وكافية لإبقائه في صحة جيدة ولا يكون فيها إطلاقا حط من شأنه أو إذلال له. ويؤذن للأحداث الذين ينقلون من المؤسسة أو يغادرونها لأي غرض بارتداء ملابسهم الخاصة.

37. تؤمن كل مؤسسة احتجازية لكل حدث غذاء، يعد ويقدم على النحو الملائم في أوقات الوجبات العادية بكمية ونوعية تستوفيان معايير التغذية السليمة والنظافة

والاعتبارات الصحية، وتراعى فيه، إلى الحد الممكن، المتطلبات الدينية والثقافية. وينبغي أن يتاح لكل حدث، في أي وقت، مياه شرب نظيفة.

(هاء) التعليم والتدريب المهني والعمل

38. لكل حدث في سن التعليم الإلزامي الحق في تلقى التعليم الملائم لاحتياجاته وقدراته والمصمم لتهيئته للعودة إلى المجتمع. ويقدم هذا التعليم خارج المؤسسة الاحتجازية في مداس المجتمع المحلى كلما أمكن ذلك، وفى كل الأحوال، بواسطة معلمين أكفاء يتبعون برامج متكاملة مع نظام التعليم في البلد، بحيث يتمكن الأحداث، بعد الإفراج عنهم، من مواصلة تعلمهم دون صعوبة. وينبغي أن تولى إدارات تلك المؤسسات اهتماما خاصا لتعليم الأحداث الذين يكونون من منشأ أجنبي أو تكون لديهم احتياجات ثقافية أو عرقية خاصة. وللأحداث الأميين أو الذين يعانون من صعوبات في الإدراك أو التعلم الحق في تلقى تعليم خاص.

39. ينبغي أن يؤذن للأحداث الذين تجاوزوا سن التعليم الإلزامي ويودون متابعة دراستهم بأن يفعلوا ذلك وأن يشجعوا عليه، وينبغي بذل قصارى الجهد لتمكينهم من الالتحاق بالبرامج التعليمية الملائمة.

40. لا يجوز أن تتضمن الدبلومات أو الشهادات الدراسية التي تمنح للأحداث أثناء احتجازهم أية إشارة إلى أن الحدث كان مودعا في مؤسسة احتجازية.

41. توفر في كل مؤسسة احتجازية مكتبة مزودة بما يكفى من الكتب والنشرات الدورية التعليمية والترفيهية الملائمة للأحداث، وينبغي تشجيعهم وتمكينهم من استخدام هذه المكتبة استخداما كاملا.

42. لكل حدث الحق في تلقى تدريب مهني على الحرف التي يحتمل أن تؤهله للعمل في المستقبل.

43. تتاح للأحداث، مع إيلاء الاعتبار الواجب للاختيار المهني الملائم ولمتطلبات إدارة المؤسسات، إمكانية اختيار نوع العمل الذين يرغبون في أدائه.

44. تطبق على الأحداث المحرومين من حريتهم كل معايير الحماية الوطنية والدولية المطبقة على تشغيل الأطفال والنشء.

45. تتاح للأحداث، كلما أمكن، فرصة مزاولة عمل مأجور في المجتمع المحلي إن أمكن، كتكملة للتدريب المهني الذي يتلقونه، لتعزيز فرص عثورهم على أعمال ملائمة عند عودتهم إلى مجتمعاتهم. ويتعين أن يكون هذا العمل من نوع يشكل تدريبا مناسبا يعود بالفائدة على الحدث بعد الإفراج عنه. ويتعين أن يكون تنظيم العمل المتاح في المؤسسة الاحتجازية وأسلوبه شبيهين ما أمكن بتنظيم وأسلوب العمل المماثل في المجتمع، بحيث يهيئ الأحداث لظروف الحياة المهنية الطبيعية.

46. لكل حدث يؤدى عملا الحق في أجر عادل. ولا يجوز إخضاع مصالح الأحداث ومصالح تدريبهم المهني لغرض تحقيق ربح للمؤسسة الاحتجازية أو للغير. وينبغي، عادة، أن يقتطع جزء من إيرادات الحدث كمدخرات تسلم إليه عند إطلاق سراحة وللحدث الحق في استعمال باقي الأجر في شراء أشياء لاستعماله الخاص أو في تعويض الضحية التي نالها الأذى من جريمته، أو لإرساله إلى أسرته أو إلى أشخاص آخرين خارج المؤسسة الاحتجازية.

(واو) الترويج

47. لكل حدث الحق في فترة زمنية مناسبة يمارس فيها التمارين الرياضية الحرة يوميا، في الهواء الطلق إذا سمح الطقس بذلك، ويقدم له خلالها عادة التدريب الترويحي والبدني المناسب. وتوفر لهذه الأنشطة الأماكن والتجهيزات والمعدات الكافية. ولكل حدث الحق في فترة زمنية إضافية يومية لممارسة أنشطة وقت الفراغ يوميا، يخصص جزء منها، إذا طلب الحدث ذلك، لمساعدته على تنمية مهاراته الفنية والحرفية. وتتأكد المؤسسة الاحتجازية من تمتع كل حدث بالقدرة البدنية على الاشتراك في برامج التربية البدنية المتاحة له. وتقدم التربية البدنية العلاجية والمداواة، تحت إشراف طبي، للأحداث الذين يحتاجون إليهما.

(زاي) الدين

48. يسمح لكل حدث باستيفاء احتياجاته الدينية والروحية، وبصفة خاصة بحضور الشعائر أو المناسبات الدينية التي تنظم في المؤسسة الاحتجازية أو بأداء شعائره بنفسه. ويسمح له بحيازة ما يلزم من الكتب أو مواد الشعائر والتعاليم الدينية التي تتبعها طائفته. وإذا كانت المؤسسة تضم عددا كافيا من الأحداث الذين يعتنقون دينا ما، يعين لهم واحد أو أكثر من ممثلي هذا الدين المؤهلين، أو يوافق على من يسمى لهذا الغرض، ويسمح له بإقامة مراسم دينية منتظمة وبالقيام بزيارات رعوية خاصة للأحداث بناء على طلبهم. ولكل حدث الحق في أن يزوره ممثل مؤهل للديانة التي يحددها، كما أن له حق الامتناع عن الاشتراك في المراسم الدينية وحرية رفض التربية الدينية أو الإرشاد أو التعليم في هذا الخصوص.

(حاء) الرعاية الطبية

49. لكل حدث الحق في الحصول على رعاية طبية وقائية وعلاجية كافية، بما في ذلك رعاية في طب الأسنان وطب العيون والطب النفسي، وفي الحصول على المستحضرات الصيدلية والوجبات الغذائية الخاصة التي يشير بها الطبيب. وينبغي، حيثما أمكن، أن تقدم كل هذه الرعاية الطبية إلى الأحداث المحتجزين بالمؤسسة عن طريق المرافق والخدمات الصحية المختصة في المجتمع المحلي الذي تقع فيه المؤسسة الاحتجازية، منعا لوصم الأحداث وتعزيزا لاحترام الذات وللاندماج في المجتمع.

50. لكل حدث الحق في أن يفحصه طبيب فور إيداعه في مؤسسة احتجازية، من أجل تسجيل أية أدلة على سوء معاملة سابقة، والوقوف على أي حالة بدنية أو عقلية تتطلب عناية طبية.

51. ينبغي أن يكون هدف الخدمات الطبية التي تقدم إلى الأحداث اكتشاف ومعالجة أي مرض جسدي أو عقلي وأي حالة لتعاطي مواد الإدمان أو غير ذلك من الحالات التي قد تعوق اندماج الحدث في المجتمع. وتتاح لكل مؤسسة احتجازية للأحداث إمكانية الانتفاع المباشر بمرافق ومعدات طبية كافية تناسب عدد نزلائها ومتطلباتهم، وموظفين

مدربين على الرعاية الطبية الوقائية وعلى معالجة الحالات الطبية الطارئة ولكل حدث يمرض أو يشكو من المرض أو تظهر عليه أعراض متاعب بدنية أو عقلية أن يعرض على طبيب ليتولى فحصه على الفور.

52. يقوم أي موظف طبي يتوفر لديه سبب للاعتقاد بأن الصحة البدنية أو العقلية لحدث ما قد تضررت أو ستتضرر من جراء الاحتجاز المستمر أو من الإضراب عن الطعام أو أي ظرف من ظروف الاحتجاز بإبلاغ ذلك فورا إلى مدير المؤسسة الاحتجازية المعنية وإلى السلطة المستقلة المسؤولة عن حماية سلامة الحدث.

53. ينبغي أن يعالج الحدث الذي يعاني من مرض عقلي في مؤسسة متخصصة تحت إدارة طبية مستقلة. وينبغي أن تتخذ، بالاتفاق مع الأجهزة المختصة، إجراءات تكفل استمرار أي علاج نفسي ـ يلزم بعد إخلاء السبيل.

54. تعتمد المؤسسات الاحتجازية للأحداث برامج متخصصة يضطلع بها موظفون أكفاء للوقاية من إساءة استعمال المخدرات ولإعادة التأهيل. وينبغي تكييف هذه البرامج حسب أعمار الأحداث المعنيين وجنسهم وسائر متطلباتهم، وأن توفر للأحداث الذين يتعاطون المخدرات أو الكحول مرافق وخدمات للتطهير من السموم، تكون مجهزة بموظفين مدربين.

55. لا تصرف الأدوية إلا من أجل العلاج اللازم من الوجهة الطبية وبعد الحصول، عند الإمكان، على موافقة الحدث المعني بعد إطلاعه على حالته. ويجب، بصفة خاصة، ألا يكون إعطاء الأدوية بهدف استخلاص معلومات أو اعترافات، أو أن يكون على سبيل العقاب، أو كوسيلة لكبح جماح الحدث. ولا يجوز مطلقا استخدام الأحداث في التجارب التي تجرى على العقاقير أو العلاج. وينبغي على الدوام أن يكون صرف أي عقار مخدر بإذن وإشراف موظفين طبيين مؤهلين.

(طاء) الإخطار بالمرض والإصابة والوفاة

56. لأسرة الحدث أو ولي أمره، أو أي شخص آخر يحدده الحدث، الحق في الإطلاع على حالة الحدث الطبية، عند الطلب وفي حال حدوث أي تغييرات هامة في صحة الحدث.

ويخطر مدير المؤسسة الاحتجازية على الفور أسرة الحدث المعنى أو ولى أمره، أو أي شخص معين، في حالة الوفاة، أو حالة المرض التي تتطلب نقل الحدث إلى مرفق طبي خارج المؤسسة، أو التي تتطلب علاجا طبيا في المؤسسة لأكثر من 48 ساعة. كذلك ينبغي إخطار السلطات القنصلية للدولة التي يكون الحدث الأجنبي من مواطنيها.

57. عند وفاة الحدث خلال فترة حرمانه من الحرية، يكون لأقرب أقربائه الحق في الاطلاع على شهادة الوفاة، ورؤية الجثة وتحديد طريقة التصرف فيها. وفى حالة وفاة الحدث أثناء الاحتجاز، ينبغي إجراء تحقيق مستقل في أسباب الوفاة، ويتاح لأقرب الأقرباء أن يطلع على التقرير المعد بهذا الشأن. ويجرى هذا التحقيق أيضا إذا حدثت الوفاة في غضون ستة أشهر من تاريخ الإفراج عنه من المؤسسة وإذا كان هناك سبب يدعو للاعتقاد بأن الوفاة مرتبطة بفترة الاحتجاز.

58. يخطر الحدث في أقرب وقت ممكن بوفاة أي فرد من أفراد أسرته المباشرة أو بإصابته بمرض أو ضرر خطير. وينبغي أن تتاح له فرصة الاشتراك في تشييع جنازة المتوفى أو زيارة قريبه المريض مرضا خطيرا.

(ياء) الاتصال بالمحيط الاجتماعي الأوسع

59. ينبغي توفير كل السبل التي تكفل للأحداث أن يكونوا على اتصال كاف بالعالم الخارجي، لأن ذلك يشكل جزءا لا يتجزأ من حق الأحداث في أن يلقوا معاملة عادلة وإنسانية، وهو جوهري لتهيئتهم للعودة إلى المجتمع. وينبغي السماح للأحداث بالاتصال بأسرهم وأصدقائهم وبالأشخاص الآخرين الذين ينتمون إلى منظمات خارجية حسنة السمعة، أو بممثلي هذه المنظمات، وبمغادرة مؤسسات الاحتجاز لزيارة بيوتهم وأسرهم، وبالحصول على إذن خاص بالخروج من مؤسسات الاحتجاز لأسباب تتعلق بتلقي التعليم أو التدريب المهني أو لأسباب هامة أخرى. وإذا كان الحدث يقضى مدة محكوما بها عليه، يحسب الوقت الذي يقضيه خارج مؤسسة الاحتجاز ضمن الفترة المحكوم بها.

60. لكل حدث الحق في تلقى زيارات منتظمة ومتكررة، بمعدل زيادة واحدة كل أسبوع أو زيارة واحدة كل شهر على الأقل، من حيث المبدأ، على أن تتم الزيارة في ظروف

تراعى فيها حاجة الحدث إلى أن تكون له خصوصياته وصلاته وتكفل له الاتصال بلا قيود، بأسرته ومحاميه.

61. لكل حدث الحق في الاتصال، كتابة أو بالهاتف، مرتين في الأسبوع على الأقل، بأي شخص يختاره، ما لم تكن اتصالاته مقيدة بموجب القانون. وينبغي أن تقدم له المساعدة اللازمة لتمكينه من التمتع الفعلي بهذا الحق. ولكل حدث الحق في تلقى الرسائل.

62. تتاح للأحداث فرصة الإطلاع على الأخبار بانتظام بقراءة الصحف والدوريات وغيرها من المنشورات، وعن طريق تمكينه من سماع البرامج الإذاعية ومشاهدة برامج التلفزيون والأفلام، وعن طريق زيارات ممثلي أي ناد أو تنظيم قانوني يهتم به الحدث.

(كاف) حدود القيود الجسدية واستعمال القوة

63. ينبغي أن يحظر اللجوء إلى أدوات التقييد أو إلى استعمال القوة، لأي غرض إلا على النحو المنصوص عليه في المادة 64 أدناه.

64. يحظر استخدام أدوات التقييد أو اللجوء إلى القوة إلا في الحالات الاستثنائية، بعد أن تكون كل طرائق السيطرة الأخرى قد استنفذت وفشلت، وعلى النحو الذي تسمح به وتحدده القوانين والأنظمة صراحة فقط. ولا يجوز أن تسبب تلك الأدوات إذلالا أو مهانة، وينبغي أن يكون استخدامها في أضيق الحدود، ولأقصر فترة ممكنة. ويمكن اللجوء إلى هذه الأدوات بأمر من مدير المؤسسة لمنع الحدث من إلحاق الأذى بنفسه أو بالآخرين أو من إلحاق أضرار كبيرة بالممتلكات. وفى هذه الحالات، يتشاور المدير فورا مع الموظف الطبي وغيره من الموظفين المختصين ويقدم تقريرا إلى السلطة الإدارية الأعلى.

65. يحظر على الموظفين حمل الأسلحة واستعمالها في أية مؤسسة لاحتجاز الأحداث.

(لام) الإجراءات التأديبية

66. ينبغي أن تخدم جميع التدابير والإجراءات التأديبية أغراض السلامة والحياة الاجتماعية المنظمة وأن تصون كرامة الحدث المتأصلة والهدف الأساسي للرعاية المؤسسية، وهو إشاعة الإحساس بالعدل واحترام الذات واحترام الحقوق الأساسية لكل شخص.

67. تحظر جميع التدابير التأديبية التي تنطوي على معاملة قاسية أو لاإنسانية أو مهينة، بما في ذلك العقاب البدني والإيداع في زنزانة مظلمة، والحبس في زنزانة ضيقة أو انفراديا، وأي عقوبة أخرى يمكن أن تكون ضارة بالصحة البدنية أو العقلية للحدث المعنى. ويحظر تخفيض كمية الطعام وتقييد الاتصال بأفراد الأسرة أو الحرمان منه، لأي سبب من الأسباب. وينظر إلى تشغيل الحدث دائما على أنه أداة تربوية ووسيلة للتعزيز احترامه لذاته لتأهيله للعودة إلى المجتمع، ولا يفرض كجزاء تأديبي. ولا يعاقب الحدث أكثر من مرة واحدة على نفس المخالفة التي تستوجب التأديب. وتحظر الجزاءات الجماعية.

68. تحدد التشريعات أو اللوائح التي تعتمدها السلطة الإدارية المختصة القواعد المتعلقة بما يلي، مع المراعاة الكاملة للخصائص والاحتياجات والحقوق الأساسية للحدث:

(أ) السلوك الذي يشكل مخالفة تستوجب التأديب،

(ب) أنواع ومدة الجزاءات التأديبية التي يجوز توقيعها،

(ج) السلطة المختصة بفرض هذه الجزاءات،

(د) السلطة المختصة بالنظر في التماسات التظلم من الجزاءات.

69. يقدم تقرير عن سوء السلوك فورا إلى السلطة المختصة، التي ينبغي عليها أن تبت فيه دون أي تأخير لا لزوم له. وعلى السلطة المختصة أن تدرس الحالة دراسة دقيقة.

70. لا يفرض جزاء تأديبي على أي حدث إلا بما يتفق بدقة مع أحكام القانون واللوائح السارية. ولا يفرض جزاء على أي حدث ما لم يكن قد أخطر بالمخالفة المدعى بها بطريقة يفهمها تماما، ومنح فرصة ملائمة لتقديم دفاعه، بما في ذلك كفالة حقه في الاستئناف أمام سلطة محايدة مختصة. وتحفظ سجلات كاملة بجميع الإجراءات التأديبية.

71. لا تسند لأي حدث مهام تنظيمية إلا في إطار الإشراف على أنشطة اجتماعية أو تربوية أو رياضية محددة، أو في إطار برامج الإدارة الذاتية.

(ميم) التفتيش والشكاوى

72. ينبغي تفويض مفتشين مؤهلين، أو هيئة مكافئة منشأة حسب الأصول غير تابعة لإدارة المؤسسة، للقيام بالتفتيش على أساس منتظم، والمبادرة بإجراء عمليات تفتيش

مفاجئة، على أن يتمتع هؤلاء المفتشون بضمانات كاملة لاستقلالهم في ممارسة هذه المهمة. وتتاح للمفتشين إمكانيات الوصول، دون أي قيود، إلى جميع الموظفين أو العاملين في أية مؤسسة يجرد فيها الأحداث من حريتهم أو يجوز أن يجردوا فيها من حريتهم، وإلى جميع الأحداث، وكذلك إلى جميع سجلات هذه المؤسسات.

73. يشترك في عمليات التفتيش مسؤولون طبيون مؤهلون ملحقون بهيئة التفتيش أو من دائرة الصحة العامة، ويقيمون مدى الالتزام بالقواعد المتعلقة بالبيئة المادية، والصحة، والسكن، والأغذية، والتمارين الرياضية والخدمات الطبية، وكذلك أي جانب آخر من جوانب الحياة أو ظروفها في المؤسسة يؤثر على الصحة البدنية والعقلية للأحداث. وينبغي أن يكفل لكل حدث الحق في أن يسر إلى أي مفتش بما في دخيلته.

74. بعد إكمال التفتيش، يطلب من المفتش أن يقدم تقريرا عن النتائج التي خلص إليها. وينبغي أن يتضمن التقرير تقييما لمدى التزام مؤسسة الاحتجاز بهذه القواعد وبأحكام القانون الوطني ذات الصلة، وبالتوصيات المتعلقة بأي خطوات تعتبر ضرورية لضمان الالتزام بها. وتبلغ السلطات المختصة بأية وقائع يكتشفها أي مفتش ويعتقد أنها تشير إلى وقوع انتهاك للأحكام القانونية المتعلقة بحقوق الأحداث أو بعمل مؤسسة الاحتجاز للقيام بالتحقيق والمقاضاة.

75. تتاح الفرصة لكل حدث لتقديم طلبات أو شكاوى إلى مدير مؤسسة الاحتجاز أو إلى ممثله المفوض.

76. ينبغي أن يكون لكل حدث الحق في تقديم طلب أو شكوى، دون رقابة على المضمون، إلى الإدارة المركزية أو السلطة القضائية أو غيرها من السلطات المختصة عن طريق القنوات المعتمدة، وأن يخطر بما تم بشأنها دون إبطاء.

77. تبذل الجهود لإنشاء مكتب مستقل (ديوان مظالم) لتلقي وبحث الشكاوى التي يقدمها الأحداث المجردون من حريتهم والمعاونة في التوصل إلى تسويات عادلة لها.

78. ينبغي أن يكون لكل حدث الحق في طلب المساعدة، من أفراد أسرته أو المستشارين القانونيين أو جماعات العمل الخيري أو جماعات أخرى، حيثما أمكن، من أجل تقديم

شكوى. وتقدم المساعدة إلى الأحداث الأمين إذا احتاجوا إلى خدمات الهيئات والمنظمات العامة أو الخاصة التي تقدم المشورة القانونية أو المختصة بتلقي الشكاوى.

(نون) العودة إلى المجتمع

79. ينبغي أن يستفيد جميع الأحداث من الترتيبات التي تستهدف مساعدتهم على العودة إلى المجتمع أو الحياة الأسرية أو التعليم أو الوظيفة بعد إخلاء سبيلهم وينبغي وضع إجراءات، تشمل الإفراج المبكر، وتنظـــيم دورات دراســـية خاصـــة، تحقيقـــا لهـــذه الغايـــة.

80. على السلطات المختصة أن تقدم أو تضمن تقديم خدمات لمساعدة الأحداث على الاندماج من جديد في المجتمع، وللحد من التحيز ضدهم. وينبغي أن تكفل هذه الخدمات بالقدر الممكن، تزويد الحـدث بمـا يلائمه من مسكن وعمل، وملبس، وبما يكفى من أسباب العيش بعد إخلاء سبيله من أجل تسهيل اندماجه من جديد في المجتمع بنجاح. وينبغي استشارة ممثلي الهيئات التي تقدم هذه الخدمات وإتاحـة وصولهـم إلى الأحداث المحتجزين لمساعدتهم في العودة إلى المجتمع.

خامسا: الموظفون

81. ينبغي استخدام موظفين مؤهلين، وأن يكون بينهم عدد كاف من المتخصصين مثل المربين، والموجهين المهنيين، والمستشارين، والأخصائيين الاجتماعيين، وأطباء وأخصائي العلاج النفسيـ. وينبغي أن يعـين هـؤلاء وغيرهم من المتخصصين، عادة، على أساس دائم. ولا يمنع هـذا مـن الاستعانة بعاملين غير متفرغين أو عاملين متطوعين إذا كان مستوى المساندة والتدريب اللذين يمكنهم توفيرهما ملائمـا ومفيدا. وينبغي أن تستفيد مؤسسات الاحتجاز من جميع الإمكانيات العلاجية والتعليمية والمعنوية والروحية وغيرها مـن الموارد وأشكال المساعدة الملائمة والمتاحة في المجتمع، بما يتفق مـع الاحتياجـات الفرديـة للأحـداث المحتجزين ومشكلاتهم.

82. ينبغي أن تكفل الإدارة سلامة اختيار وتعيين الموظفين على اختلاف رتبهم ووظائفهم، لأن سلامة إدارة مؤسسات الاحتجاز تتوقف على نزاهتهم وإنسانيتهم ومقدرتهم وأهليتهم المهنية للتعامل مـع الأحـداث وصلاحيتهم الشخصية للعمل.

83. ومن أجل تحقيق الأهداف السالفة الذكر، ينبغي أن يعين الموظفون بصفتهم مسؤولين مهنيين وتكون أجورهم كافية لاجتذاب الرجال والنساء المناسبين والاحتفاظ بهم. وينبغي تشجيع موظفي احتجاز الأحداث، بصفة مستمرة، على أن يضطلعوا بواجباتهم والتزاماتهم بطريقة إنسانية وملتزمة وفنية ومنصفة وفعالة، وعلى أن يتصرفو في جميع الأوقات بطريقة تجعلهم جديرين باحترام الأحداث وقادرين على اكتسابه، وأن يقدموا لهم نموذجا للأداء الإيجابي والنظرة الإيجابية.

84. وعلى الجهات المسؤولة الأخذ بأشكال التنظيم والإدارة التي تسهل الاتصال بين مختلف فئات الموظفين في كل مؤسسة احتجاز من أجل تعزيز التعاون بين مختلف الدوائر العاملة في مجال رعاية الأحداث، وكذلك بين الموظفين والإدارة لضمان تمكن الموظفين الذين لهم اتصال مباشر بالأحداث من العمل في ظروف مواتية لأداء واجباتهم على نحو فعال.

85. ويتلقى الموظفون من التدريب ما يمكنهم من الاضطلاع على نحو فعال بمسؤولياتهم، وخاصة التدريب في علم نفس الأطفال، ورعاية الأطفال والمعايير والقواعد الدولية لحقوق الإنسان وحقوق الطفل، بما فيها هذه القواعد. ويعمل الموظفون على ترسيخ وتحسين معرفتهم وقدراتهم الفنية عن طريق حضور دورات للتدريب أثناء الخدمة تنظم على فترات مناسبة طوال حياتهم الوظيفية.

86. ينبغي أن يكون مدير المؤسسة مؤهلا بالقدر الكافي لمهمته من حيث القدرة الإدارية والتدريب والخبرة المناسبين، وأن يضطلع بواجباته على أساس التفرغ.

87. - يراعي موظفو مؤسسات الاحتجاز، في أدائهم لواجباتهم، احترام وحماية الكرامة الإنسانية وحقوق الإنسان الأساسية لجميع الأحداث، خاصة على النحو التالي:

(أ) لا يجوز لأي من موظفي مؤسسات الاحتجاز أو الإصلاحيات القيام بأي عمل من أعمال التعذيب أو غيره من ضروب المعاملة أو العقوبة أو الإصلاح أو التأديب، المؤلمة أو القاسية أو اللاإنسانية أو المهنية، أو أن يحرض على القيام به أو أن يتسامح بشأنه، أيا كانت الذريعة أو الظروف،

(ب) على جميع موظفي المؤسسات التشدد في مقاومة ومكافحة أي فعل من أفعال فساد الذمة، وتبليغه دون إبطاء إلى السلطات المختصة،

(ج) على جميع الموظفين احترام هذه القواعد. وعلى الموظفين الـذين لـديهم سبب للاعتقـاد بـأن انتهاكـا خطيرا لهذه القواعد قد وقع أو بسبيله إلى الوقوع أن يبلغوا الأمر إلى سلطاتهم العليا أو للأجهـزة المخولـة صـــــــــلاحية إعـــــــــادة النظـــــــــر والتصـــــــــحيح،

(د) يكفل جميع الموظفين حماية كاملة للصحة البدنية والعقلية للأحداث، بما في ذلك الحماية من الاعتداء والاستغلال البدني والجنسي والعاطفي، ويتخذون التدابير الفورية لتأمين الرعاية الطبية لهم كلما لزمت،

(هـ) يحترم جميع الموظفين حق الحدث في أن تكون له خصوصياته، ويحمون، على وجه الخصوص، جميـع المسائل السرية المتعلقة بالأحداث أو أسرهم والتي يطلعون عليها بحكم وظيفتهم.

(و) يسعى جميع الموظفين إلى التقليـل قـدر الإمكـان مـن أوجـه الاخـتلاف بـين الحيـاة داخـل المؤسسة وخارجها، التي من شأنها أن تنتقص من الاحترام الواجب لكرامة الحدث باعتباره إنسانا.

ملحق رقم (5)
مجموعة المبادئ المتعلقة بحماية جميع الأشخاص
الذين يتعرضون لأي شكل من أشكال الاحتجاز أو السجن

اعتمــدت ونشـرت عـلي المـلأ بموجب قـرار الجمعيـة العامـة للأمـم المتحـدة
173/43 المؤرخ في 9 كانون الأول/ديسمبر 1988

نطاق مجموعة المبادئ
تطبق هذه المبادئ لحماية جميع الأشخاص الذين يتعرضون لأي شكل من أشكال الاحتجاز أو السجن.
المصطلحات المستخدمة
في مجموعة المبادئ
(أ) يعنـى "القبـض" اعتقـال شخـص بـدعوى ارتكابـه لجريمـة أو بـإجراء مـن سـلطة مـا،
(ب) يعنى "الشخص المحتجز" أي شخص محروم من الحرية الشخصية ما لم يكن ذلك لإدانته في جريمة،
(ج) يعنـى "الشـخص المسـجون" أي شخـص محـروم مـن الحريـة الشخصيـة لإدانتـه في جريمـة،
(د) يعنـى "الاحتجـاز" حالـة الأشـخاص المحتجـزين حسـب تعـريفهم الـوارد أعـلاه،
(هـ) يعنـى "السـجن" حالـة الأشـخاص المسـجونين حسـب تعـريفهم الـوارد أعـلاه،
(و) يقصد بعبارة "سلطة قضائية أو سلطة أخرى" أي سلطة قضائية أو سلطة أخرى يحددها القانون
ويوفر مركزها وفترة ولايتها أقوى الضمانات الممكنة للكفاءة والنزاهة والاستقلال.
المبدأ 1
يعامل جميع الأشخاص الذين يتعرضون لأي شكل من أشكال الاحتجاز أو السجن معاملة إنسانية وباحترام
لكرامة الشخص الإنساني الأصيلة.

المبدأ 2

لا يجوز إلقاء القبض أو الاحتجاز أو السجن إلا مع التقيد الصارم بأحكام القانون وعلى يد موظفين مختصين أو أشخاص مرخص لهم بذلك.

المبدأ 3

لا يجوز تقييد أو انتقاص أي حق من حقوق الإنسان التي يتمتع بها الأشخاص الذين يتعرضون لأي شكل من أشكال الاحتجاز أو السجن، والتي تكون معترفا بها أو موجودة في أية دولة بموجب القانون أو الاتفاقيات أو اللوائح أو الأعراف، بحجة أن مجموعة المبادئ هذه لا تعترف بهذه الحقوق أو تعترف بها بدرجة أقل.

المبدأ 4

لا يتم أي شكل من أشكال الاحتجاز أو السجن ولا يتخذ أي تدبير يمس حقوق الإنسان التي يتمتع بها أي شخص يتعرض لأي شكل من أشكال الاحتجاز أو السجن إلا إذا كان ذلك بأمر من سلطة قضائية أو سلطة أخرى أو كان خاضعا لرقابتها الفعلية.

المبدأ 5

1. تطبق هذه المبادئ على جميع الأشخاص داخل أرض أية دولة معينة، دون تمييز من أي نوع، كالتمييز على أساس العنصر، أو اللون، أو الجنس، أو اللغة، أو الدين أو المعتقد الديني، أو الرأي السياسي أو غير السياسي، أو الأصل الوطني أو العرقي أو الاجتماعي، أو الملكية، أو المولد، أو أي مركز آخر.

2. لا تعتبر من قبيل التمييز التدابير التي تطبق بحكم القانون والتي لا تستهدف سوى حماية الحقوق والأوضاع الخاصة للنساء، ولا سيما الحوامل والأمهات والمرضعات، أو الأطفال والأحداث، أو المسنين أو المرضى أو المعوقين. وتكون ضرورة هذه التدابير وتطبيقها خاضعين دائما للمراجعة من جانب سلطة قضائية أو سلطة أخرى.

المبدأ 6

لا يجوز إخضاع أي شخص يتعرض لأي شكل من أشكال الاحتجاز أو السجن للتعذيب أو غيره من ضروب المعاملة أو العقوبة القاسية أو اللاإنسانية أو المهنية. ولا

يجوز الاحتجاج بأي ظرف كان كمبرر للتعذيب أو غيره من ضروب المعاملة أو العقوبة القاسية أو اللاإنسانية أو المهنية.

المبدأ 7

1. ينبغي للدول أن تحظر قانونا أي فعل يتنافي مع الحقوق والواجبات الواردة في هذه المبادئ، وأن تخضع ارتكاب أي فعل من هذه الأفعال لجزاءات مناسبة، وأن تجرى تحقيقات محايدة عند ورود أية شكاوى.

2. على الموظفين، الذين يكون لديهم سبب للاعتقاد بأن انتهاكا لهذه المجموعة من المبادئ قد حدث أو على وشك أن يحدث، إبلاغ الأمر إلى السلطات العليا التي يتبعونها وإبلاغه، عند الاقتضاء، إلى السلطات أو الأجهزة المناسبة الأخرى المخولة سلطة المراجعة أو الإنصاف.

3. لأي شخص آخر لديه سبب للاعتقاد بأن انتهاكا لمجموعة المبادئ قد حدث أو على وشك أن يحدث الحق في أن يبلغ الأمر إلى رؤساء الموظفين المعنيين وإلى السلطات أو الأجهزة المناسبة الأخرى المخولة سلطة المراجعة أو الإنصاف.

المبدأ 8

يعامل الأشخاص المحتجزون معاملة تتناسب مع وضعهم كأشخاص غير مدانين. وعلى هذا، يتعين الفصل بينهم وبين السجناء، كلما أمكن ذلك.

المبدأ 9

لا يجوز للسلطات التي تلقى القبض على شخص أو تحتجزه أو تحقق في القضية أن تمارس صلاحيات غير الصلاحيات الممنوحة لها بموجب القانون، ويجوز التظلم من ممارسة تلك الصلاحيات أمام سلطة قضائية أو سلطة أخرى.

المبدأ 10

يبلغ أي شخص يقبض عليه، وقت إلقاء القبض، بسبب ذلك، ويبلغ على وجه السرعة بأية تهم تكون موجهة إليه.

المبدأ 11

1. لا يجوز استبقاء شخص محتجزا دون أن تتاح له فرصة حقيقية للإدلاء بأقواله في أقرب وقت أمام سلطة قضائية أو سلطة أخرى. ويكون للشخص المحتجز الحق في أن يدافع عن نفسه أو أن يحصل على مساعدة محام بالطريقة التي يحددها القانون.

2. تعطى على وجه السرعة للشخص المحتجز ومحاميه، إن كان له محام، معلومات كاملة عن أي أمر بالاحتجاز وعن أسبابه.

3. تكون لسلطة قضائية أو سلطة أخرى صلاحية إعادة النظر حسب الاقتضاء في استمرار الاحتجاز.

المبدأ 12

1. تسجل حسب الأصول:

(أ) أسباب القبض،

(ب) وقت القبض ووقت اقتياد الشخص المقبوض عليه إلى مكان الحجز وكذلك وقت مثوله لأول مرة أمام سلطة قضائية أو سلطة أخرى،

(ج) هوية موظفي إنفاذ القوانين المعنيين،

(د) المعلومات الدقيقة المتعلقة بمكان الحجز.

2. تبلغ هذه المعلومات إلى الشخص المحتجز أو محاميه، إن وجد، بالشكل الذي يقرره القانون.

المبدأ 13

تقوم السلطة المسؤولة عن إلقاء القبض أو الاحتجاز أو السجن على التوالي، بتزويد الشخص لحظة القبض عليه وعند بدء الاحتجاز أو السجن أو بعدهما مباشرة، بمعلومات عن حقوقه وبتفسير لهذه الحقوق وكيفية استعمالها.

المبدأ 14

لكل شخص لا يفهم أو يتكلم على نحو كاف اللغة التي تستخدمها السلطات المسؤولة عن القبض عليه أو احتجازه أو سجنه الحق في أن يبلغ، على وجه السرعة وبلغة يفهمها،

المعلومات المشار إليها في المبدأ 10 والفقرة 2 من المبدأ 11 والفقرة 1 من المبدأ 12 والمبدأ 13 وفي أن يحصل دون مقابل عند الضرورة على مساعدة مترجم شفوي فيما يتصل بالإجراءات القانونية التي تلي القبض عليه.

المبدأ 15

بصرف النظر عن الاستثناءات الواردة في الفقرة 4 من المبدأ 16 والفقرة 3 من المبدأ 18 لا يجوز حرمان الشخص المحتجز أو المسجون من الاتصال بالعالم الخارجي، وخاصة بأسرته أو محاميه، لفترة تزيد عن أيام.

المبدأ 16

1. يكون للشخص المحتجز أو المسجون، بعد إلقاء القبض عليه مباشرة وبعد كل مرة ينقل فيها من مكان احتجاز أو من سجن إلى آخر، الحق في أن يخطر، أو يطلب من السلطة المختصة أن تخطر أفرادا من أسرته أو أشخاصا مناسبين آخرين يختارهم، بالقبض عليه أو احتجازه أو سجنه أو بنقله وبالمكان الذي هو محتجز فيه.
2. إذا كان الشخص المحتجز أو المسجون أجنبيا، يتم أيضا تعريفه فورا بحقه في أن يتصل بالوسائل الملائمة بأحد المراكز القنصلية أو بالبعثة الدبلوماسية للدولة التي يكون من رعاياها أو التي يحق لها بوجه آخر تلقى هذا الاتصال طبقا للقانون الدولي، أو بممثل المنظمة الدولية المختصة، إذا كان لاجئا أو كان على أي وجه آخر مشمولا بحماية منظمة حكومية دولية.
3. إذا كان الشخص المحتجز أو المسجون حدثا أو غير قادر على فهم حقه، تتولى السلطة المختصة من تلقاء ذاتها القيام بالإخطار المشار إليه في هذا المبدأ. ويولى اهتمام خاص لإخطار الوالدين أو الأوصياء.
4. يتم أي إخطار مشار إليه في هذا المبدأ أو يسمح بإتمامه دون تأخير، غير أنه يجوز للسلطة المختصة أن ترجئ الإخطار لفترة معقولة عندما تقتضي ذلك ضرورات استثنائية في التحقيق.

المبدأ 17

1. يحق للشخص المحتجز أن يحصل على مساعدة محام. وتقوم السلطة المختصة بإبلاغه بحقه هذا فور إلقاء القبض عليه وتوفر له التسهيلات المعقولة لممارسته.
2. إذا لم يكن للشخص المحتجز محام اختاره بنفسه، يكون له الحق في محام تعينه له سلطة قضائية أو سلطة أخرى في جميع الحالات التي تقتضي فيها مصلحة العدالة ذلك ودون أن يدفع شيئا إذا كان لا يملك موارد كافية للدفع.

المبدأ 18

1. يحق للشخص المحتجز أو المسجون أن يتصل بمحاميه وأن يتشاور معه.
2. يتاح للشخص المحتجز أو المسجون الوقت الكافي والتسهيلات الكافية للتشاور مع محاميه.
3. لا يجوز وقف أو تقييد حق الشخص المحتجز أو المسجون في أن يزوره محاميه وفى أن يستشير محاميه ويتصل به، دون تأخير أو مراقبة وبسرية كاملة، إلا في ظروف استثنائية يحددها القانون أو اللوائح القانونية، عندما تعتبر سلطة قضائية أو سلطة أخرى ذلك أمرا لا مفر منه للمحافظة على الأمن وحسن النظام.
4. يجوز أن تكون المقابلات بين الشخص المحتجز أو المسجون ومحامية على مرأى من أحد موظفي إنفاذ القوانين، ولكن لا يجوز أن تكون على مسمع منه.
5. لا تكون الاتصالات بين الشخص المحتجز أو المسجون ومحاميه المشار إليها في هذا المبدأ مقبولة كدليل ضد الشخص المحتجز أو المسجون ما لم تكن ذات صلة بجريمة مستمرة أو بجريمة تدبر.

المبدأ 19

يكون للشخص المحتجز أو المسجون الحق في أن يزوره أفراد أسرته بصورة خاصة وفى أن يتراسل معهم. وتتاح له فرصة كافية للاتصال بالعالم الخارجي، رهنا بمراعاة الشروط والقيود المعقولة التي يحددها القانون أو اللوائح القانونية.

المبدأ 20

يوضع الشخص المحتجز أو المسجون، إذا طلب وكان مطلبه ممكنا، في مكان احتجاز أو سجن قريب على نحو معقول من محل إقامته المعتاد.

المبدأ 21

1. يحظر استغلال حالة الشخص المحتجز أو المسجون استغلالا غير لائق بغرض انتزاع اعتراف منه أو إرغامه على تجريم نفسه بأية طريقة أخرى أو الشهادة ضد أي شخص آخر.

2. لا يعرض أي شخص أثناء استجوابه للعنف أو التهديد أو لأساليب استجواب تنال من قدرته على اتخاذ القرارات أو من حكمه على الأمور.

المبدأ 22

لا يكون أي شخص محتجز أو مسجون، حتى برضاه، عرضة لأن تجرى عليه أية تجارب طبية أو علمية قد تكون ضارة بصحته.

المبدأ 23

1. تسجل وتعتمد بالطريقة التي يحددها القانون مدة أي استجواب لشخص محتجز أو مسجون والفترات الفاصلة بين الاستجوابات وكذلك هوية الموظفين الذين يجرون الاستجوابات وغيرهم من الحاضرين.

2. يتاح للشخص المحتجز أو المسجون، أو لمحاميه إذا ما نص القانون على ذلك، الإطلاع على المعلومات المذكورة في الفقرة 1 من هذا المبدأ.

المبدأ 24

تتاح لكل شخص محتجز أو مسجون فرصة إجراء فحص طبي مناسب في أقصر مدة ممكنة عقب إدخاله مكان الاحتجاز أو السجن، وتوفر له بعد ذلك الرعاية الطبية والعلاج كلما دعت الحاجة. وتوفر هذه الرعاية وهذا العلاج بالمجان.

المبدأ 25

يكون للشخص المحتجز أو المسجون أو لمحاميه الحق في أن يطلب أو يلتمس من سلطة قضائية أو سلطة أخرى أن يوقع الفحص الطبي عليه مرة ثانية أو أن يحصل على رأي طبي ثان، ولا يخضع ذلك إلا لشروط معقولة تتعلق بكفالة الأمن وحسن النظام في مكان الاحتجاز أو السجن.

المبدأ 26

تسجل على النحو الواجب واقعة إجراء الفحص الطبي للشخص المحتجز أو المسجون، واسم الطبيب ونتائج هذا الفحص. ويكفل الإطلاع على هذه السجلات. وتكون الوسائل المتبعة في ذلك متفقة مع قواعد القانون المحلي ذات الصلة.

المبدأ 27

يؤخذ في الاعتبار عدم التقيد بهذه المبادئ في الحصول على الدليل لدى البت في جواز قبول ذلك الدليل ضد شخص محتجز أو مسجون.

المبدأ 28

يكون للشخص المحتجز أو المسجون الحق في الحصول في حدود الموارد المتاحة، إذا كانت من مصادر عامة، على كميات معقولة من الموارد التعليمية والثقافية والإعلامية، مع مراعاة الشروط المعقولة المتعلقة بكفالة الأمن وحسن النظام في مكان الاحتجاز أو السجن.

المبدأ 29

1. لمراقبة مدى دقة التقيد بالقوانين والأنظمة ذات الصلة، يقوم بتفقد أماكن الاحتجاز بصفة منتظمة أشخاص مؤهلون ومتمرسون تعينهم وتسألهم سلطة مختصة مستقلة تماما عن السلطة التي تتولى مباشرة إدارة مكان الاحتجاز أو السجن.

2. يحق للشخص المحتجز أو المسجون الاتصال بحرية وفى سرية تامة بالأشخاص الذين يتفقدون أماكن الاحتجاز أو السجن وفقا للفقرة 1، مع مراعاة الشروط المعقولة المتعلقة بكفالة الأمن وحسن النظام في تلك الأماكن.

المبدأ 30

1. يحدد القانون أو اللوائح القانونية أنواع سلوك الشخص المحتجز أو المسجون التي تشكل جرائم تستوجب التأديب أثناء الاحتجاز أو السجن، ووصف العقوبة التأديبية التي يجوز توقيعها ومدتها والسلطات المختصة بتوقيع تلك العقوبة، ويتم نشر ذلك على النحو الواجب.

2. يكون للشخص المحتجز أو المسجون الحق في أن تسمع أقواله قبل اتخاذ الإجراء التأديبي. ويحق له رفع هذا الإجراء إلى سلطات أعلى لمراجعته.

المبدأ 31

تسعى السلطات المختصة إلى أن تكفل، وفقا للقانون المحلى، تقديم المساعدة عند الحاجة إلى المعالين، وخاصة القصر، من أفراد أسر الأشخاص المحتجزين أو المسجونين، وتولى تلك السلطات قدرا خاصا من العناية لتوفير الرعاية المناسبة للأطفال الذين تركوا دون إشراف.

المبدأ 32

1. يحق للشخص المحتجز أو محاميه في أي وقت أن يقيم وفقا للقانون المحلى دعوى أمام سلطة قضائية أو سلطة أخرى للطعن في قانونية احتجازه بغية الحصول على أمر بإطلاق سراحه دون تأخير، إذا كان احتجازه غير قانوني.

2. تكون الدعوى المشار إليها في الفقرة 1 بسيطة وعاجلة ودون تكاليف بالنسبة للأشخاص المحتجزين الذين لا يملكون إمكانيات كافية. وعلى السلطة التي تحتجز الشخص إحضاره دون تأخير لا مبرر له أمام السلطة التي تتولى المراجعة.

المبدأ 33

1. يحق للشخص المحتجز أو المسجون أو لمحاميه تقديم طلب أو شكوى بشأن معاملته، ولا سيما في حالـة التعذيب أو غيره من ضروب المعاملة القاسية أو اللاإنسانية أو المهينـة. إلى السلطات المسؤولة عـن إدارة مكان الاحتجاز وإلى السلطات الأعلى، وعند الاقتضاء إلى السلطات المناسبة المنوطة بها صلاحيات المراجعـة أو الإنصاف.

2. في الحالات التي لا يكون فيها الشخص المحتجز أو المسجون أو محاميـه قـادرا عـلى ممارسـة حقوقـه المقررة في الفقرة 1، يجوز لأحد أفراد أسرة الشخص المحتجز أو المسجون أو لأي شـخص آخـر عـلى معرفـة بالقضية أن يمارس هذه الحقوق.

3. يحتفظ بسرية الطلب أو الشكوى إذا طلب الشاكي ذلك.

4. يبت على وجه السرعة في كل طلب أو شكوى ويرد عليه أو عليها دون تأخير لا مبرر له. وفي حالة رفض الطلب أو الشكوى أو وقوع تأخير مفرط، يحق للشاكي عرض ذلك على سلطة قضائية أو سلطة أخـرى. ولا يتعرض المحتجز أو المسجون أو أي شاك بموجب الفقرة 1 للضرر نتيجة لتقديمه طلبا أو شكوى.

المبدأ 34

إذا توفي شخص محتجز أو مسجون أو اختفى أثناء احتجازه أو سجنه، تقوم سلطة قضائية أو سلطة أخرى بالتحقيق في سبب الوفاة أو الاختفاء، سواء من تلقاء نفسها أو بناء على طلب مـن أحـد أفـراد أسرة ذلـك الشخص أو من أي شخص علي معرفة بالقضية. ويجرى هذا التحقيـق، إذا اقتضت الظـروف، عـلى نفـس الأساس الإجرائي إذا حدثت الوفاة أو وحدث الاختفاء عقب انتهاء الاحتجاز أو السجن بفترة وجيزة. وتتـاح عند الطلب نتائج هذا التحقيق أو تقرير عنه ما لم يعرض ذلك للخطر تحقيقا جنائيا جاريا.

المبدأ 35

1. يعوض، وفقا للقواعد المطبقة بشأن المسؤولية والمنصوص عليها في القانون المحلي، عن الضرر الناتج عـن أفعال لموظف عام تتنافى مع الحقوق الواردة في هذه المبادئ أو عن امتناعه عن أفعال يتنافى امتناعه عنهـا مع هذه الحقوق.

2. تتاح البيانات المطلوب تسجيلها بموجب هذه المبادئ وفقا للإجراءات التي يـنص القانون المحلـى عـلى إتباعها عند المطالبة بالتعويض بموجب هذا المبدأ.

المبدأ 36

1. يعتبر الشخص المحتجز المشتبه في ارتكابه جريمة جنائية أو المتهم بذلك بريئا ويعامل على هذا الأسـاس إلى أن تثبت إدانته وفقا للقانون في محاكمة علنية تتوافر فيها جميع الضمانات الضرورية للدفاع عنه.

2. لا يجوز القبض على هذا الشخص أو احتجازه على ذمة التحقيـق والمحاكمـة إلا لأغـراض إقامـة العـدل وفقا للأسس والشروط والإجراءات التي يـنص عليها القانون. ويحظر فرض قيود عـلى هـذا الشـخص لا تقتضيها مطلقا أغراض الاحتجاز أو دواعي منع عرقلـه عمليـة التحقيـق أو إقامـة العـدل أو حفـظ الأمـن وحسن النظام في مكان الاحتجاز.

المبدأ 37

يحضر الشخص المحتجز المتهم بتهمة جنائية أمام سلطة قضائية أو سلطة أخـرى، يـنص عليها القـانون، وذلك على وجه السرعة عقب القبض عليه. وتبت هذه السلطة دون تـأخير في قانونيـة وضرورة الاحتجاز، ولا يجوز إبقاء أي شخص محتجزا على ذمة التحقيـق أو المحاكمـة إلا بنـاء عـلى أمـر مكتـوب مـن هـذه السلطة. ويكون للشخص المحتجز الحق، عند مثوله أمام هـذه السـلطة، في الإدلاء بـأقوال بشـأن المعاملـة التي لقيها أثناء احتجازه.

المبدأ 38

يكون للشخص المحتجـز بتهمـة جنائيـة الحـق في أن يحـاكم خـلال مـدة معقولـة أو أن يفـرج عنـه رهـن محاكمته.

المبدأ 39

باستثناء الحالات الخاصة التي ينص عليها القانون، يحق للشخص المحتجز بتهمة جنائية، ما لم تقرر خـلاف ذلك سلطة قضائية أو سلطة أخرى لصالح إقامة العدل، أن يطلق سراحه إلى حين محاكمته رهنا بالشرـوط التي يجوز فرضها وفقا للقانون. وتظل ضرورة هذا الاحتجاز محل مراجعة من جانب هذه السلطة.

حكم عام

ليس في مجموعة المبادئ هذه ما يفسر على أنه تقييد أو حد من أي حق من الحقوق التي حددها العهـد الدولي الخاص بالحقوق المدنية والسياسية.

المراجع

- جعفر_ علي محمد , الأحداث المنحرفون (عوامل الانحراف- المسؤولية الجزائية- التدابير) , المؤسسة الجامعية للنشر والتوزيع , الكويت 1984.

- حسن - محمود , مقدمة في الخدمة الاجتماعية , منشورات ذات السلاسل الكويت,

- خاطر_ أحمد مصطفى, الخدمة الاجتماعية- منظور تاريخي- مناهج الممارسة- المجالات, المكتب الجامعي الحديث الإسكندرية, 1984.

- السيد_ رمضان. جلال الدين_ عبد الخالق, الجريمة والانحراف من منظور الخدمة الاجتماعية, المكتب الجامعي الحديث. الإسكندرية, 2001.

- غباري_ محمد سلامة محمد, الانحراف الاجتماعي ورعاية المنحرفين ودور الخدمة الاجتماعية معهم, المكتب الجامعي الحديث.الإسكندرية, 1989.

- غيث _محمد عاطف, المشاكل الاجتماعية والسلوك الانحرافي, دار المعارف بمصر,1967.

- السنهوري ,عبدالمنعم. مدى فعالية أساليب التأثير المباشر في مواجهة مشكلة عـود الأحـداث إلى الانحراف , المجلة العربية للدراسات الأمنية , دار النشر_ بـالمركز العربي للدراسات الأمنيـة والتدريب , الرياض , العدد التاسع , رجب 1410هـ ص 89-118 .

- خفاجي ,حسن ,دراسات في علم الاجتماع الجنائي, مطبعة المدينة , جدة، 1977م .

- العوجي, مصطفى , التربية المدنية كوسيلة للوقايـة مـن الانحـراف , المركـز العربي للدراسات الأمنية والتدريب , الرياض , 1406هـ ، ص 24.

- دون . سي ، جيبونز، الانحراف الاجتماعي ، ذات السلاسل ، الكويت، 1991م ، ص 56 .

- الغرايبة ، فاكر ،(1998) وسائل الاتصال في الخدمة الاجتماعية،رسالة ماجستيرغير منشورة، الجامعة الاردنية، عمان، الاردن.

- العوجي, مصطفى ،الحدث المنحرف في التشريعات العربية ، مؤسسة نوفل، بيروت، 1986م،ص41.

- قواعد الأمم المتحدة بشأن حماية الأحداث المجردين من حريتهم أوصى باعتمادها مؤتمر الأمم المتحدة الثامن لمنع الجريمة ومعاملة المجرمين المعقود في هافانا من 27 آب/أغسطس إلى 7 أيلول/سبتمبر 1990 كما اعتمدت ونشرت علي الملأ بموجب قرار الجمعية العامة للأمم المتحدة 113/45 المؤرخ في 14 كانون الأول/ديسمبر 1990 http://www1.umn.edu/humanrts/arab/b037.html

- طالب احسن ،1998، الخدمات الاجتماعية لنزلاء المؤسسات الاصلاحية. مجلة دراسات عربية- العدد 2/1

- زيد محمد ابراهيم ، مقدمة في علم الاجرام وعلم العقاب،القاهرة،دار الثقافة،1980،ص 378

- العثم احمد بن صالح 2001صحيفة الجزيرة " مؤسسة الجزيرة للصحافة والطباعة والنشر- http://www.suhuf.net.sa/2001jaz/jun/26/ec21.htmTuesday 26th June,2001

- عبد الرزاق الوكيل / محي الدين عبد الوهاب، العود والتطبيق الناقص للإفراج المشروط ، المنظمة العربية الدولية للدفاع الإجتماعي، بحوث المؤتمر العربي الرابع للدفاع الإجتماعي ، (1993)،ص 231).

- مجموعة المبادئ المتعلقة بحماية جميع الأشخاص الذين يتعرضون لأي شكل من أشكال الاحتجاز أو السجن

- اعتمـدت ونشـرت عـلي المـلأ بموجـب قـرار الجمعيـة العامـة للأمـم المتحـدة 173/43 المـــــــــؤرخ في 9 كـــــــــانون الأول/ديســـــــــــمبر 1988
http://www1.umn.edu/humanrts/arab/b036.html

- القواعد النموذجية الدنيا لمعاملة السجناء، اوصي باعتمادها مؤتمر الأمـم المتحـدة الأول لمنع الجريمة ومعاملة المجرمين المعقود في جنيف عام 1955 وأقرها المجلس الاقتصادي والاجتماعـي بقراريـه 663 جـيـم (د-24) المـؤرخ في 31 تمـوز/يوليـو 1957 و 2076 (د-62) المـؤرخ في 13 أيار/مايو. http://www1.umn.edu/humanrts/arab/b034.html

الفصل السابع

العمل الاجتماعي في المجال الإنتاجي

العمل الاجتماعي في المجال الإنتاجي

1- نشأة وتطور العمل الاجتماعي في المجال الإنتاجي

منذ الثورة الصناعية أخذت أوضاع العمل بالتحسن من مختلف الأوجه ، وقد بدا العمل الاجتماعي في المجال الإنتاجي بالتركيز على الخدمات الاجتماعية في المصانع والشركات وما يخص العمال خارج المنشات التي يعملون فيها ، مثل إيجاد عيادة وطبيب مقيم ، وتوفير ظروف الأمن الصناعي والصحة المهنية ، وإيجاد مساكن وظيفية في أماكن العمل وخاصة للذين يبعدون عن أماكن سكناهم المعتادة ، وإيجاد نادٍ أو مقر للنشاطات الثقافية والاجتماعية للعمال، أو إيجاد مرافق للأنشطة الرياضية وتشكيل الفرق الخاصة بالألعاب الرياضية . وتعدى ذلك أحيانا إلى إيجاد مشاريع سكنية لتمليك العمال ومؤسسات استهلاكية تعاونية لهم وتطبيق نظام القروض الميسرة وفتح مجال للمنح الدراسية والبعثات لأبناء العاملين وفي بعض الأحيان. إلى جانب التدريب المهني ومحو الأمية للعمال وتدريب العمال على مهارات جديدة على صعيد العمل.

ولكن العمل الاجتماعي المهني لم يكن مألوفا وجهوده غائبة في المنشات الإنتاجية المختلفة في معظم دول العالم، مادامت تطبق نظاما التأمينات الاجتماعية والضمان الاجتماعي. إلا أن ذلك قد دخل من باب الجهود ذات الطابع السياسي الاقتصادي الشامل في الدول التي أوجدت تطبيقات وتحويلات اشتراكية مثل سوريا ومصر والعراق، والتي كانت قناة لتوصيل أفكار عقائدية سياسية بقالب اجتماعي تربوي إلى العمال.

بينما نحن دول أخرى مثل معظم الدول العربية الأخرى نحو برامج التثقيف العمالي وذلك منذ الستينات من القرن العشرين والتي تركز على علاقات العمل واستثمار الوقت والتدريب المهني والأمن الصناعي والتوعية بأهمية العمل والإنتاج والشعور بالمسؤولية، ولكن ذلك لم يكن كافيا كما أدركت العديد من المنشآت الصناعية انه من الضروري تناول مشكلات عدم الانتظام والانضباطية والتكيف في محيط العمل، والتي

تتطلب تدخلا مهنيا من نوع خاص وبالتركيز على شخصية العامل الذي يصادف أن يعيش مثل هذه الحالات ، عدا عن العمل على زيادة التآلف الاجتماعي والتفاعل الاجتماعي في بوتقة العمل الجماعي، وبالاعتماد على الأنشطة الجماعية المعاملة بأبعادها الرياضية والفنية والثقافية حيث أدركت أهمية ذلك وانعكاساته على إنتاجية العامل وإنتاج المنشاة في نفس الوقت .

تعمل مهنة العمل الاجتماعي على توفير ظروف الاطمئنان و الأمن و الراحة للعامل، و على ضمان استمرار الإنتاج في المنشاة الإنتاجية، لتعمل بالتالي على زيادة الإنتاجية، و تمكين العامل من بذل أقصى- جهد ممكن،في أجواء من الرضا والارتياح.

و قد دخلت مهنة العمل الاجتماعي إلى هذا الميدان، بعد أن بدأ الاهتمام بالجوانب الاجتماعية للعمل و الصناعة و الإنتاج بشكل عام ،بعيد دخول مرحلة الآلية التلقائية، التي تطلبت من العامل أن يكون سريعا و دقيقا و متخصصا، فأوجدت برامج للاختيار المهني حسبما تتطلبه كل مهنة من قدرات خاصة بها و صفات معينة ينبغي توفرها في الملتحقين بها، وأوجدت بعده و في ضوء التجربة برامج التوجيه المهني لتوجه الذين ينوون دخول سوق العمل إلى ما يناسب قدراتهم و استعداداتهم و بما يحقق لهم توافقا مهنيا.

في عام 1819 كانت بداية الاهتمام التشريعي في هذا الإطار، بتحديد ساعات العمل في المصانع و خاصة النساء و الأطفال في بريطانيا،و بعد ذلك بمائة عام أنشأت عصبة الأمم المتحدة هيئة العمل الدولية عام 1919، و التي عرفت فيما بعد باسم منظمة العمل الدولية، كإحدى المنظمات المتخصصة التابعة للأمم المتحدة.و التي أقرت جمعيتها العامة عام 1948 وثيقة حقوق الإنسان، التي نصت على أن "لكل فرد الحق في العمل و في اختيار نوع العمل الذي يريده وفقا لشروط عادلة ملائمة، كما أن له الحق في الحماية ضد التعطل".

في عام 1960 وردت أول إشارة رسمية مهنة للعمل الاجتماعي في وثائق الأمم المتحدة التي عرفتها على أنها"البرنامج المصمم بقصد الوصول إلى مستوى أفضل لتكيف

الأفراد مع بيئاتهم الاجتماعية"، و زاد التعريف على ذلك تحديدا باعتبار العمل الاجتماعي ما يقوم الأخصائي الاجتماعي به من جهود لمعاونة العمال في التغلب على المشكلات التي تقف أمام تحسين أحوال معيشتهم و تكيفهم مهنيا و اجتماعيا.

أما على **الصعيد العربي** فقد بدأ الاهتمام بالبعد الاجتماعي للعمل و العمال بالاتفاقية العربية رقم (1) لعام 1966،التي أوردت أحكاما بشأن الخدمات الاجتماعية العمالية، و استمر ذاك الاهتمام و تطور في معظم الدول العربية مع زيادة الإشغال لوظائف في القطاع الصناعي و التجاري، و زيادة الإقبال على الوظائف التقنية تحت إغراء ارتفاع الأجور و توفر الفرص مقابل الابتعاد عن الوظائف الكتابية و ضعف الفرص وتدني الأجور.

وسادت أجواء ايجابية في أوساط القطاعات الإنتاجية لصالح العمال مع انتشار الوعي بالحقوق الإنسانية الشخصية و الحرص عليها و تأكيد الديمقراطية و توسع القطاع الخاص وتزايد تأثيره، بدءا من المجتمعات المتقدمة و انتهاء بالمجتمعات المتطلعة للنمو والتقدم، ومن بينها المجتمعات العربية،التي وضعت تشريعات اجتماعية أكدت ذلك وتابعت تطبيقه و شجعت على تعزيزها و تطويرها بالاستفادة من التجارب والمستجدات العالمية و الإقليمية و المحلية.

لقد دلت الوقائع أن تطوير وسائل الإنتاج و أساليبه لا يحقق ازدهارا و لا تقدما مجتمعيا و إن زاد الدخل أو أنعش الاقتصاد، و انه من الضرورة و من الأولوية أن يتوجه الاهتمام إلى الحياة الاجتماعية للقوى المنتجة، كون الازدهار الاقتصادي سوى وسيلة لتحسين الحياة الاجتماعية لمختلف شرائح المجتمع. فالتصنيع يكون طريقا لتغيير المفاهيم والقيم، و لكن ليس لإهمال القيم و المفاهيم أو للانقلاب عليها، و لكن لتطويعها لتشكيل أخلاقيات و اتجاهات تناسب العصر و تعزز السلوك الايجابي عند الأفراد والجماعات.

كما أن الدخول إلى مجتمع إنتاجي جديد ،يخلق تحديات من نوع جديد ايضا، و يؤدي إلى انبثاق أشكال جديدة للعلاقات الاجتماعية في محيط العمل والجيرة و حتى في كيان الأسرة، التي تجنح إلى النووية في طبيعتها و الصغر في حجمها.هذه الأمور التي حدى بالعمل الاجتماعي أن تمارس تدخلها المهني مع القوى العاملة في المؤسسات الإنتاجية لتكون هذه القوى أكثر قدرة على مواجهة التحديات و التكيف مع المستجدات، و لتكون أداة للتغيير لا ضحية له، صانعة له لا متلقية لا إرادية له.و على هذا الأساس دخلت العمل الاجتماعي إلى المنشآت الإنتاجية من باب الرعاية الاجتماعية و باب التنمية الاجتماعية.

2- أهداف العمل الاجتماعي في المجال الإنتاجي:

تسعى مهنة العمل الاجتماعي في هذا المجال إلى تحقيق ما يلي:

1- رفع مستوى معيشة العاملين صحيا و اجتماعيا و ماديا.

2- التكيف الاجتماعي و المهني للعاملين.

3- معالجة المشكلات التي تواجه العاملين التي تؤثر على تكيفهم و إنتاجيتهم.

4- تنمية علاقات العاملين فيما بينهم و مع الإدارة.

5- بث الاطمئنان و الاستقرار النفسي و الرضا الوظيفي لدى العاملين.

3- المبادئ الخاصة بالعمل الاجتماعي في المجال الإنتاجي:

على الرغم من ان العمل الاجتماعي مبادئ مهنية يلتزم بها ممارسوه ، إلا أن للمجال الإنتاجي جملة من الاعتبارات المبدئية التي يراعيها الأخصائي الاجتماعي الذي يعمل في المجال الإنتاجي،إلى جانب التزامه بمبادئ مهنته، هذه الاعتبارات تتلخص بما يلي:

1- الفائدة من العمل الاجتماعي في هذا المجال تعود على القوى العاملة و على المنشأة الإنتاجية، فهي ترفع من مستوى العامل و ترفع من مستوى الإنتاج في نفس الوقت.

2- يعنى العمل الاجتماعي بمشكلات العامل داخل المنشأة و داخل الأسرة على حد سواء، و تعمل على حلها، و هي تستبق ذلك بجهود وقائية لمنع حصولها أو للتخفيف من وطأتها.

3- يسعى العمل الاجتماعي إلى رفع مستوى التعليم لدى العاملين لينعكس ذلك ايجابيا على إنتاجهم و علاقاتهم و وعيهم بالمسؤولية.

4- لا تعتبر الرعاية الاجتماعية المقدمة للعاملين جزءا من الأجر أو بديلا عنه، فهي حق إنساني مصان نصت عليه العديد من المائيق الدولية المتعلقة بحقوق الانسان.

5- لا تعتبر الرعاية الاجتماعية المقدمة منة من صاحب العامل او منحة زائدة، يمكن أن ينقص نطاقها أو أن يحجبها عن جميع العاملين أو عن عدد منهم.

6- تراعي مبادىء العمل الاجتماعي الثقافة السائدة بما فيها من عادات و تقاليد و قناعات، و لكن ذلك لا يعني عدم المبادرة على تعديلها أو تغييرها بما يتوافق مع الصالح العام و ضمن الإطار الأخلاقي للمجتمع.

7- تتماشى اسس العمل الاجتماعي بواقعية مع إمكانيات المنشأة وخدماتها والمستوى العام للبيئة.

8- تلتزم مهنة العمل الاجتماعي بمبادئ التخطيط من حيث الشمول و الاتزان والمرونة، وأن يكون التخطيط لتقديم الخدمة ببعدها الإنساني المؤثر لا لإقامة المكان أو توفير الأجهزة المشاهد.

محاور العمل الاجتماعي الانتاجي :

تقوم مهنة العمل الاجتماعي في المجال الإنتاجي على المحاور التالية:

1- الاختيار و الاستقبال:

يشارك مكتب العمل الاجتماعي في المنشأة الإنتاجية في اختيار العمال الجدد و استقبالهم و تدريبهم، و إن كانت هذه المهمة تبدو من مهام إدارة شؤون الموظفين، إلا أنها في بعدها الاجتماعي تتطلب مشاركة مكتب العمل الاجتماعي فيها. وهذه المشاركة تتضمن الحكم على شخصية المتقدم و أحقيته و جدارته و مناسبته و مدى رغبته بالعمل المنتج و قدرته على التعاون مع الآخرين و تقبل الأوامر و التوجيهات.

كما أن الأخصائي الاجتماعي في هذا المكتب يقوم باستقبال من تم تعيينهم و يصطحبهم بجولة تعرفهم بالمنشأة و بالعاملين فيها و الأجواء الاجتماعية و النفسية التي تحرص المنشأة على توفيرها و العلاقات التي تعمل على أن تسود بين الزملاء في العمل ضمن النشاط الإنتاجي و النشاط الاجتماعي على حد سواء.

2- العناية بالصحة:

يساهـم مكتـب العمـل الاجتماعـي في تـوفير أجـواء صـحية سـليمة مـن النـاحيتين الجسـمية و النفسية،بالتعاون مع العيادة أو المركز الصحي،و هو يركز في هذا المجال على التثقيف الصحي و العادات الصحية و المحافظة على النظافة و حسن استخدام المرافق،و كذلك تجنب القلق و ضبط النفس و الابتعاد عن التوتر،والقيام بالدراسات الاجتماعية للعمال و أسرهم لمن يحتاج لبعض الخدمات الصحية الخارجية، و قد تحتاج للإعفاء من التكاليف أو جزء منها، أو دخول مستشفيات خاصة داخل البلاد أو خارجها، وأجهزة تعويضية أو علاجا نادرا باهظ التكاليف،أو تبرعا بدم أو أعضاء.

يتابع مكتب الخدمة الاجتماعية الإنتاجية كذلك قضايا الانقطاع عن العمل بسبب المرض و ما يترتب عليها من استلام الرواتب و إيصالها إلى أصحابها أو إلى ذويهم. و يتابع حالات التحويل المؤقت و الدائم إلى عمل آخر تبعا للحالة الصحية للعامل، ومع

ما يترتب على ذلك من لزوم التهيئة و التوجيه و التدريب، و التنسيق لإنجاح ذلك مع عدة أطراف.

3- العناية بالتغذية:

إن ساعات الدوام الطويلة في المنشآت الإنتاجية تقتضي توفير وجبات غذائية للعاملين و جعل هذا الأمر متاحا إن كان مجانا أو مقابل الثمن الذي يتوخى أن يكون مخفضا عن الخارج ، و يتطلب أن تضبط مواعيد تناول الوجبات و مكان تناولها و في ظروف صحية مناسبة و بارتياح نفسي .ان متابعة توفر هذه الظروف هي من مهام الأخصائي الاجتماعي في المنشأة، و يمتد نشاطه في هذا الموضوع إلى التوعية الغذائية من حيث النوعية و الكمية و الاعتدال و النظافة و الترتيب و الذوق و التذوق، بما فيها احترام مشاعر الآخرين في التناول و الحديث و التصرفات.

4- العناية بالثقافة:

يعنى الأخصائي الاجتماعي برفع المستوى الثقافي العام للعمال، و تعتبر هذه المهمة من مهماته المباشرة، و التي تشكل في محصلتها زيادة الوعي لدى العامل بما يعود عليه وعلى أسرته و المنشأة بالفائدة،لذا يعمل الأخصائي الاجتماعي على تشكيل لجنة ثقافية من العاملين أنفسهم تخطط للنشاط الثقافي وتنفذه بمشاركة جماعية و بالاستفادة من الخبراء والمختصين الذين يستعان بهم ويتعاونون لتقديم ما لديهم من خبرات وأفكار وتجارب ومعلومات في مختلف مجالات الحياة و بأساليب مناسبة و بموضوعات يرغب فيها العاملون و ترفع من مستوى الوعي و تزيد من المعلومات و ذلك عن طريق المحاضرات والندوات والمسابقات و الأفلام و الكتب و الصحف،و الرحلات و الزيارات الاطلاعية و النشرات و الكتيبات.

5- العناية بالترويح:

يشكل الترويح ميدانا خصبا للأخصائي الاجتماعي يقوم من خلاله بتوصيل رسالته المهنية التي تبذل الجهود لتحقيق التكيف و رفع مستوى الأداء.ويستخدم الأخصائي الاجتماعي طريقة العمل مع الجماعات في الترويح لتحقيق النمو الاجتماعي النفسي

البدني المتكامل للإنسان.لذا فان مكتب الخدمة الاجتماعية في المؤسسات الإنتاجية عمل على التخطيط للبرامج الترويحية للعمال و تنفيذها في الأوقات التي يرونها مناسبة وبالشكل الذي يتناسب مع ثقافتهم و قدراتهم و رغباتهم. كأن يكون أنواعا من الرياضة والمسابقات و المباريات أو الرحلات والحفلات والتخييم،أو ممارسة الهوايات وتعلم هوايات جديدة في التمثيل والغناء والموسيقى والرسم والتصوير و جمع القطع التراثية والأثرية و العملات و الطوابع و عمل المعارض الخاصة بذلك.

وتقيم المنشآت الإنتاجية الكبرى عادة أندية و قاعات و ساحات و ملاعب، لتتيح للعاملين فيها ممارسة أنشطتهم الترويحية فيها،فتكون فرصة لتدار من قبلهم بانتخاب مجالس إدارته و اللجان التي تخطط للبرامج و تعمل على تنفيذها، بما يعبر عن رغبات الأعضاء، لذا يهتم الأخصائي الاجتماعي بالحفز على المشاركة في الانتخابات وفي التخطيط و الممارسة للأنشطة بصورة تلقائية حرة.

و تفيد هذه الأنشطة في بث روح الفريق و الشعور الجمعي و العمل الجماعي، وكذلك القدرة على المناقشة و إبداء الرأي و النقد البناء و تقبل آراء الآخرين و الاحترام المتبادل.كما أنها يمكن أن تفسح المجال لمشاركة أهالي العمال، و تدرب أبنائهم على الألعاب المختلفة و تنمي لديهم المواهب و الهوايات.

6- العناية بالسكان و المساكن:

تبادر المنشآت الإنتاجية الكبرى إلى إنشاء مجمعات إسكان للعاملين فيها، و خاصة إذا كان النشاط الإنتاجي في منطقة نائية،و ينتج عن ذلك تجمع بشري أشبه بالمدينة التي تتعدد الخلفيات الثقافية لسكانها، وإن يكن أن الجميع يعملون في نفس المنشأة وأن مهنهم متشابهة أو متقاربة، تحتاج مثل هذه التجمعات إلى التماسك الاجتماعي والعلاقات الحميمة بين سكانها، لتبتعد عن الخلافات و التفكك، إضافة إلى أن الجدد من السكان بحاجة إلى الانسجام و الاندماج في هذا المجتمع الجديد.

قد لا يكون من سياسات المنشأة توفير المساكن للعاملين فيها،و لكن من المناسب أن توفر لهم برامج للإقراض أو للتسليف أو الادخار، و ربما تدعوهم إلى الانخراط في

جمعيات تعاونية للإسكان. مثل هذه البرامج و المشروعات تقابل عادة بالشك و الخوف من مستقبلها و مصيرها،وهي بهذه الحالة تحتاج إلى جهود الأخصائي الاجتماعي لإزالة الغموض و للتشجيع على المشاركة فيها و متابعة الجوانب الاجتماعية مما يقوي الرغبة و التقبل تجاهها لدى العمال.

7- **العناية بالاستهلاك :**

تظل قضية الاستهلاك و القدرة على الإنفاق لمواجهة متطلبات المعيشة, القضية الرئيسية التي تشغل بال العامل، في ظل تزايد الإلحاح و ارتفاع كلفة الإشباع و ضعف القوة الشرائية.لذا تلجأ المنشآت الكبيرة إلى تشكيل الجمعيات التعاونية و فتح الأسواق التي لا تسعى إلى الربح بالمقدار الذي تتجه إليه المحال التجارية،و ذلك في سبيل التخفيف من الأعباء عن كاهل العامل.لذا تحتاج مثل هذه المشروعات إلى تكاتف الجهود و كثافة الإقبال عليها لتتمكن من المباشرة و الاستمرار، و هذه مسألة تقع ضمن مسؤولية الأخصائي الاجتماعي ليستخدم آليات التوضيح و الإقناع و الحفز و التشجيع في صفوف العمال، لتعود عليهم بالنفع و تساعد في رفع المعاناة و التخفيف من الضغوط المعيشية.

4- استخدام الطرق المهنية في المجال الإنتاجي:

تستخدم الطرق المهنية للعمل الاجتماعي في المجال الإنتاجي، كما هو الحال في المجالات الأخرى. إذ يستخدم الأخصائي الاجتماعي طريقة خدمة الفرد في دراسة الحالات الفردية، لا سيما في القضايا الفردية لعامل بعينه، يحاول الأخصائي الاجتماعي مساعدته على حل مشكلة معينة ، مثل مشكلة عدم التكيف في محيط العمل،و التي يعبر عنها على شكل خلافات و صدامات مع الآخرين أو عدم إطاعة الأوامر و التقيد بالتعليمات،أو الغياب المتكرر و التأخر عن الدوام باستمرار. و كذلك حالات المزاج السلبي مثل عدم التعاون و الانفتاح مع الزملاء و اللامبالاة و الإهمال والاستهتار.

ويستخدم الأخصائي الاجتماعي طريقة خدمة الجماعة في العمل مع جماعات النشاطات المختلفة و جماعة النظام و المراقبة و التنظيمات المشكلة داخل المنشأة واللجان التي تشكل لغاية معينة مثل الاحتفال بعيد العمال و اليوم السنوي للمنشأة، و الهيئة الإدارية للنادي و الهيئة الإدارية للجمعية التعاونية.

و يستخدم طريقة تنظيم المجتمع في ضبط علاقة المنشأة مع الأطراف الأخرى كوزارة العمل و اتحاد العمال و الغرفة التجارية و الغرفة الصناعية و المنشآت الأخرى في المجتمع المحلي و المجتمع الوطني، و ذلك بما يعزز هذه العلاقة و يطورها بشكل ايجابي.

كما أن الأخصائي الاجتماعي يستخدم الطرق الثانوية : التخطيط و البحث و الإدارة، فيما يساند عمله كإجراء البحوث و الدراسات و الدورات التدريبية و تنظيم السجلات و تبادل المعلومات و استطلاع آراء العمال أو الجمهور وخدمة الجمهور، والأمن الصناعي و الإسعاف و الوقاية العامة.

5- المتطلبات الخاصة بالممارسة المهنية في المجال الإنتاجي:

تتطلب الممارسة المهنية للعمل الاجتماعي مجموعتين من المتطلبات، الأولى تتضمن معارف علمية، و الثانية تتضمن مهارات مهنية. تضم المعارف العلمية علم الاجتماع الصناعي، علم النفس الصناعي، على وجه الخصوص، و المعارف العلمية العامة للعمل الاجتماعي، و ذلك بما يمكن الأخصائي الاجتماعي من الإلمام الواعي بالعوامل المرتبطة بالإنتاج، و الجوانب القانونية المرتبطة بالعمل،القضايا العمالية و المشكلات العمالية العامة.

بينما تضم المهارات المهنية الخاصة، مهارات التعامل مع العمال على المستويين الفردي والجماعي، و مهارات تطوير المهارات الاجتماعية لتخدم عملية تطوير الإنتاج، ومهارات الاتصال و العلاقات العامة، مهارات التفاوض و الدفاع و الإقناع لحماية حقوق العمال والمحفظة على مستوى الإنتاج.

المراجع

- بدوي_ أحمد زكي: **الخدمة الاجتماعية في مجال العمل**،دار الجامعات المصرية، الإسكندرية.

- رمزي _ نبيل: **الأمن الاجتماعي و الرعاية الاجتماعية**، دار الفكر الجامعي، الإسكندرية 2000

- صالح_عبد الحي محمود:**الخدمة الاجتماعية و مجالات الممارسة المهنية**، دار المعرفة، الإسكندرية2000

- عبد الرحمن_ عبد الله محمد: **علم اجتماع التنظيم**، دار المعرفة، الإسكندرية 1988.

- عطيـة_السـيد عبـد الحميـد: **الخدمـة الاجتماعيـة و مجالاتهـا التطبيقيـة**،المكتـب الجامعي،الإسكندرية 2001.

- Meacham, R .Human Behavior and the Social Envirnoment, USA; Allyn &Bacon, 2003.

الفصل الثامن

العمل الاجتماعي مع الفئات الخاصة

العمل الاجتماعي مع الفئات الخاصة

1- نشأة و تطور العمل الاجتماعي مع الفئات الخاصة

لم تكن بداية الانتباه إلى الفئات الخاصة بداية إنسانية في مختلف الدول، حيث كان ينظر إلى هذه الفئات على أنها معيبة و الاهتمام بها يشكل خسارة على المجتمع من النواحي المالية و الإنتاجية و الزمنية،ما لبثت هذه المرحلة أن انقضت بوجود توجه لدى الجمعيات الخيرية للاهتمام بهذه الفئات ، بغية التخفيف من معاناتها و التعويض عن إعاقاتها، توازى ذلك مع اهتمام المؤسسات الطبية الصحية بالفئات الخاصة، و كان التدخل المهني لصالحهم ضمن اهتمامات المجال الطبي و الصحي باعتبارها من الفئات التي يعنى بها هذا المجال للعمل الاجتماعي.

وتبعا لتطور الاهتمام بالإنسان في مختلف الفئات، و في جميع المجتمعات، وبالاستفادة من تطور العلوم الإنسانية في العصر الحديث، تزايد الاهتمام بالفئات الخاصة، و طرحت فكرة التأهيل المهني و إعادة التأهيل الجسمي و النفسي و الاجتماعي، تبعتها فكرة الإدماج الاجتماعي في التعليم و التدريب و الحياة الاجتماعية، فانتشرت في مختلف الدول و منها الدول العربية المراكز الخاصة بذلك، والصفوف الخاصة و المدمجة داخل المدارس العادية، و إقرار التشريعات الحامية لحقوق ذوي الاحتياجات الخاصة ومن بينها التوظيف و إلزام المنشآت الإنتاجية بتخصيص نسبة معينة من شواغرها الوظيفية لذوي الاحتياجات الخاصة.

وقد اعتمدت المدارس و المراكز و المؤسسات التي تعمل من أجل كل ذلك على الأخصائيين الاجتماعيين للتعامل مع المستفيدين أو الذين يمكن أن يستفيدوا من خدمات تلك المؤسسات و الحصول على الفرص المتاحة. كما اهتمت الجامعات بتدريس الاختصاصيين للعمل مع الفئات الخاصة بالجمع بين البعدين الاجتماعي والتربوي. كما

أصبح التخصص في مجال الفئات الخاصة من التخصصات المتاحة في العمل الاجتماعي على مستوى درجتي الماجستير و الدكتوراه.

يحظى العمل مع الفئات الخاصة باهتمام العمل الاجتماعي و يعتبر مجالا واسعا لنشاط الأخصائيين الاجتماعيين، و ذلك لأن هذه المهنة تؤمن بإمكانية مساعدة هذه الفئات التي تعاني من بعض العجز أو النقص بالتوجيه و التدريب و التأهيل،و هم بحاجة إلى جهود مهنية موازية لحفزهم و تشجيعهم و تبصيرهم بالأساليب و الطرق التي تجعلهم قادرين على تجاوز إعاقاتهم واستغلال طاقاتهم و الاندماج في المجتمع والتمتع بفرص الحياة و القيام بدور إنتاجي يتناسب مع إمكانياتهم، و ممارسة حقوق المواطنة وواجباتها على قدم المساواة كما الآخرين.

أما الفئات التي يستهدفها العمل الاجتماعي في هذا المجال هي:

1- المعاقون جسديا- حركيا: المصابون بالشلل، مبتورو الأطراف.
2- المعاقون حسيا: سمعيا و بصريا.
3- المعاقون عقليا:المتخلفون عقليا بسبب نقص حاد بالذكاء.

و هناك بعض التصنيفات التي تدرج المصابين بأمراض مزمنة و المصابين بالأمراض السيكوباتية ضمن الفئات الخاصة، و في تصنيفات أخرى يدرج المدمنون والمجرمون والمنحرفون والمشردون في قائمة الفئات الخاصة كإعاقة اجتماعية.

يغطي هذا الفصل دور الأخصائي الاجتماعي مع هذه الفئات كل على حدة، لإظهار الخصوصية الكيفية في التعامل مع كل فئة، أما الفئات الاخرى التي اعتبرتها بعض التصنيفات ضمن الفئات الخاصة، فقد تناولناها في مجال الدفاع الاجتماعي و في المجال الطبي الصحي.

2- العمل مع فئة الإعاقة الجسمية

يعبر مفهوم الإعاقة الجسمية عن العجز في وظائف أعضاء الجسم،كالأطراف و الذي يدوم مع الحياة،و تؤثر على صاحبها في ممارسة حياته الطبيعية،أما البتر فهو أبرز هذه

الحالات التي يفقد فيها الفرد أحد أطرافه خلقيا أو جراحيا أو نتيجة لحادث، أثرت بعد ذلك على أداء دوره الاجتماعي و توافقه النفسي ـ الاجتماعي في الأسرة و العمل والمجتمع، و تطلب تأهيله مهنيا و اجتماعيا و نفسيا، ليستعيد كل أو بعض توافقه في المجتمع.

ترجع إصابات البتر أو العجز الجسمي إلى عدة أسباب، من بينها:

الحوادث: المرور، الحريق، إصابات العمل، إصابات اللعب, الحروب والاقتتال والمصادمات، الكوارث: الزلازل، البراكين، الفيضانات،الأورام و الأمراض الخبيثة، عندما تتطلب تدخلا جراحيا يؤدي إلى بتر أحد الأعضاء.

المشكلات التي ترتبط بالحال عند هذه الفئة :

أ- **المشكلات الجسمية:**

إذ أن المصاب يفقد وظيفة العضو المبتور أو المعطل،و لا يستطيع تحقيق الإشباع، و القيام بواجباته ، فيعمد إلى بعض البدائل مثل:

- عدم القيام بنشاط أو عمل،

- الاعتماد على أطرافه الأخرى بأكثر من الإمكانية العادية.

- التعويض بطرف صناعي بدل المفقود لكي لا تشل حركته و ينقطع عن عمله.

يستتبع تلك المخارج بعض المشكلات مثل:

- الإخفاق الوظيفي الجسمي، نظرا لعدم صلاحية الجهاز التعويضي أو وجود عيب فيه،

- عدم قدرة المصاب على السيطرة على الطرف الصناعي،

- عدم حصول تآزر عصبي عضلي يؤدي إلى ضعف السيطرة على الطرف الصناعي.

ب - المشكلات الاجتماعية:

تلك التي تضطرب فيها علاقات المصاب مع الآخرين في الأسرة و العمل و المحيط الاجتماعي بشكل عام.و تتضح في الأحوال التالية:

- **مشكلات أسرية:**حيث يشكل المصاب عبئا على أعضاء الأسرة، في حين تزداد حدة الغضب و القلق و الحساسية لديه، مما يقلل من توازن الأسرة و استقرارها. وربما تكون الإصابة وراثية فتزيد من الارتباك في الأسرة.و يتوقف تطور المشكلات الأسرية و حدتها على المستوى التعليمي و الثقافي للأبوين و مدى الالتزام الديني.

- **مشكلات ترويحية:** حيث تؤثر الإصابة في استمتاع المصاب باللعب و التسلية ومجاراة الآخرين في الأنشطة الترويحية، و يواجه صعوبات في الاستفادة من الأجهزة و الأدوات المتاحة للأصحاء أساسا.

- **مشكلات الصداقة والأقران:** قد تحرم الإصابة المصاب من مجاراة الأصدقاء و الأقران في التصرفات، مما يشعره بالعجز ثم الانكماش فالانسحاب من جماعات الأصدقاء والأقران.

- **مشكلات العمل:** ربما يضطر المصاب الى ترك العمل، و البحث عن عمل جديد يتناسب مع أحواله المستجدة، يستتبع ذلك القبول بعمل و أجر أدنى من السابق.

- **مشكلات اقتصادية:** قد يكون المصاب العائل الوحيد أو الرئيسي- للأسرة،فتفقد الأسرة كامل أو جزء من إمكانياتها المالية،و قد تتطلب الجراحة أو العلاج أو الأجهزة التعويضية تكلفة مالية مرتفعة، كذلك الأمراض بالنسبة للإقامة في المستشفى،و قد تضطر الأسرة إلى الاستدانة أو بيع بعض الممتلكات لتغطية النفقات المترتبة.

- **مشكلات نفسية:** فيرفض المصاب أوضاعه المستجدة،و يبدي مقاومة إزاءها، و قد ينتابه شعور بالذنب لتصوره أن البتر قد تم كعقاب له على فعل ارتكبه بالماضي،و قد يميل إلى النكوص بالاعتماد على الآخرين،أو أن يشعر

بالنقص،فيبتعد عن الآخرين و يفرض على نفسه الانطواء، و يهرب مـن الواقع كـأن يلجـأ إلى التعويض أو الإسقاط أو الإنكار.

دور العمل الاجتماعي تجاه المعاقين جسديا:

يأخذ هذا الدور أربعة أبعاد على النحو التالي:

البعد العلاجي: ويتمثل بمساعدة المصاب على مواجهة المشكلات النفسية، كفقدان الثقـة بالنفس،عـدم تقبل الذات،الشعور بالنقص، الانطواء و الانسحاب من الحياة الاجتماعية كما يتضمن ايضا مسـاعدته و أسرته على القيام بمسؤولياتهم، و تحقيق التوازن المتبادل بأكبر قدر من الكفاءة.و كذلك مساعدته علـى مواجهة مشكلات العمل.

البعد الوقائي:و هو يتمثل في العمل على إزالة العوامـل التي تسبب العجـز و القصور مـن حـوادث و أمراض، و تقتضي التعاون مع مختلف التخصصات لبـث الـوعي لتجنبها، مثـل حـوادث المرور و إصابات العمل و استخدام الأدوات بصورة خاطئة.و كذلك العمل على التخفيف من المضاعفات كالاكتشاف المبكر و تهيئة الظروف البيئية و الوعي المجتمعي.

البعد التأهيلي: فتساهم العمل الاجتماعي في وضع البرامج التدريبية التي تـزود المصاب بمهـارات تناسب حالته،و الحصول على الأجهزة التعويضية، و متابعة الحالات خلال عمليات التأهيل و التدريب و التعليم،و وضع خطة تأهيل خاصة بالحالة ترسم المستقبل المهني لصاحب الحالة، حسب قدراته.

البعد الإنمائي: و هو يتضمن إيجاد الخدمات التي تقابل احتياجات المصابين،و تقويـة الشعور المجتمعي العام تجاه حالات البتر و ضرورة التعامل معها باهتمام و مسؤولية، و القيام بدراسـات و أبحـاث لرصد الاحتياجات و المشكلات في هذا المجال.

3- العمل مع فئة الاعاقة الحسية :

يقصد بالمعاقين حسيا هؤلاء الأفراد الذين فقدوا نعمة البصر أو نعمة السمع، التي أنعم الله سبحانه و تعالى بها على الإنسان، و هداه إلى التمتع بالتواصل والاطلاع والتفاعل مع غيره من بني البشر و الاستفادة منهما في تطويع الإمكانيات والطاقات الطبيعية و المصنعة لرفاهه و تامين سبل عيشه.

ونظرا لما يحتاجه ذوي الإعاقة الحسية من الأخذ بيدهم لشق طريقهم بالحياة،و للتخفيف من أثر هذه الإعاقة على تكيفهم و تفاعلهم و استفادتهم من فرص الحياة،فقد انبرى العمل الاجتماعي إلى العمل الذي يتناسب مع خصائصهم والتدخل المهني لمساعدتهم في حل مشكلاتهم المرتبطة بطبيعتهم،و لتحقق لهم أسباب التوافق و التكيف نفسيا و اجتماعيا.

أولا: المكفوفون

المشكلات التي تواجه الكفيف:

تواجه الكفيف جملة من المشكلات، تبعا لحالة الإعاقة البصرية التي يعيشها، بعضها يعود إليه شخصيا، و البعض الآخر يعود إلى البيئة.نحاول استعراضها على النحو التالي:

مشكلات شخصية: و هي مشكلات تنقسم بدورها إلى جسمية و نفسية. فعلى الجانب الجسمي تتعلق هذه المشكلات بشكل العينين و طريقة الحركة و المشي.أما على الجانب النفسي فتتعلق في الخوف و القلق و القصور عن تحقيق الأهداف و الرغبات، و كذلك ضعف الاستثارة،محدودية العمليات العقلية كالتصور و التخيل و الإدراك، نظرا لاعتمادها على حاسة البصر.

مشكلات أسرية: تشعر الأسرة بالإحباط عندما ترزق أو يصبح أحد أفرادها كفيفا، ويشكل ذلك صدمة لدى الوالدين،يرافقه النظر إلى الطفل بشفقة، ومحاولة رفض الحقيقة، فيشككون بقدرة الطبيب في إعادة الإبصار إلى الطفل،و تقوم الأسرة بمساع وجولات شاقة ويائسة لعلهم يجدون خلاصا و لكن دون جدوى،و بعد أن يثبت للأسرة عدم

جدوى المسعى تأخذ معاملتها لطفلها الكفيف منحى آخر، يتراوح بين القبول و الإهمال والرفض، وأحيانا بين القسوة والتدليل، مما يكون له تداعياته في توافقه وتكيفه و خبراته.

مشكلات اجتماعية:فالكفيف و خاصة في طفولته يجد صعوبة في تكوين علاقات اجتماعية بالمحيطين به، حيث لا يدرك المحيط الذي يعيش فيه،و هو بعد ذلك يعجز عن المبادرة في الاتصال، و يجبر على العزلة، و خاصة عندما لا يبادر المحيطين فيه إلى التحدث إليه و التعامل معه كالآخرين، مما ينعكس بالتالي على نمو شخصيته في جانبها الاجتماعي.

مشكلات تعليمية: لما كان التعليم يعتمد على النظر و المشاهدة بشكل كبير، سواء من الكتاب أو من اللوح التعليمي في غرفة التدريس،أو في الكتابة و الرسم و الأشغال التعليمية الأخرى،فان ذلك يصبح مستحيلا عند تعليم المكفوفين، الذي يعتمدون على اللمس في تحقيق ذلك، و هم لذلك يحتاجون إلى مدارس و أجهزة و تسهيلات خاصة، عالية الكلفة.

مشكلات مالية:لا يتمكن الكفيف عادة من التخصص في مهنة معقدة تدر دخلا مرتفعا،و يبقى في إطار مهني محدود،و يجري تدبر الامر عادة بالحاقه ببرنامج تدريبي تأهيلي يتناسب مع إمكانياته.

الخدمات المقدمة للمكفوفين:

تقدم هذه الخدمات بشكل متكامل و بإشراف فريق متنوع الاختصاصات،بحيث تحتوي على ما يلي:

1- **خدمات صحية:**ترعى الكفيف صحيا من الناحيتين العلاجية والوقائية، و تزداد أهمية هذه الرعاية في حالة الإعاقة البصرية لأن الكفيف يعجز عن متابعة صحته وغذائه ودوائه بنفسه إلى حد بعيد.

2- **خدمات نفسية**: تقيس الخدمات النفسية قدرات الكفيف العقلية و النفسية واستعداداته ومهاراته و تطورها، تمهيدا لوضع الخطة التعليمية التدريبية تبعا لنتائجها.كما تسعى إلى تقوية مفهوم الذات لديه، و تزيد من ثقته بنفسه في مواجهة تحديات الحياة.

3- **خدمات تعليمية**: توفرهذه الخدمات فرص التعلم النظامي للمكفوفين بالطرق المناسبة لإمكانياتهم،وتتيح لهم الأجهزة المناسبة لذلك.

4- **خدمات تأهيلية**: حيث تقوم هذهالخدمات على خطة لتأهيل الكفيف في مهنة يرغب في إتقانها أو يوجه إليها تبعا لإمكانياته و ميولهن وتشكل خطوة لممارسة المهنة و دخول سوق العمل بموجبها،ليؤمن من خلالها مردودا ماليا مناسبا. تتألف عملية التأهيل المهني من المراحل التالية بالتتابع:الحصر واكتشاف الحالات، الدراسة الاجتماعية،الاختبار النفسي، التوجيه المهني،التدريب المهني، التشغيل، والمتابعة.

ثانيا: الصم

المشكلات التي تواجه المعاق سمعيا:

يواجه المعاق سمعيا بعض المشكلات التي تعكسها قدراته و طبيعة حواسه،و من أهم هذه المشكلات ما يلي:

1- **مشكلات التفاهم و الاتصال**: إذ تقف الإعاقة السمعية حائلا دون اكتمال العملية الاتصالية بين الأصم و الآخرين، بشكل يصعب معه توصيل الرسالة المطلوبة في حينها و بشكل واضح و كامل.و ينعكس ذلك على الأصم من حيث الحصول على المعلومة أو تبادل الأحاديث مع الآخرين، مما يدفعه إلى الانسحاب و الانطواء.

2- **مشكلات تربوية**: تتصل بعمليات التنشئة و التربية و اكتساب المعرفة بالتصرفات الاستجابات في المواقف الحياتية المختلفة.و التي تعرض الطفل الأصم إلى انفعالات حادة بسبب فشله في التعبير عن أفكاره أو بحثه عن أجوبة عن أسئلته وما يشغل ذهنه.و قد يقف الآباء في مواقف متناقضة بين الرفض والنفور وبين القبول والخضوع، و في كلتا الحالتين تنعكس الأمور سلبيا على تنشئته.

3- **مشكلات تعليمية**:تتعلق بتعليم الأصم وفقا للمناهج النظامية المتبعة و التي يشكل السمع وسيلة هامة من وسائل استقبال المعلومات كالألفاظ و مخارج الكلمات وشرح الموضوعات بطريقة مبسطة و اكتساب الخبرة في الحكم على بعض الأشياء أو التصرفات بالاعتماد على السمع.و قد كانت لغة الإشارة اللغة المتداولة لتعليم الصم كما يزودنا العلم الحديث بالجديد من الوسائل و الأساليب التعليمية الخاصة بالصم و كغيرها من الإعاقات.

الخدمات المتاحة للصم:

تشتمل هذه الخدمات على خدمات طبية و نفسية و تعليمية و مهنية، تقدم بصورة متكاملة على يد فريق عمل متعاون، من خلال مؤسسة تعنى بهذه الفئة، يمكن بيانها على النحو التالي:

1- **خدمات طبية**: تركز على تشخيص أمراض السمع و النطق و علاجها، والعلاج السمعي التخاطبي لتنمية القدرات العقلية، بالإضافة إلى متابعة الصحة الجسمية بشكل عام.

2- **خدمات نفسية**: تستفيد من إمكانيات الصم المتوفرة للتغلب على سلبية النظرة لدى الأصم نحو ذاته.و تسبق هذه الإجراءات باختبارات للقدرات العقلية.

3- **خدمات تعليمية**: تراعي ضعف القدرة على الاستيعاب لدى الطفل الأصم و التي تقل عن قدرة العاديين بحوالي أربعة سنوات.و تضع المناهج وتوفر الأدوات والأجهزة التي تناسب هذه الفئة.

4- **خدمات مهنية:** تتألف من عمليات تأهيل و إعداد مهني بما يناسب مع القدرات والاستعداد لدى الطفل الأصم، وتستكمل بجهود التشغيل و المتابعة لتحقيق التكيف و تحسين الأداء و تنمية الاعتماد على الذات.

العمل الاجتماعي مع فئة الإعاقة الحسية

ينشط العمل الاجتماعي في العمل مع فئة المعاقين حسيا، باعتبارها الوسيط بين هذه الفئة وبين الأطراف الأخرى التي يمكن أن تقدم لهم خدمات خاصة تتناسب مع إمكانياتهم و قدراتهم،و كونها تعمل في نفس الوقت على إزالة العقبات التي تحول دون استفادتهم من فرص الحياة كالأسوياء، و تساعدهم على تحقيق التوافق الذاتي و التكيف الاجتماعي، بأقصى قدر ممكن.

هناك جملة من الاعتبارات التي تطلب مهنة العمل الاجتماعي من ممارسيها أن يأخذوا بها، عندما يعملون مع فئة الإعاقة الحسية، من المكفوفين و الصم، نوردها على النحو التالي:

- تستخدم مع هذه الفئة الممارسة العامة المتكاملة، و لا تستخدم طريقة واحدة بعينها،على اعتبار أن ذلك يوصل إلى إحداث التغيير المنشود في الشخص و في البيئة بشكل متكامل، و يحول الحالة إلى وضع مناسب لمواجهة الصعوبات التي يواجهها المعاق حسيا في الحياة داخل البيت و المدرسة و العمل و مع الآخرين.

- تؤثر الإعاقة الحسية على مجمل جوانب شخصية المعاق، لذا فمن الأولى أن يتعامل الأخصائي الاجتماعي مع ما لديه من إمكانيات لا مع ما يفقده من إمكانيات.

- إن التعامل مع المحيطين بهذا النوع من المعاقين، أمر يتساوى مع التعامل معه مباشرة، إذ أن نجاح خطة العلاج تتوقف على تعاون هؤلاء المحيطين، سواء في البيت أو خارجه.

- إن خدمة هذه الفئة لا يمكن أن تتم من قبل الأخصائي الاجتماعي وحده، و إنما تـتم مـن خـلال عمل الفريق، و الذي يحتاج إلى خدمات كل عضو فيه، و بشكل متناسق و متكامل.

أما العمل المهني نفسه فيتم على ست مستويات تتسع بالتدريج على النحو التالي:

1- المستوى الفردي المباشر:

حيث يجري الأخصائي الاجتماعي الدراسة الاجتماعية للحالة، مركزاعلى النواحي الأكثر اتصالا بالإعاقـة، و بما يفيد في تشخيص الحالة:تاريخ الإصابة، الجهود السابقة تجاه الحالة، وجود إصابات سـابقة مماثلـة في الأسرة، الموقف التعليمي للحالة، التدريب المهني السابق، وما إلى ذلك.

وهو يشجع المعاق على التعبير عن مشاعره، و يشجعه على تطوير إمكانياته، ويطمئنه على مستقبله بالعزم و الإرادة، و يعمل على تعديل اتجاهاته، و تذويب ميوله العدوانية، ليحل مكانها دوافـع ذاتيـة و إرادة قوية للتغلب على المشكلات و مواصلة التعليم و التـدريب و التهيئـة للحيـاة الطبيعية.و يتابـع الأخصائي الاجتماعي بعد ذلك مسألة تشغيل المعاق وفقا لقدراته و مؤهلاته، و يتابعـه بعـد التحاقـه بالعمل.

2- المستوى الأسري:

يتعامل الأخصائي الاجتماعي مع الأسرة لتأمين تآزرها مع جهوده، بدءا من محاولة تخليصها من مشاعر الغضب و الحزن و القلق على مستقبل المعاق، و هو لذلك يعرف الأهل بطبيعة الإعاقـة و انعكاسـاتها، و احتياجات المعاق و كيفية إشباعها، و توجيههم إلى أسـاليب التعامـل مـع المعـاق، و بـث الثقـة في نجـاح الجهود و انتهائها بصورة ايجابية مثمرة.

ويبادر الأخصائي الاجتماعي إلى تدريب الأبوين على مهارات التعامل مع ابنهما المعاق، و كيفية تنميـة الحواس الأخرى لديه ، وخاصة إذا كانت الإعاقة في سن مبكرة ، ويدل الأسرة علـى المؤسسـات التعليميـة و التدريبية و الترويحية و المالية التي يمكن أن

يستفيد منها المعاق، و يرتب للأبوين فرص اللقاء بآباء الآخرين من الحالات المشابهة، مما يبادلهم الخبرات و مما يخفف من مشاعر التأثر بحالة ابنهم.

3- المستوى الجماعي:

يعمل الأخصائي الاجتماعي مع جماعات من نفس الإعاقة، ليحقق من خلالها تعديلا في السلوك نحو الايجابية، و ينمي لدى الأعضاء روح التعاون و الألفة، وفي إطار ترويحي تلقائي حر، يكتسبون فيه الخبرات و المهارات، بما فيها تنمية الحواس و تدريبها، والتعبير عن الأحاسيس و التغلب على الفشل،و نتيجة لذلك تنمو الثقة بالنفس وبالآخرين و تخف العدوانية و الانطواء و العزلة، و في نفس الوقت تكتشف القدرات والمواهب لكي تشجع و تنمى ، و تعين على تجاوز الإعاقة.

4- المستوى المؤسسي:

يعمل الأخصائي الاجتماعي في مؤسسة بطبيعة الحال، و يتعامل مع المعاقين حسيا من خلالها و وفقا لأهدافها و شروطها، و يمارس عمله ضمن فريق عمل يمثل الاختصاصات اللازمة لخدمة الحالات المستفيدة، و في جو من التفهم و التعاون المتبادل،و يشارك في وضع خطة التأهيل لكل حالة و التي تستهدف بناء مستقبل المعاق في الحياة العملية و العيش الكريم بالاعتماد على نفسه إلى أبعد الحدود. و يمكن أن يمتد عمل الأخصائي الاجتماعي إلى تدريب العاملين في المؤسسة على أساليب التعامل مع هذه الفئة من المعاقين.

5- المستوى القطاعي:

يعمل الأخصائي اجتماعي مع قطاع المعاقين عامة و المعاقين حسيا خاصة، من أجل مساعدتهم على تنظيم أنفسهم و المطالبة بحقوقهم و دمجهم في المجتمع و التمتع بفرص التعليم و التدريب و التشغيل و الثقافة و الترويح، و استثارة المعاقين إلى الاستفادة من الفرص المتاحة في المجتمع و عدم التسليم بالأمر الواقع تحت مظلة العجز والانزواء و الشعور بالحرمان.

6- **المستوى المجتمعي:**

تساهم مهنة العمل الاجتماعي في وضع السياسات الوطنية الخاصة برعاية المعاقين وكذلك في الخطط السنوية المبنية على أساس تلك السياسات،و تعمل على استصدار التشريعات الاجتماعية في المجتمع و من ضمنها التشريعات التي تعنى بالمعاقين. كما ينشط الأخصائيون الاجتماعيون في تأسيس أندية الصداقة للمكفوفين و للصم. ويبادرون إلى إجراء الدراسات الميدانية لأوضاع المعاقين واحتياجاتهم و مطالبهم وصعوباتهم، بغية اقتراح الخطوات العملية لتحسين أوضاعهم وإدماجهم كمواطنين منتجين، وإيصال هذه النتائج إلى المسؤولين، و متابعة الأخذ بها و ترجمها إلى واقع ملموس.

وتسعى مهنة العمل الاجتماعي على استثارة الرأي العام للاهتمام بالإعاقة والمعاقين، و تعقد المؤتمرات لذلك ، و تنظم الدورات و الورش للعاملين في مجال الاعاقة بغية تحسين الأداء، و يستمر الاخصائي الاجتماعي بالتواصل مع مؤسسات الصم والمكفوفين في الوظائف التي يتمكنون من القيام بها.

تتابع مهنة العمل الاجتماعي إجراءات إقامة المؤسسات المعنية و انتشارها و تجاوبها مع المعاقين و أسرهم، و الخدمات الوقائية لتجنب الإعاقات في المستقبل إلى أقصى حد ممكن.

4- العمل مع فئة المتخلفين عقليا

تعتبر فئة المتخلفين عقليا، من أكثر الفئات صعوبة في التعامل، في التدخل الاجتماعي المهني،وفي سائر أشكال التعامل في الحياة اليومية، و في نطاق الأسرة و في أي نطاق آخر في المجتمع، كما أن ثمار الجهود المبذولة مع هذه الفئة، لا تؤتي ثمارها على النحو الذي تأتي به الجهود المبذولة مع الفئات الخاصة الأخرى، وذلك لأن القدرات الذهنية تلعب الدور الأساسي في التجاوب و التفهم و الإدراك، و هذه هي مقومات النجاح لجهود التوجيه و التربية و التعليم و التدريب.

الصعوبات المصاحبة لحالة التخلف العقلي:

يصاحب حالة التخلف العقلي عدة صعوبات تتصل بحياة المصاب و بأسرته، و تتعلق بالتعليم و العمل و الدخل و المسؤولية الاجتماعية.

فعلى صعيد التعليم يصعب على المتخلفين عقليا الانخراط مع الأسوياء في التعليم النظامي، و إن كان بعضهم قد التحق بالتعليم العام و استمر فيه بعض سنوات، فانه سيواجه صعوبة بالاستمرار، إذ يجد صعوبة في الاستيعاب و الاستذكار و الربط والاستنتاج، عدا عن انه لا يستطيع مجاراة زملائه في الحوار و المناقشة و اللعب و غير ذلك من صور التعامل.

أما على صعيد المهنة والعمل، فانه يصعب على المتخلف عقليا أن يمتهن مهنة معقدة دقيقة، تحتاج إلى دراية و بعد نظر.و يمكن لمن هم في حالة تخلف عقلي بسيط أن يقوم بعمل بسيط، لا يحتاج إلى إتقان كبير أو إلى حسن تدبير، و لكن مثل هؤلاء يكونون غير مرحب بهم من قبل أصحاب العمل، كما أن ذويهم لا يطمئنون إلى قيامهم بأعمال خارج البيت, قد تعرضهم إلى الارتباك أو الصدود أو إلى أي نوع من أنواع الخطر.

يستتبع تلك الصعوبة،صعوبة عدم الاستقلال المادي، و استمرار حاجه هؤلاء على الآخرين في تامين متطلبات الحياة بما فيها الإنفاق و الشراء و الانتقاء و المساومة والاقتناء، و هم يواجهون كذلك صعوبة أخرى في الحياة العامة، حيث يسهل استهواءهم وانقيادهم، و يقعون في الابتزاز و تغطية الأفعال غير الجائزة قانونيا كتوصيل المخدرات وتسهيل الدعارة و إتمام السرقات، حيث يستغل المنفذون الحقيقيون أوضاعهم بالبعد عن الاشتباه و الإعفاء من المسؤولية.

أما أسرة المتخلف عقليا فهي تواجه جملة من الصعوبات في متابعته داخل البيت وخارجه، فتختلف معاملة الأسر بين القسوة و الحماية الزائدة. وبين الإهمال و الشفقة، وينظر إليه بعض أفراد الأسرة بغضب ، باعتباره يؤثر على علاقة الأسرة بالآخرين ويسبب الإحراج و التعطيل لبعض النشاطات.

رعاية المتخلفين عقليا:

تقدم الرعاية إلى المتخلفين عقليا كحق من حقوق الإنسان، كسائر الناس في المجتمع و كباقي الفئات الخاصة، على الرغم من عدم جدوى هذه الرعاية في كثير من الحالات، أو عدم تحقيقها تغيرا ملموسا نحو الأفضل في شخصية المصاب نفسه أو في سلوكه واستجاباته.و تتماثل أوجه الرعاية للمتخلفين عقليا مع تلك التي تقدم لسواهم من الفئات الخاصة. وسنذكر فيما يلي بعض برامج الرعاية الخاصة بالمتخلفين عقليا فقط:

أ- غذائيا و طبيا و بدنيا:

- تقديم وجبات خاصة لا يحتوي على حامض الفينيل كيتون يوريا للحالات الناتجة عن فشل عملية التمثيل الغذائي لهذا الحامض، حتى سن السادسة بإرشاد الطبيب.
- حقن الطفل بمصل لوقف تكوين الأجسام المضادة مع تبديل الدم، في حال اكتشاف الحالة عند الولادة.
- تنمية المهارات البدنية لوقايتهم من الترهل.

ب- نفسيا:

- التخفيف من مخاوف الطفل نحو الآخرين في الأسرة والمجتمع
- تخليصه من نزعاته العدوانية و زيادة ثقته بنفسه
- زيادة تقبله لظروفه وضرورة تكيفه على هذا الأساس.

ج- تعليميا:

- تنمية الدافع نحو التعلم و التشجيع على مواصلة المحاولة
- تعديل السلوك بالتعزيز و الثواب و التنبيه
- تهيئة الظروف المحببة للطفل واستخدام وسائل تعليمية توضيحية مناسبة
- التدريس في مدارس خاصة لا تتقيد بمنهج المدارس العامة
- اعتماد المتابعة الخاصة الفردية والحث على الإصغاء وتنفيذ التعليمات والتقيد بالتوجيهات
- اعتماد المرونة و التنويع و مراعاة الفروق الفردية.

د- **مهنيا:**

- مساعدته على اختيار حرفة تتناسب مع قدراته الذهنية و الجسمية
- تدريبه على العمل مع الآخرين داخل ورشة
- يدرب المتخلفون عقليا على حرف لا تتطلب كفاءة عالية، مثل:

صناعات القش و الخيزران و النسيج و الخزف و التريكو.

ه- **اجتماعيا:**

- التدريب على تكوين علاقات اجتماعية و محاولة الاندماج مع الآخرين
- التدريب على احترام العمل و الإقبال عليه و انجازه بثقة و رغبة
- التعويد على النظام و التقيد بالتعليمات
- الاستفادة من وقت الفراغ
- إدراك أهمية البيت و طبيعة العلاقة الأسرية

دور الأخصائي الاجتماعي مع فئة المتخلفين عقليا

يقوم الأخصائي الاجتماعي بالتدخل المهني مع فئة المتخلفين عقليا، بغية مساعدتهم على التوافق و التكيف و التخفيف من أثر الإعاقة في اندماجهم في المجتمع و التعامل مع الآخرين و محاولة القيام بدور إنتاجي يزيد من إمكانياتهم للاعتماد على الذات في تصريف شؤون حياتهم، يقوم الأخصائي بذلك على أربعة مستويات على النحو التالي:

أ- **المستوى الفردي:**

- يدرس الحالة من خلال عدة مقابلات مع صاحبه، تبدأ بمقابلة تمهيدية، يتعرف فيها على الحالة و تطورها و الجهود السابقة تجاهها، و تتكون كذلك من الالتقاء بالأبوين، للحصول على التاريخ التطوري للحالة والاطلاع على الظروف البيئية.
- إحالة الحالة إلى الطبيب العام من أجل الفحص الطبي الشامل، و كذلك إلى الأخصائي النفسي- لإجراء الاختبارات الخاصة بالشخصية.

- تشخيص الحالة في ضوء ما توفر لديه من بيانات، و يحدد البرامج و الخدمات التي تناسب الحالة.
- يتفق مع الوالدين على الجهود التي ينبغي أن تبذل من قبلهم تجاه الحالة.
- يشرك صاحب الحالة في تحمل المسؤولية في العلاج بالتدريج،و يساعده على إدراك ما لديه من إمكانات غير مستغلة و يمكن الاستفادة منها.

ب- المستوى الأسري:

- مساعدة الأسرة على تقبل الحالة و الأمر الواقع لها، و التعامل بايجابية معها،
- تزويد الأسرة بأفكار حول العناية بالطفل المصاب و تدريبه على إدارة شؤونه اليومية: الأكل، النوم، النطق، التحدث، النظافة، اللبس،اللعب، الرياضة، و ما إلى ذلك.
- تشجيع الأسرة على إلحاق المصاب بمؤسسات الرعاية الخاصة، و عدم الميل إلى إخفاء الحالة و الشعور بالارتباك أو الإحراج بسببها.
- المساعدة في إلحاق الابن المعني بعمل مناسب، سبق أن تدرب عليه.

ج- المستوى الجماعي:

- المساعدة في انضمام المعنيين في جماعات مناسبة لخصائصهم، يمارسون فيها ما يعبر عن مشاعرهم و احتياجاتهم و بما ينمي خبراتهم و يعود عيهم بالمتعة و الفائدة الجسمية و النفسية و الذهنية و الاجتماعية.
- مساعدة جماعات المتخلفين ذهنيا في تنظيم الجماعات و التخطيط لبرامجها و التدرب عليها و تنفيذها
- متابعة نشاطاتهم و تقييمها و تذليل الصعوبات من أمامها.

د- المستوى المجتمعي:

- التوعية العامة حول مشكلة التخلف العقلي و الوقاية و التخفيف منها و مواجهة آثارها، و أساليب التعامل مع الذين يعانون منها.
- تقييم الخدمات المتوفرة لهذه الفئة و المقترحات لتطويرها، و نقل المطالبات حولها إلى الجهات المعنية.

- التنسيق مع الأطراف ذات العلاقة برعاية المتخلفين عقليا على أساس مؤسسي كوزارات التربية و التعليم و الصحة و العمل و التنمية الاجتماعية.
- تشجيع التطوع و التبرع للنشاط الأهلي تجاه المتخلفين عقليا
- تنظيم اللقاءات و الندوات والمؤتمرات لتناول الموضوع و الاتفاق على خطوات تطويرية علاجية و وقائية.
- تنظيم برامج تطوعية للمتخلفين عقليا تنبه إلى قضيتهم و تشعرهم بدورهم و تزيد من اندماجهم.

5- دور الاخصائي الاجتماعي في عملية دمج طفل الشلل الدماغي في المدرسة

اعترافاً بحقوق الفئات الخاصه وإيماناً بطاقاتهم وقدراتهم المحددة، ولمهنة العمل الاجتماعي في مجال رعاية المعوّقين **أهداف علاجيه** تتمثل في مساعدة الأفراد والجماعات على تحديد مشاكلهم التي تنجم عن خلل في التوازن بينهم وبين المحيط الاجتماعي ومساعدتهم على الاستفادة من قدراتهم وإمكاناتهم ، ومواهبهم و تهيئة المؤسسات التعليمية والمهنية والبرامج التأهيلية لتأهيل المعاقين. وأما **الاهداف الوقائيه** للخدمة الاجتماعية فتتمثل في محاولة منع وقوع الاعاقة و اكتشاف العجز المبكر لحالات الإعاقة والتدخل المبكر لها.

واما **الاهداف الإنمائية** فتتمثل في البحث عن الطاقات القصوى عند المعاقين، بهدف تنشيط هذه الطاقات وتعزيزهاالاستفادة من قدرات المعوقين وتوظيفها في مكانها المناسب وتوفير فرص العمل لهم بهدف إشراكهم في عملية التنمية الاقتصادية في المجتمع ودمج الطفل المعوّق في المدرسة العادية. ويعمل الاخصائي الاجتماعي ضمن فريق يتكون من : معالج فيزيائي، معالج نطق ، والطبيب المختص.

إن **الشلل الدماغي** هو أحد حالات الإعاقة المتعددة التي تصاب فيها خلايا المخ بتلف وغالباً ماتتم الإصابة به أثناء فترة الحمل أي للجنين أو بعد الولادة مباشر وأهم علاج في ذلك كله هي إعطاء استقلالية لهؤلاء الأطفال في الحياة مع المراقبة غير المباشرة

لهم ذلك فالشخص الذي يعاني منه يستطيع أن يحيا حياة طبيعية ومنتجة بتلقي وسائل تعليمية خاصة. ولذا يستخدم الأخصائي الاجتماعي في مجال رعاية المعوّقين أساليب التدخل الاجتماعي مع الفرد والأسرة، والجماعة والمجتمع المحلي كدراسة الحالة، ودراسة التاريخ الاجتماعي للفرد والأسرة ،و المقابلة، للوصول إلى حل المشاكل التي تواجه المعوّق على الصعيد الشخصي- والأسري والمجتمعي. ويبرز دور الأخصائي الاجتماعي في عملية الدمج فيما يلي:

1- دوره مع إدارة المدرسة:

يقوم الأخصائي الصحي الاجتماعي بالتعرف على إمكانيات المدرسة ، ومدى استعدادها لتقبل فكرة استقبال طفل معوّق (طفل الشلل الدماغي) واقتناعهما بمفهوم الدمج حيث يعرّف الأخصائي الاجتماعي العاملين في المدرسة على متطلبات الدمج، بالتعاون والتنسيق مع الجهات المعنية من مؤسسات اجتماعية تأهيلية، ومؤسسات تمويلية، وزارتي الصحة والتنمية الاجتماعية، وغير ذلك.

وينبغي على الأخصائي الاجتماعي أن يحدد عدد الاطفال المصابين بالشلل الدماغي في المدرسة وصفوفهم لتحديد احتياجاتهم والاضطرابات التي يعانون منها،تبعاً لحالتهم (خفيفة أو متوسطة) بالتعاون مع الطبيب المختص، بعد ذلك ينسق الاخصائي الاجتماعي مع أهل الطفل و الفريق الطبي الذي يقوم بمعالجته لمناقشة حالته مع الإدارة و الهيئة التعليمية لوضع برنامج فردي ملائم لتطوير قدراته والتمكن من تعليمه.

2- دوره مع الهيئة التعليمية:

يقع على الهيئة التعليمية عبء كبير في العملية التعليمية، لذلك على الأخصائي الصحي الاجتماعي أن يقدّم لها الدعم، لذلك يتوجب عليه أن:

- يعمل على توعية الهيئة التعليمي بخصوصية الطفل المعوّق داخل الصف، وبأهمية دمجه، أي الدمج وأهميته وفوائده وانعكاسه على حياة الطفل النفسية والاجتماعية من خلال المقابلة الجماعية والمناقشات من خلال دورة تحضيرية يزود بهاالمعلمين، بمعلومات حول الشلل الدماغي، أنواعه، والصعوبات التي يعاني منها الطفل، التدريبات اللازمة

لوصوله إلى الاستقلالية في المدرسة،والتكيّف مع نفسه ورفاقه.كما يركز الأخصائي الاجتماعي على دور الهيئة التعليمية في عملية متابعة حالة الطفل المعوّق و منحه الوقت الكافي فالهدف هو التركيز على ما يستطيع الطفل المعوّق القيام به، أكثر من التركيز على الإعاقة نفسها

3- دوره الاجتماعي مع الطفل المعوّق و زملائه في المدرسة:

- يدرس الأخصائي الاجتماعي الوضع الصحي للطفل المعوّق ولا سيما الأسباب التي أدت إلى الإعاقة، وآثارها، كما يتعرف على مدى إمكانية التأهيل عند الطفل وقدرته على الدمج في المدرسة العادية بالتعاون مع الأهل، والطبيب المختص وفريق العمل المؤلف من معالج فيزيائي، وتأهيل نطق، ومعالج انشغالي.

- يتعرف الأخصائي الصحي الاجتماعي على وضع الطفل المعوّق في الأسرة، ووضعه النفسي- الاجتماعي، وأحوال الأسرة الاقتصادية، كل ذلك لأخذه بعين الاعتبار في عملية الدمج داخل المدرسة.

- يدعو الأخصائي الاجتماعي أهل الطفل في بداية العام الدراسي باصطحاب طفلهم المعوّق لزيارة المدرسة بهدف التعرف على الصف والمعلمين والاختلاط مع الأطفال العاديين في الملعب لتكوين تصوّر إيجابي عن وضعه حين دخوله المدرسة.

- يهيء الأخصائي الاجتماعي الطفل المعوّق حول الصعوبات التي ستواجهه خلال العام الدراسي، كعدم قدرته على الحركة والتنقل بالشكل الطبيعي، وبأختلافه عن الأطفال العاديين، و بحاجته إلى رعاية خاصة ومتابعة خارج المدرسة والتأكيد على إمكانية تقدمه واستمراره إذا أراد ذلك و ساهم في حل المشكلة.

- يعتمد الأخصائي الاجتماعي أسلوب المناقشة والجلسات الجماعية، والنشاطات الهادفة مع الطفل المعوّق وذلك لدعمه ولتعزيزه ثقته بنفسه ولتغيير اتجاهاته السلبية وتوظيفها إيجابيا، والتي تساعده على تغيير موقفه من الإعاقة وصولاً به إلى مبدأ التقبل والتكيّف وممارسةالسلوك الاجتماعي اللائق والمقبول مع الجميع.

- يهيء الأخصائي الاجتماعي بالتعاون مع الهيئة التعليمية الأطفال العاديين لاستقبال طفل الشلل الدماغي داخل الصف بمختلف الوسائل الإيضاحية ، مثال على ذلك، مشاهدة فيلم عن حياة طفل معوّق يروي قصة معوّق دخل إلى المدرسة وتابع دراسته بنجاح مع أطفال عاديين، ويعرّف الفيلم عن شكل المدرسة وكيفية التنقل فيها وكيفية التعامل مع المعلمين والطلبة وماهي الانشطة الممكنة للطفل المعاق داخل المدرسة.

توزيع كتب رسم وتلوين عن موضوع الإعاقة، ورواية قصص مصوّرة، واعتماد الحوار والمناقشة والتعبير الخطي من قبل الأطفال لمعرفة نظرتهم تجاه الطفل المعوّق. اضافة الى تشجيع الأخصائي الاجتماعي الأطفال العاديين على دعم الطفل المعوّق نفسياً واجتماعيًا من خلال التحدث معه ومساعدته لتخطي الصعوبات التعليمية واللعب معه وزيارته في المنزل وبناء علاقة طبيعية سليمة معه.

5- دوره مع أهل الطفل المعوّق:

- يتعرف الأخصائي الاجتماعي على الأهل ويبني علاقة مهنية معهم عن طريق الاتصال المستمر بهم وزيارتهم كلما دعت الحاجة.

-إقامة اجتماعات دورية شهرية، وحسب احتياجات المعوّق والقدرات، تضم الأهل والهيئة التدريسية لتقييم وضع الطفل المعوّق ولاقتراح بعض التعديلات في التعامل معه.

- عقد دورة تدريبية لأمهات الأطفال المعوقين للتعريف بالإعاقة، أنواعها وأسبابها...، وإلى متطلبات عملية دمج طفلهم المعوّق إذا كانت إصابته خفيفة أو متوسطة وتحديد قدراته العقلية التي تمكّنه من متابعة تحصيله الدراسي.

- يعرّف الاخصائي الصحي الاجتماعي الأهل على أهمية دورهم في رعاية الطفل المعوّق ومساعدته على التكيف كتعليم طفلهم المعوّق منذ الصغر، كيفية العناية بنفسه ومساعدته على الاستقلالية من خلال تدريبه على الأكل وارتداء الملابس و اكتساب مهارة النظافة.

- ينظم الاخصائي الاجتماعي لقاءات تعارف بين الاهالي مما يساعد على تخفيف من شعورهم بالذنب ومن الشكوك التي تحيطهم ، وبالتالي التخفيف من شعورهم بأنهم سبب الإعاقة.

- يتابع الاخصائي الاجتماعي الطفل المعوّق داخل الأسرة ويحفز الأهل على بناء علاقة ثقة مع طفلهم المعوّق، وذلك لأهمية شعوره بالانتماء إلى أسرة تحبه وتعطف عليه دون إسراف، وتتعاون معه ككل لا يتجزأ لأن المطلوب هو الوصول إلى تنمية كاملة للشخصية.

- يعرف الاخصائي الاجتماعي الأهل على المساعدات التي يستطيعون الحصول عليها من خلال وزارة التنمية الاجتماعية (بطاقة المعوّق التي تؤمن له خدمات مجانية صحية واجتماعية)، ومن خلال المؤسسات الاجتماعية التأهيلية والتربوية والصحية.

- يقوم الاخصائي الصحي الاجتماعي بتوعية الأهل بضرورة القيام بالتحاليل والتدابير اللازمة لتجنب الإعاقة وتكرارها. كما يظهر أهمية اللجوء إلى العلاج والتشخيص المبكر للإعاقة للحد من تطورها السلبي.

- يبرز الاخصائي الاجتماعي للأهل أهمية متابعة طفلهم بالتعاون مع الهيئة التدريسية داخل المدرسة ومع الفريق الطبي ، ويشكّل العامل الصحي الاجتماعي الوسيط بينهم لتحقيق التكامل في الأدوار ولإزالة المعوّقات التي تواجه عملية دمج طفل الشلل الدماغي في المدرسة.

- يشجع الاخصائي الاجتماعي الأهل حول مشاركة طفلهم المعوّق بالنشاطات الترفيهية والزيارات المنزلية والرحلات والنزهات والتسوق مثل الأطفال الآخرين، لأنه يحتاج إلى تعزيز ثقته بنفسه بأن يكتسب نفس خبرات الأطفال الآخرين، وان يستطيع التكيف مع التغيرات التي تحيط به.

- يقوم الاخصائي الاجتماعي بالتنسيق مع الإدارة حول سلسلة من اللقاءات الموجهة لكافة أهالي طلاب المدرســـــــــة حول موضـــــــــوع دمـــــــــج طفـــــــــل الشـــــــــلل الـــــــــدماغي
- يشكل الاخصائي الاجتماعي لجنة دعم من أهل الأطفال العاديين و إبراز دورهم في مساندة وجود طفل الشلل الدماغي في المدرسة.

ملحق رقم (6)

الإعلان الخاص بحقوق المعوقين

اعتمد ونشر علي الملأ بموجب قرار الجمعية العامة للأمم المتحدة 3447 (د-30) المؤرخ في 9 كانون الأول/ديسمبر 1975

إن الجمعية العامة، إذ تذكر العهد الذي قطعته الدول الأعضاء في الأمم المتحدة علي أنفسها، بموجب الميثاق، بالعمل جماعة وفرادى، وبالتعاون مع المنظمة، علي تشجيع رفع مستويات المعيشة وتحقيق العمالة الكاملة وتهيئة ظروف تتيح التقدم والنماء في الميدان الاقتصادي والإجماعي، وإذ تؤكد من جديد إيمانها بحقوق الإنسان والحريات الأساسية، وبمبادئ السلم، وكرامة الشخص البشري وقيمته، والعدالة الاجتماعية، المعلنة في الميثاق،

وإذ تشير إلي مبادئ الإعلان العالمي لحقوق الإنسان والعهدين الدوليين الخاصين بحقوق الإنسان، وإعلان حقوق الطفل، والإعلان الخاص بحقوق المتخلفين عقليا، وكذلك المعايير التي سبق إقرارها للتقدم الاجتماعي في دساتير واتفاقيات وتوصيات وقرارات منظمة العمل الدولية ومنظمة الأمم المتحدة للتربية والعلوم والثقافة ومنظمة الصحة العالمية ومؤسسة الأمم المتحدة لرعاية الطفولة وغيرها من المنظمات المعنية،

وإذ تشير كذلك إلي قرار المجلس الاقتصادي والاجتماعي 1921 (د-58) المؤرخ في 6 أيار/مايو 1975 بشأن الوقاية من التعويق وتأهيل المعوقين، وإذ تنوه بأن إعلان التقدم والإنماء في المجال الاجتماعي نادي بضرورة حماية المعوقين، جسمانيا وعقليا وتأمين رفاهيتهم وتأهيلهم، وإذ تضع نصب عينيها ضرورة الوقاية من التعويق الجسماني والعقلي وضرورة مساعدة المعوقين علي إنماء قدراتهم في أكبر عدد من ميادين النشاط المتنوعة، وضرورة العمل قدر المستطاع علي إدماجهم في الحياة العادية، وإذ تدرك أن بلدانا معينة لا تستطيع، في المرحلة الحاضرة من نموها، أن تخصص لهذه الغاية سوي جهود محدودة، تصدر رسميا هذا الإعلان بشأن حقوق المعوقين، وتدعو إلي العمل،

علي الصعيدين القومي والدولي، كيما يصبح هذا الإعلان أساسا مشتركا لحماية هذه الحقوق ومرجعا موحدا لذلك،

1. يقصد بكلمة "المعوق" أي شخص عاجز عن أن يؤمن بنفسه، بصورة كلية أو جزئية، ضرورات حياته الفردية و/أو الاجتماعية العادية بسبب قصور خلقي أو غير خلقي في قدراته الجسمانية أو العقلية.

2. يتمتع المعوق بجميع الحقوق الواردة في هذا الإعلان، ويعترف بهذه الحقوق لجميع المعوقين دون أي استثناء وبلا تفرقة أو تمييز علي أساس العنصر أو اللون أو الجنس أو اللغة أو الدين، أو الرأي سياسيا أو غير سياسي، أو الأصل الوطني أو الاجتماعي، أو الثروة، أو المولد، أو بسبب أي وضع آخر ينطبق علي المعوق نفسه أو علي أسرته.

3. للمعوق حق أصيل في أن تحترم كرامته الإنسانية وله، أيا كان منشأ وطبيعة وخطورة أوجه التعويق والقصور التي يعاني منها، نفس الحقوق الأساسية التي تكون لمواطنيه الذين هم في سنه، الأمر الذي يعني أولا وقبل كل شئ أن له الحق في التمتع بحياة لائقة، تكون طبيعية وغنية قدر المستطاع.

4. للمعوق نفس الحقوق المدنية والسياسية التي يتمتع بها سواه من البشر، وتنطبق الفقرة 7 من الإعلان الخاص بحقوق المتخلفين عقليا علي أي تقييد أو إلغاء للحقوق المذكورة يمكن أن يمس المعوقين عقليا.

5. للمعوق الحق في التدابير التي تستهدف تمكينه من بلوغ أكبر قدر ممكن من الاستقلال الذاتي.

6. للمعوق الحق في العلاج الطبي والنفسي والوظيفي بما في ذلك الأعضاء الصناعية وأجهزة التقويم، وفي التأهيل الطبي والاجتماعي، وفي التعليم، وفي التدريب والتأهيل المهنيين، وفي المساعدة، والمشورة، وفي خدمات التوظيف وغيرها من الخدمات التي تمكنه من إنماء قدراته ومهاراته إلي أقصي الحدود وتعجل بعملية إدماجه أو إعادة إدماجه في المجتمع.

7. للمعوق الحق في الأمن الاقتصادي والاجتماعي وفي مستوي معيشة لائق، وله الحق، حسب قدرته، في الحصول علي عمل والاحتفاظ به أو في مزاولة مهنة مفيدة ومربحة ومجزية، وفي الانتماء إلي نقابات العمال.

8. للمعوقين الحق في أن تؤخذ حاجاتهم الخاصة بعين الاعتبار في كافة مراحل التخطيط الاقتصادي والاجتماعي.

9. للمعوق الحق في الإقامة مع أسرته ذاتها أو مع أسرة بديلة، وفي المشاركة في جميع الأنشطة الاجتماعية أو الإبداعية أو الترفيهية. ولا يجوز إخضاع أي معوق، فيما يتعلق بالإقامة، لمعاملة مميزة غير تلك التي تقتضيها حالته أو يقتضيها التحسن المرجو له من هذه المعاملة. فإذا حتمت الضرورة أن يبقي المعوق في مؤسسة متخصصة، ويجب أن تكون بيئة هذه المؤسسة وظروف الحياة فيها علي أقرب ما يستطاع من بيئة وظروف الحياة العادية للأشخاص الذين هم في سنه.

10. يجب أن يحمي المعوق من أي استغلال ومن أية أنظمة أو معاملة ذات طبيعة تمييزية أو متعسفة أو حاطة بالكرامة.

11. يجب أن يمكن المعوق من الاستعانة بمساعدة قانونية من ذوي الاختصاص حين يتبين أن مثل هذه المساعدة لا غني عنها لحماية شخصه أو ماله. وإذا أقيمت ضد المعوق دعوى قضائية وجب أن تراعي الإجراءات القانونية المطبقة حالته البدنية أو العقلية مراعاة تامة.

12. من المفيد استشارة منظمات المعوقين في كل الأمور المتعلقة بحقوقهم.

13. يتوجب إعلام المعوق وأسرته ومجتمعه المحلي، بكل الوسائل المناسبة، إعلاما كاملا بالحقوق التي يتضمنها هذا الإعلان.

ملحق رقم (7)
الإعلان الخاص بحقوق المتخلفين عقليا
اعتمد ونشر علي الملأ بموجب قرار الجمعية العامة للأمم المتحدة
2856 (د-26) المؤرخ في 20 كانون الأول/ديسمبر 1971

إن الجمعية العامة،إذ تذكر العهد الذي قطعته الدول الأعضاء في الأمم المتحدة علي أنفسها، بموجب الميثاق، بالعمل، جماعة وفرادى، وبالتعاون مع المنظمة، علي تشجيع رفع مستويات المعيشة وتحقيق العمالة الكاملة وتهيئة ظروف تتيح التقدم والنماء في الميدان الاقتصادي الاجتماعي،وإذ تؤكد من جديد إيمانها بحقوق الإنسان والحريات الأساسية، وبمبادئ السلم وكرامة الشخص البشري وقيمته، والعدالة الاجتماعية، المعلنة في الميثاق،

وإذ تذكر العهدين الدوليين الخاصين بحقوق الإنسان، وإعلان حقوق الطفل، والمعايير التي سبق إقرارها للتقدم الاجتماعي في دساتير واتفاقيات وتوصيات وقرارات منظمة العمل الدولية، ومنظمة الأمم المتحدة للأغذية والزراعة، ومنظمة الأمم المتحدة للتربية والعلم والثقافة، ومنظمة الصحة العالمية، ومؤسسة الأمم المتحدة لرعاية الطفولة، وغيرها من المنظمات المعنية،وإذ تنوه بأن إعلان التقدم والنماء في الميدان الاجتماعي قد أعلن ضرورة حماية حقوق ذوي العاهات البدنية والعقلية وتأمين رفاههم وإعادة تأهيلهم، وإذ تضع نصب عينيها ضرورة مساعدة الأشخاص المتخلفين عقليا علي إنماء قدراتهم في مختلف ميادين النشاط وضرورة تيسير اندماجهم إلي أقصي حد ممكن في الحياة العادية،

وإذ تدرك أن بعض البلدان لا تستطيع، في المرحلة الحاضرة من نموها، أن تخصص لهذه الغاية سوي جهود محدودة،تصدر رسميا هذا الإعلان بشأن حقوق المتخلفين عقليا، وتدعو إلي العمل، علي الصعيدين القومي والدولي، كيما يصبح هذا الإعلان أساسا مشتركا لحماية هذه الحقوق، ومرجعا موحدا لذلك:

1. للمتخلف عقليا، إلي أقصي حد ممكنا عقليا، نفس ما لسائر البشر من حقوق.

2. للمتخلف عقليا حق في الحصول علي الرعاية والعلاج الطبيين المناسبين وعلي قدر من التعليم والتدريب والتأهيل والتوجيه يمكنه من إنماء قدراته وطاقاته إلي أقصي حد ممكن.
3. للمتخلف عقليا حق التمتع بالأمن الاقتصادي وبمستوي معيشة لائق. وله، إلي أقصي- مدي تسمح به قدراته، حق في العمل المنتج ومزاولة أية مهنة أخري مفيدة.
4. ينبغي، حيثما كان ذلك مستطاعا، أن يقيم المتخلف عقليا مع أسرته ذاتها أو مع أسرة بديلة، وأن يشارك في أشكال مختلفة من الحياة المجتمعية. وينبغي أن تحصل الأسرة التي يقيم معها علي مساعدة. فإذا اقتضت الضرورة وضعه في مؤسسة وجب أن تكون بيئة هذه المؤسسة وظروف الحياة فيها علي أقرب ما يستطاع من بيئة وظروف الحياة العادية.
5. للمتخلف عقليا حق في أن يكون له وصي مؤهل عند لزوم ذلك لحماية شخصه ومصالحه.
6. للمتخلف عقليا حق في حمايته من الاستغلال والتجاوز ومن المعاملة الحاطة بالكرامة. فإذا لوحق قضائيا كان من حقه أن يقاضي حسب الأصول القانونية، مع المراعاة التامة لدرجة مسؤوليته العقلية.
7. إذا أصبح أشخاص من المتخلفين عقليا غير قادرين، بسبب خطورة عاهاتهم، علي ممارسة جميع حقوقهم ممارسة فعالة، أو إذا اقتضت الضرورة تقييد أو تعطيل بعض أو جميع هذه الحقوق، وجب أن يتضمن الإجراء المتبع في هذا التقييد أو التعطيل ضمانات قانونية مناسبة لحمايتهم من أي تجاوز ممكن. ويتعين أن يكون هذا الإجراء مستندا إلي تقييم للقدرات الاجتماعية للشخص المتخلف عقليا أجراه خبراء مؤهلون، وأن يصبح هذا التقييد أو التعطيل محل إعادة نظر بصورة دورية، وأن يكون خاضعا للاستئناف لدي سلطات أعلي.

المراجع

- السنهوري- أحمد محمد:مداخل و نظريات و نماذج الممارسة المعاصرة للخدمة الاجتماعية، دار النهضة العربية، القاهرة 1996.

- عبد الطيف- رشاد أحمد،دندراوي- علي عباس: الخدمة الاجتماعية مهنة المستقبل، مركز نور الإيمان للطباعة، القاهرة 1998.

- عفيفي- عبد الخالق محمد: مقدمة في الرعاية الاجتماعية العاصرة، مكتبة عين شمس، القاهرة 1998.

- عثمان- عبد الفتاح،السيد- علي الدين:الخدمة الاجتماعية مع الفئات الخاصة، مكتبة عين شمس، القاهرة.1996.

- Harper- Porton, Karaen and Martin Herbert: **Working with Children, Adolescents, and Their Families; A psychosocial Approach**.UK; BPS Blackwell, 2002.

- الغالي, سهير, **الخدمة الاجتماعية في مجال رعاية المعوقين,** مجلة العلوم الاجتماعية, تشرين الاول 2006 /

http://www.swmsa.com/modules.php?name=News&file=article&sid=65

- مرعي- إبراهيم بيومي: التكامل المهني في الخدمة الاجتماعية، مركز نور الإيمان للطباعة، القاهرة 1999.

- محمد- سلامة منصور: رعاية ذوي الأمراض العقلية و النفسية، المكتب العلمي، الإسكندرية,1998.

- الإعلان الخاص بحقوق المتخلفين عقليا اعتمد ونشر علي الملأ بموجب قرار الجمعية العامة للأمم المتحدة 2856 (د-26) المؤرخ في 20 كانون الأول/ديسمبر 1971 http://www1.umn.edu/humanrts/arab/b068.html.

- الإعلان الخاص بحقوق المعوقين

اعتمــد ونشــر ــــ عــلي المـــلأ بموجـــب قـــرار الجمعيـــة العامـــة للأمـــم المتحـــدة
3447 (د-30) المؤرخ في 9 كانون الأول/ديسمبر 1975
.http://www1.umn.edu/humanrts/arab/b073.html

الفصل التاسع

العمل الإجتماعي في المجال الطبي والصحي

العمل الاجتماعي في المجال الطبي والصحي

1- نشأة وتطور العمل الاجتماعي في المجال الطبي الصحي

بدأ ظهور العمل الإجتماعي في المجال الطبي عام 1880م للعناية بمرضى العقول عقب خروجهم من المستشفيات . وتألفت جمعية كان نشاطها تنظيم حياة هؤلاء المرضى وخاصة من لا عائل لهم حيث بادرت بريطانيا إلى الاهتمام بالمرضى من الناحية الاجتماعية وخاصة بعد خروجهم من المستشفى وفي حالات الأمراض المزمنة والعجز والشيخوخة . وذلك منذ عام 1880 ، وعلى يد متطوعين. إلى أن بدأ هؤلاء المتطوعون وكذلك المسئولون بالأجهزة المعنية يطالبون بإيجاد تخصص أكاديمي في هذا المجال . في عام 1890م تزعم - تشارلزلوك - حركة التطوع في خدمة ومساعدة المريض في إنجلترا وفي عام 1904 م ظهر نظام جديد المستشفيات في ولاية نيويورك وهو إرسال الممرضات الزائرات إلى المنازل لتقديم المرضى بالتوجيهات والإرشادات المتصلة بطبيعة مرضهم .

وحينما بدأ طلاب الطب تدريباً عملياً في المؤسسات الاجتماعية كانت الدراسة الطبية تشمل دراسة المشكلات الاجتماعية والانفعالية وهي أهم الخطوات التي حولت العمل الاجتماعي من دراسة علمية أكاديمية إلى ممارسات عملية في أمريكا وتحديدا في مستشفى ماساشوستس العام بمدينة بوسطن عام 1905 م وكان للطبيب ريتشارد كابوت فضل كبير في سبيل تطور وتقدم الخدمة الاجتماعية الطبية . إلى أن بادر د. ريتشارد كابوت عام 1905 في إيجاد كادر مهني للعمل الاجتماعي في مستشفى ماساشوستس وفي العام 1905 ايضا نشأ قسم العمل الاجتماعي الطبية في مستشفى ماساشوستس ولم يمض عشرون عاماً على هذه البداية إلا وكان هناك 500 قسم للعمل الاجتماعي الطبي في أمريكا, وقد تكلل هذا الجهد الهائل في عام 1918 بأنشاء الجمعية الأمريكية للأخصائيين الاجتماعيين الطبيين والتي كان من أهدافها رفع المستوى الفني للعمل الاجتماعي المتصل بشؤون الصحة والرعاية.

في نفس ذلك العام دخلت الجهود المهنية الاجتماعية إلى مستشفيات وزارة الصحة المصرية ، وتزايد أعداد الأخصائين الاجتماعين في المستشفيات المصرية الحكومية أولا والخاصة فيما بعد ، حتى بلغ عددهم الآن بضعة آلاف . وقد نحت الدول العربية نفس المنحى ولكن بحدود متواضعة ، وتأثر ذلك بالاهتمام بالجوانب النفسية والجوانب الاجتماعية المتعلقة بالحالات المرتبطة بتكاليف العلاج والإعفاء من الأجور وما شابه ذلك .

أما الأردن فقد ظل الانتشار في اتجاه تعيين أخصائيين اجتماعيين في المستشفيات محدودا جدا وان تكن التجربة الأردنية قد ركزت على برامج التثقيف الصحي بما فيه الوعي الغذائي وعبر مختلف وسائل الاتصال الممكنة كجزء من الجهود الوقائية للسهر على الصحة العامة في المجتمع الوطني عامة.

2- مفهوم العمل الإجتماعي الطبي

العمل الإجتماعي الطبي هو أحد مجالات العمل الإجتماعي التي لها أصولها الفنيه ومعارفها ومهاراتها وقيمها ومبادئها ولها طرقها التي تمارس في مؤسسات طبيه لإحداث التأثير المرغوب مع الأفراد والجماعات والمجتمعات كما أنها تساعد بصفة أساسيه مهنه الطب ولكن لها صيغتها وهي العمل المشترك أو العمل الجماعي لتكمل جهود كل من الطبيب وباقي هيئة التمريض مع الأخصائي الاجتماعي. يعمل في هذا المجال أخصائيون إجتماعيون أعدوا خصيصاً للعمل في مهنة العمل الإجتماعي وحصلوا على أعداد خاص للعمل في المجال الطبي .ان البداية الحقيقية للعمل الإجتماعي بدأت عام 1882 في انجلترا بعد ظهور مايسمى بحركة العناية بمرضى العقول بعد خروجهم من المستشفى فهي أحد مجالات العمل الإجتماعي الذي تمارس في المؤسسات الطبيه لمساعدة فرداً كان أو جماعه باستغلال إمكانيات مجتمعة للتغلب على الصعوبات التي تعوق تأديته لوظيفته الإجتماعية وذلك للأستفاده من العلاج الطبي ورقي الأداء الإجتماعي إلى أقصى حد ممكن ويتعامل العمل الإجتماعي الطبيه مع المشكلات الإجتماعية والأنفعالية

والعوائق التي تؤثر في المرض أو تكون سبباً فيه وذلك بهدف النهوض بالمجتمع ويعرف العمل الإجتماعي الطبي بأنه: العمليات المهنيه التي يقوم بها الأخصائي الإجتماعي لدراسة استجابات المريض إزاء مشاكله المرضية , وتتضمن تقديم خدمة الفرد وخدمة الجماعة في بعض المواقف , وذلك في المستشفيات والعيادات وغيرها من المؤسسات الطبيه لتوفير الفرص الملائمة التي تسمح للمريض بالأنتفاع بالخدمات الطبيه بطريقة فعالة .

أهمية مهنة العمل الإجتماعي الطبي:

إن لمهنة العمل الاجتماعي الطبي أهمية كبرى في الفصل بين الصحة والمشكلات الاجتماعية حيث تتحقق من خلال ممارستها في المؤسسة الطبية، ومن الجدير ذكره أن هناك بعض الأمراض يكون سببها العوامل الاجتماعية والذي يعود إلى نمط الثقافة السائدة في المجتمع وتتضح هنا أهمية مهنة العمل الاجتماعي الطبي في دمج العوامل الاجتماعية والنفسية في خطة علاج المريض وتدرك مهنة العمل الاجتماعي الطبي أهمية الظروف البيئيه المصاحبة للمريض والتي لها أثر سلبي. كما تهدف الى ربط المؤسسة الطبية بالمجتمع الخارجي ومؤسساته وذلك للاستفادة من الإمكانيات في استكمال خطة العلاج.

فلسفة مهنة العمل الاجتماعي الطبي:-

تتلخص فلسفة العمل الاجتماعي الطبي بالنقاط التالية :

1- الإنسان كل متكامل تتفاعل عناصر شخصيته الأربعة العقلية والبيولوجية والنفسية والإجتماعية دائماً، ما دام هو انسان يعيش في مجتمع انساني وفي بيئة إجتماعية ومن ثم فأي أضطراب في أحدى هذه العناصر هو نتيجه لتفاعل بين عناصره الأخرى لإحداث هذا الأضطراب .

2- الأعتراف بكرامة الإنسان والإيمان بتفوق الإنسان وقيمته، وعلى هذا فإن وجود وممارسة مهنة العمل الاجتماعي الطبي في المستشفى, معناه أننا نعتني بالمريض ليس

من الناحيه المجرده فقط ولكن كإنسان له أحتياجاته النفسية والإجتماعية التي يحتاج لإشباعها حتى يستفيد من العلاج الطبي.

3- الإيمان بفردية الإنسان , فرغم اشتراكه مع غيره في إصابة معينه أو مرض معين إلا أنه يختلف عن الآخرين .

4- ترتبط العوامل الإجتماعية للإنسان ارتباطاً وثيقاً بالمرض، بل وقد تكون سبباً له, ولذلك يفضل أن يسير كل من العلاج الطبي والعلاج الإجتماعي النفسي جنباً إلى جنب.

مبادىء مهنة العمل الاجتماعي الطبي:

تقوم مهنة العمل الاجتماعي الطبي على عدة مبادىء هامه منها :

- **مبدأ الشمولية** : ويعني أن الخدمات الإجتماعية الطبيه ينبغي أن تقدم لأفراد المجتمع ككل دون تمييز بينهم.
- **مبدأ القبول** : ويعني قدرة الأخصائي الإجتماعي الطبي على الوصول إلى ما يريده من المرضى عن طريق الإحترام المتبادل وتقبل المرضى له.
- **مبدأ العلاقات والتفاعلات** : ويعني قدرة الأخصائي الإجتماعي الطبي على بناء علاقات متينة مع المرضى وتهيئة الأجواء المناسبة للتعاون المتبادل بينهما.
- **مبدأ التقييم الذاتي** : ويعني أن يدرك الأخصائي الإجتماعي الطبي نقاط الضعف فيه ويلاحظ شعوره وانفعالاته تجاه المرضى حتى يستطيع تلافي الأخطاء والأنفعالات العكسية أثناء العمل.
- **مبدأ الفردية** : ويعني أن المريض إنسان له كيانه وفرديته الخاصة, وأن مشكلته ليست عامة وإنما مشكلته خاصه مرتبطة به وحده.
- **مبدأ الشخصية** : أي ضرورة العمل على تنمية شخصية المريض للدرجة التي يمكن فيها الاعتماد على نفسه بحيث يدرك جوانب القوة والضعف لديه، ويعمل على التخلص من جوانب الضعف وتنمية جوانب القوة في شخصيته.

- **مبدأ التكامل** : فالخدمات الإجتماعية الطبيه تساهم بشكل مباشر وتكمل الخدمات الصحية الأساسية والخدمات التأهيلية لرفع مستواها.
- **مبدأ الاستبصار** : حيث يقوم الأخصائي الإجتماعي بتبصر- المرضى بحقيقة ظروفهم وكيفية التعامل معها وامكانية الشفاء من الحالة المرضية .

3- عناصر مهنة العمل الاجتماعي الطبي

تتألف هذه العناصر مما يلي :

أولاً: المستشفى أو المؤسسة الطبية (Medical Agency)

ثانياً : المريض (Patient)

ثالثا: المجتمع المحلي (Community)

رابعا: الأخصائي الطبي (Medical Social Worker)

خامساً: التدخل المهني (Professional Intervention).

إن العمل الاجتماعي الطبي مجال من مجالات العمل الاجتماعي التي تقدم للإنسان في سبيل تكريم أدميته ,و وجود الإنسان في المؤسسة الطبية من أجل المساعدة والعون , وما العمل الاجتماعي الطبية في هذه المؤسسة إلا لمساعدة هذا الإنسان من مختلف الجوانب, لهذا تعتبر دراسة الجوانب الاجتماعية لحالة المريض وعلاجها جزءاً مكملاً لخطة العلاج الطبي .

ولما كان الإنسان كل متكامل متفاعل من جوانبه العقلية والجسمية والنفسية والاجتماعية , فأي اضطراب في احد هذه الجوانب,يؤدي إلى إصابة الفرد بالمرض كما أي إنسان هو حالة متفردة بخصوصيتها,و ان تشابهت الأمراض والظروف المحيطة بالمريض, و لكل فرد طريقة معينة في علاجه والعمل على راحته. وتتضح علاقة الأخصائي الاجتماعي والمريض من خلال ثلاث محاور هي:

أولا: مساعدة مباشرة من علاج المريض عـن طريـق : البحـث والعـلاج الاجتماعـي والتعـاون مـع الطبيـب وفريق العلاج الطبي لتنفيذ خطة العلاج و تفسير بعض أنواع السلوك للمريض وكيفية معاملتها.

ثانياً : المساهمة في بعض الأعمال الاجتماعية في المستشفى أو المؤسسة الطبية كما في حالات القبول.

ثالثاً: العمل في البيئة وتنظيم علاقات المستشفى بـالمجتمع المحلـي والعنايـة بـالمرضى والتـائهين والمطلـوب تأهيلهم.

ويسعى العمل الاجتماعي إلى تكوين علاقة مهنية مع المرضى, والتي تشكل هـدفاً في نفـس الوقـت , حيث أنها تمثل خطوة علاجية , مثلما أنها الوسيلة الأساسية التي يستخدمها الأخصائي الاجتماعي, للقيـام بعملية المساعدة ,وذلك لتحقيق ما يلي :

- مقابلة المرضى الجدد حال دخولهم المستشفى.

- معرفة برنامج الهيئة الطبية العامة والمؤسسات الاجتماعيـة الأخرى وذلـك لمساعدة المـرضى في عملية الإحالات.

- مساعدة المرضى وعائلاتهم في فهم وقبول اتباع التوصيات الطبية.

- تقديم الرعاية والمشورة للأشخاص الذين لديهم مشاكل اجتماعية ونفسية ومالية.

- إجراء مقابلات مع المرضى وأفراد عائلاتهم للحصول على معلومات عن بيئتهم المنزلية وعلاقاتهم العائلية والتاريخ الصحي.

- تقييم المعلومات التي تم جمعها والخاصة بخطة المعالجـة الطبيـة وبرنـامج العمـل الاجتماعـي المتوفر.

- إجراء الترتيبات الخاصة بخروج المـريض ورعايتـه في المنـزل أو المؤسسـات وذلـك بالتعـاون مـع الفريق الطبي.

- إكمال النـماذج الخاصـة بتطـور الحالـة الاجتماعيـة للمـرضى وحفـظ هـذا التقريـر بالملفـات الاجتماعية الخاصة بالقسم.

- استغلال الموارد الذاتية والخارجية لمساعدة المرضى على متابعة حياتهم في المجتمع أو تعليمهم كيفية التعايش مع الإعاقة.

- المشاركة في برامج الأسبوع الصحي السنوي بالمحاضرات والكتيبات والمطويات وأفلام الفيديو.

- حضور عيادة الأمراض المستعصية لتلبية حاجة المريض للدعم النفسي والاجتماعي.

- المساعدة في تقديم برنامج التعليم الصحي للمرضى وعائلاتهم في مناطق انتظار العيادات ومناطق انتظار التنويم.

- حضور الاجتماعات التي تنظمها دائرة الخدمات الاجتماعية حسب ما هو مطلوب، والمشاركة باللجان حسب توجيهات مدير قسم الخدمة الاجتماعية.

- المساعدة في تدريب طلاب العمل الاجتماعي.

- أداء أي مهام او واجبات أخرى تقع ضمن نطاق معرفته ومهاراته وقدرته حسب طلب رئيس القسم لمساعدة المرضى للتخلص من المرض والتماثل للشفاء.

- إزالة المشاعر السلبية التي يعاني منها المريض, كالشعور بالنقص أو الدونية أو الحرمان.

- مساعدة المريض في تحديد مشكلته واقتراح الخطة المناسبة لمواجهتها بالاعتماد على نفسه.

- تنسيق الجهود لمساعدة للمرضى من خلال العمل الفريقي وبتكامل جهود الأطباء والأخصائيين الآخرين في المؤسسة الطبية.

- الدفاع عن مصالح المرضى داخل المستشفى ولدى المؤسسات أخرى كالمؤسسة التي يعمل المريض فيها.

- المشاركة في وضع خطط المؤسسة، ومن ثم مساعدة المؤسسة على تحقيق أهدافها لما فيه مصلحة المجتمع وتنميته .

و يسعي العمل الاجتماعي الطبي لتحقيق الأهداف الجزئية التالية:-

(أ) العمل العلاجي الفردي, و تتمثل بدراسة الحالة الاجتماعية للفرد, وذلك لتقديم خدمات مادية له أو إذا كان يعاني من مشكلات اجتماعية, لزيادة أدائه الاجتماعي, وإزالة المعوقات البيئية, وتوفير الجو الأسري المناسب, و توفير الجو المهني المناسب للعمل.

(ب) العمل العلاجي الجماعي, كالعمل مع جماعات المدمنين, وأصحاب الأمراض المزمنة مثل السكري وفقر الدم , وذوي الأمراض النفسية الذين يعانون من نفس المرض, إذ يتبع الأخصائي الاجتماعي طريقة خدمة الجماعة , بحيث يطرح كل منهم ما يعاني من ضغوط نفسية واجتماعية والأسباب التي أدت به إلى الإدمان , فتكون بذلك طريقة علاجية من خلال الإفراغ الوجداني, و يحاول كل من هؤلاء عدم الوقوع في الإدمان , فتتكون خبرة جماعية حول المعاناة و سبل التخلص منها.

(ج) العمل المجتمعي من خلال إكساب الافراد العادات الصحيحة كالعادات الغذائية, وذلك عن طريق الندوات والمحاضرات والكتيبات والملصقات ووسائل الإعلام ,و الاتصال بالقيادات المجتمعية,لضمان تكاتف الجهود في تحقيق الأهداف, بحيث تصبح متكاملة شاملة لمختلف احتياجات أعضاء المجتمع بصورة متوازنة. كذلك طرق الالتزام بالارشادات الطبية.

4- الإعداد المهني للأخصائي الاجتماعي الطبي

لكي يستطيع الأخصائي الاجتماعي الطبي أداء أدواره المهنية , وممارسة أساليبه الفنية في المؤسسات الطبية العلاجية , لابد من إعداده مهنياً بطريقة علمية سليمة , حتى يصبح قادراً على تطبيق ما تعلمه نظرياً بصورة علمية , لكي يكتسب المهارات اللازمة للعمل في هذا المجال لذا فأن معاهد وكليات الخدمة الاجتماعية (العمل الاجتماعي) حريصة على إعداد خريجيها بأحسن المستويات، لكي يكونوا قادرين على ممارسة أدوارهم بكفاءة وفاعلية .

لابد أن تتوفر في الأخصائي الاجتماعي الطبي قدرات جسيمة وصحية مناسبة,وان يتحلى اتزان انفعالي في الشخصية, يكسبه القدرة على ضبط النفس والنضج الانفعال , يصاحبه اتزان عقلي مناسب يتضمن معارف ومعلومات عن العلوم المهنية المختلفة,وأن يتسم بالقيم الاجتماعية والسمات الأخلاقية السوية والتحكم في نزعاته وأهوائه الخاصة, وفصلها جانباً عن عمله وعملائه ,ولديه انتباه كافي ليدرك وجهات نظر من يقومون على علاج المريض .

و يتوخى من الأخصائي الاجتماعي الذي يعمل في المجال الطبي أن يتزود بمعلومات طبية مبسطة ,عن أنواع المرضى ومسبباته وفهم المصطلحات الطبية الشائعة في ميدان الطب ,وعليه أن يلجأ إلى الطبيب في النواحي الطبية ,ومعرفة بالاحتياجات والخصائص النفسية للمرضى , فهم معاني بعض الألوان السلوكية والأغراض النفسية عند المريض في المراحل المرضية المختلفة وفهم الأنماط السلوكية والأغراض النفسية عند المريض في المراحل المرضية المختلفة, والتي يجب أن يعاملها بالطريقة التي تقلل من آثارها السيئة على سير المرض.

و أن يكون مطلعا على المسائل التأهيلية والقانونية كالقوانين الخاصة بالتأهيل المهني والتأمينات الاجتماعية ,ومعاشات العجزة ,والإصابة وقوانين الضمان الاجتماعي ,و الالمام بالمشكلات الناتجة عن المرض بالاحتياجات البشرية في حالة المرض وأثناء العلاج.

ويتعاون الأخصائي الاجتماعي مع فريق عمل متكامل داخل المؤسسة الطبية لتحقيق أهدافها وأهداف المؤسسة العلاجية, حتى يتوفر فيها المناخ المناسب الذي يحقق للمريض اكبر استفادة ممكنة من الفرص العلاجية, فالطبيب أساس نجاح العلاج الطبي , والمختص النفسي يسعى إلى إشباع حاجات المريض النفسية وأخصائي التأهيل والتدريب, يقدم خدماته التدريبية والتأهيليه , وغيرها من التخصصات التي تتطلبها كل مؤسسة طبية حسب طبيعة تخصصاتها وخدماتها العلاجية .

وعلى الأخصائي الاجتماعي أن يأخذ بالحسبان أن فريق العمل لا يمثل جميع التخصصات اللازمة للمؤسسة الطبية ,و ربما ينقصها التعاون والتكامل, فبعض الأطباء لا يؤمنون بأهمية العمل الاجتماعي الطبي . ولذلك لا يتعاونون مع الأخصائي الاجتماعي , ولا يدركون خدماته وجهوده , وبعض الأطباء يقدرون أهمية دور الأخصائي الاجتماعي الطبي , ولكنهم ينكرون مهاراته وقدراته ويشككون في قيمة جهوده المهنية , ولا يوفرون له المناخ المناسب ولا الإمكانيات اللازمة لممارسة عمله.

الصعوبات التي تعوق الأخصائي الاجتماعي في المجال الطبي :
أولاً : صعوبات تتعلق بالمريض نفسه

- صعوبات ترجع إلى أسباب شخصية عند المريض , فمهمة الأخصائي الاجتماعي الطبي في إقناع المريض أو حمله على التجاوب مع خطة العلاج قد تصادف مقاومة وصعوبة نتيجة شك المريض في قيمة العلاج.

- صعوبات تتصل بأسرة المريض فقد تحتاج الأسرة إلى مساعدات مالية لعدم وجود إمكانيات لديها يمكن استغلالها في فترة وجود المريضه بالمستشفى.

- صعوبات تتعلق بنوع المرض فهنالك أمراض ينكر الإنسان الإصابة بها , وأحياناً يتهرب من العلاج العلني في المستشفى.

- صعوبات تتصل بقصور العمل الاجتماعي الطبي لحداثتها وقلة الموارد الموجودة في البيئة مما يؤثر على تحقيق الأخصائي الاجتماعي الطبي لرسالته الموجه لصالح المريض.

ثانيا: صعوبات تتعلق بالمستشفى

لم يتوفر حتى الآن الجو أو المناخ الذي يعمل فيه الأخصائي الاجتماعي مع الطبيب على مستوى الزمالة وتبادل الآراء المشتركة في العمل في كثير من الحالات في المجتمع العربي. عدم الإيمان بدور الأخصائي الاجتماعي مع المريض ذلك أن عمله في أذهان

الأطبـاء والممرضـات وغـيرهم مـن العـاملين في المستشـفى مسـخر لخدمـة المحتـاجين وأن الأخصائي الاجتماعي شخص موجود في المستشفى لمساعدة الفقراء فقط.

ثالثا: صعوبات تتعلق بالأخصائي الاجتماعي

- خلو ميدان العمل الاجتماعي الطبي من التشريعات واللوائح، بالإضافة إلى عـدم وجود نظرية يستند إليها الأخصائي في عمله وترجع كل الأعمال إلى الإجتهاد.

- وجود نوعية بعض الأخصائيين العاملين في المستشفيات ممن لا يوجد لديهم روح الحماس وبذل الجهد والكفاح لإيضاح دورهم مع المرضى للعاملين والمسئولين في المستشفى.

- تحول بعض الأخصائيين الأجتماعيين في المستشفى إلى مانحي مساعدات للفقراء وتحويـل بعض الحالات لمؤسسات الرعاية الإجتماعية وأصبحت صورتهم كما قيل عنهم وذلك بحثاً عـن الراحة وعدم العناء.

رابعاً : صعوبات تتعلق بالبيئة

- نقص كبير في عدد الأخصائيين الإجتماعيين، رغم تعدد الأدوار المطلوبة مـنهم والوظائف الكثـيرة المطلوب قيامهم بها في المستشفى.

- نقص الإمكانيات المتاحة للأخصائي الإجتماعي في المستشفيات لتقديم المساعدة إلى المـرضى عـلى المستوى الذي يأملونه وبالصورة التي تحقق الهدف من وجودهم في المستشفى.

- لاتوفر بعض المستشفيات المكان المناسب لمزاولة الأخصائي الإجتماعي لعمله وخاصة في الحالات الفردية حيث يفضل أن يكون المكان قريباً من غرف المـرضى حتى لا يعـاني المـريض مشقة في الوصول إليه.

5- التعامل مع المرضى في اطار العمل الاجتماعي :

تشير Rossen (1983) أن المرض illness والمجتمع society والرعاية الصحية health care والعمل الاجتماعي social work هي عوامل متداخلة لا يمكن الفصل بينها. فالمرضى سواء كانوا رجالا أم نساء أم أطفالا هم أفراد المجتمع الذي نعيش فيه تربطهم مع الآخرين علاقات اجتماعية، وعليهم مسؤوليات تجاه أنفسهم وأسرهم ومجتمعهم الذي يعيشون فيه. فالمرض الجسدي هو مشكلة واقعية لها آثار نفسية واجتماعية مختلفة يسبب للمريض التوتر النفسي والعزلة isolation والشعور بالعجز واليأس helplessness والشعور بعدم الراحة، والاعتماد على الآخرين، وعدم الثقة بالنفس والشك من الآخرين، والخوف fear.

فالعمل الاجتماعي هي المهنة التي تقوم بالعمل على توفير حاجات الأفراد والأسر والجماعات، ومساعدتهم للتغلب على المشكلات النفسية والاجتماعية المترتبة على إصابتهم بالأمراض، والمساهمة في برامج الرعاية الصحية المختلفة، وفي النظام التعليمي وذلك بهدف تحقيق الأغراض التالية:

1- تعزيز الصحة البدنية والنفسية والاجتماعية لأفراد المجتمع والمحافظة عليها.

2- تعزيز الأوضاع التي تساعد على توفير الخدمات الاجتماعية للمرضى وضمان وصولها إلى مستحقيها.

3- وقاية أفراد المجتمع من الأمراض البدنية والنفسية والاجتماعية.

4- تعزيز أداء الأفراد البدني والنفسي والاجتماعي مع الاهتمام بالآثار الاجتماعية والنفسية للمرض والإعاقة.

وقد حدد (Bascom, 1982) الأقسام الطبية التي أصبح وجود الأخصائي الاجتماعي بها أمرا مسلما به ومعترفا به من قبل الهيئات والمؤسسات الطبية وهذه الأقسام شملت

● أقسم العناية المركزة،

● ووحدات أمراض الرئة والقلب،

- ووحدات غسيل الكلى وزراعة الأعضاء،
- وأقسام الأمراض العقلية والنفسية،
- ووحدات الحروق
- والروماتزم،
- والتوليد والحضانة،
- وطب الأطفال،
- وأمراض النساء والولادة،
- وأقسام الأحياء والأورام، وأمراض المعدة والأمعاء الباطنية،
- وأمراض الجلد والحساسية،
- وأجنحة العمليات بكل أنواعها،
- والأمراض الوراثية،
- وغرف الطوارئ

وفي مجـال تحديـد دور العمـل الاجتماعـي في المستشـفيات الطبيـة قـام عـدد مـن البـاحثين Kumabe et al, ,1981 ,Stepanek & ,Carlton, 1984; Henk, 1989; Krell, Rosenberg, Spano) Hess, 1989 & 1977; Thompson) بتحديد الأدوار الوظائف التـي يقـوم بهـا الأخصـائي الاجتماعـي في المستشفى في التالي (Poole, 1995: 1)

- اكتشاف الحالات Case finding
- التقدير النفسي الاجتماعي أو تقدير الحاجاتpsychosocial or need assessment-
- التخطيط للحالة case planning
- التدخل النفسي الاجتماعي psychosocial intervention-
- المشورة حول الحالة case consultation
- التعليم الصحي .health education
- وضع خطة الرعاية اللاحقة planning discharge-

- توفير المعلومات والقيام بعملية التحويل information and referral-
- المساعدات الاقتصادية financial assistance
- الدفاع عن مصالح المرضى advocacy-
- التعاون collaboration-
- إدارة الحالات case management-
- المحافظة على الجودة والنوعي .quality assurance
- البحوث research-
- المشورة حول البرامج program consultation
- التخطيط المؤسسي agency planning.
- التخطيط المجتمعي community planning
- تنمية الموارد resource development.
- وضع السياسات وتطويرها .policy development-
- اعادة صياغة التشريعات reform legislative.

فإعداد الأخصائيين الاجتماعيين في الأقسام العلمية لم يرق إلى المستوى المأمول فجميع البرامج التعليمية للعمل الاجتماعي تركز في معظمها على العموميات وليس فيها إلا عدد قليل جدا من المقررات التي تتصل ببرامج الرعاية الصحية الاجتماعية الطبية. وهذا ما يؤكده (Jentsch, 1992 & ,Ratliff, Timberlake) حيث يشيرون إلى قلة و ضعف الإعداد المتخصص للأخصائيين الاجتماعيين في مجال التعامل مع الأمراض المزمنة والخطيرة والحادة حيث لا يزود الطالب في المرحلة الجامعية بما يكفي من المعلومات والخبرات والمهارات التي تؤهله للعمل مع هؤلاء المرضى.

إن تشجيع الأخصائيين الاجتماعيين للعمل مع المرضى يتطلب منا مراجعة جادة وحقيقية للبرامج التعليمية الموجه لهم، والعمل على تزويدهم بالخبرات والمهارات والمعارف والقيم الأخلاقية المرتبطة بهذه الفئة من المرضى خاصة القيم المتعلقة بالموت والحياة وحقوق المرضى وأسرهم والمبادئ المهنية التي تساعدهم على أداء دورهم بصورة

صحيحة وتعمل أن خطط الرعاية اللاحقة التي يحتاج إليها هؤلاء المرضى تعتبر عاملا أساس لتدعيم برامج الخدمات الاجتماعية لهم.

6- مثال تطبيقي على دور الأخصائي الاجتماعي الطبي مع مريضة سرطان الثدي وأسرتها

أصبح سرطان الثدي يثير مخاوف كثيرة لدى أفراد المجتمع وهذه المخاوف جعلتهم يخشون التعامل مع مرضى السرطان دون وعي لحقائق علمية أبسطها أن السرطان مرض غير معدٍ ، لكنه الخوف من الموت ، وجبن أمام الأقدار ووصمة العار التي سوف يوسمها أفراد المجتمع على المصابة بسرطان الثدي.

أن الإصابة بسرطان الثدي يجعل السيدة المصابة في حالة هلع وخوف من مواجهة أفراد المجتمع بشكل عام وعدم مصارحة الزوج بشكل خاص ,فهي تعتقد أن المصارحة قد تهدم بناء أسرتها , وقيام الزوج بالبحث عن البدائل للمحافظة على البيت الأسري , وطبقا لثقافتها يكون البديل الزوجة (الضرة) التي ستحل مكانها وما يترتب عليه من أهمال في تربية أطفالها لغياب دورها نتيجة ألتزامها بالبرامج العلاجية المتكررة و التي قد تستمر أياماً أوشهوراً , أو حتى سنوات, وبالتالي قصور في دورها كأم وزوجة وإنسانة , لذلك من الضروري التركيز على الظروف الاجتماعية وضغوطها كأساس لمواجهة سرطان الثدي , ومعرفة مدى أنتشار سرطان الثدي في الاردن من خلال السجل الوطني للسرطان.

لقد أثبتت كثير من الدراسات أن الظروف الاجتماعية والأقتصادية الصعبة و الكآبة و النكد الدائم و العصبية الناتجة عن الاصابة بهذا المرض تشكل أسباباً أكثر من مجرد الإصابة بالسرطان فهي تحول دون مقاومة السيدة المصابة لهذا المرض , وأثبتت الدراسات ان الأجسام تتكيف مع العوامل والظروف الخارجية و الضغوطات النفسية و كل ذلك يؤثر في تطور المرض بوجه عام , ومما لا شك فيه , إذا كان العقل مثقلا بالقضايا الشائكة و الضغوط المختلفة و الالتزامات اليومية و التراكمات الاجتماعية فان

أجسامنا تكون ساحة مفتوحة للأورام و الجراثيم,ولن يكون بوسعنا الصمود أمام المـؤثرات السـامة و المضرة بالصحة .

دور الأخصائي الاجتماعي الطبي مع المريضة وأسرتها
تشخيص الحالة

عند إحالة الحالة إلى الأخصائي الإجتماعي الطبي يقوم بدراسة حالتها , وقد تستدعي هذه الدراسة بضع خطوات يقوم بها , كالمقابلة أو الزيارة المنزلية والإتصال بالمصادر وغيرها مـن الخطـوات المتبعـة في العمل الاجتماعي, وعلى أساس هذه الدراسة وبعد مشاورة الطبيب يبدأ في تنفيذ خطـة العـلاج الطبـي متعاوناً في ذلك مع المريضه أو أسرتها , واضعاً أمام عينيه هدفاً أساسياً هو مساعدة المريضه للأستفادة من العلاج الطبي المقرر لها والتكيف مـع البيئـه الاجتماعيـة التـي تعـيش فيهـا حتـى تصـل إلى أقصىـ مـا تستطيع أن تصل إليه من المواطنة الصالحة , وهو في سبيل ذلك يمارس المهام الآتية:

الأثر النفسي لسرطان الثدي

تختلف أستجابة المريض نحو المرض الذي يعانيه تبعاً لتكوين شخصيته والبيئة الاجتماعيـة التـي يعيش فيها ونوع المرض . وتركيز اهتمام المريض في مرضه يؤثر في علاقاته الاجتماعيـة وموقفـه مـن البيئـة والعالم الذي يعيش فيه بوجه عام وللمرض آثار مختلفه على المريض منها:

- تثير الأمراض الجسميه في المريض عـادة الكثير مـن المخاوف والشعور بـالنقص لتهيب القـوى المجهوله التي قدر له أن يواجهها.

- يتعرض المرضى وأسرهم لأنواع من الأزمات الاقتصادية نتيجة تعطل معيل الأسرة عـن العمـل , ويؤثر المرض على ميزانية الأسرة نتيجة تحملها الكثير مـن النفقـات الإضافيه التـي تـؤدي إلى استنفاذ موارد الأسرة وإغراقها في الديون.

- لم تجد معظم الأبحاث دليلاً على رابط مباشر بين التوتر وسرطان الثدي . لكن يشيع الأعتقاد أن العوامل العاطفية أو النفسية قد تسبب السرطان – وليست هـذه فكرة جديـدة . فقبـل 2000 عام تقريباً , لاحظ الطبيب الإغريقي غالن أن النساء الكئيبات أكثر عرضة للسرطان مـن النسـاء الأخريات . وقد تجدد الاهتمام في رابط الجسم والعقل والسرطان في العقود القليلة الماضية إذ فهم العلماء بصورة أفضل العلاقات المعقدة الموجودة بين جهاز المناعة والهرمونات والجهاز العصبي . وتشير الأدلة إلى أن التوتر قد يوقع الخلل في العديد مـن مكونـات جهاز المناعة وأن جهاز المناعة المعطل قد يزيد خطر تعرض الشخص للسرطان , كـما يـؤثر التوتـر أيضاً في جهاز الغدد الصماء (الهرموني) للفرد , ما يزيد أو يخفض إفراز عدة هرمونات.

- وقال باحثون آخرون إن السرطان يحدث على الأرجح عند أصحاب شخصيات معينة – أولئك الـذين يكبحـون عـواطفهم , ولا سـيما الغضـب , والـذين يجعلـون احتياجـات الآخرين قبـل احتياجاتهم أو الذين يتخذون موقف العجز أو اليأس أو ما يعرف بالشخصية العرضة للسرطان (النوع C).

- وعلى مر السنوات , اختبر الباحثون هذه النظريات في عـدد كبير مـن الدراسات لمعرفة مـا إذا كانت الأحـداث المجهـدة في الحياة أو العوامـل النفسية تـؤدي دوراً في نشوء سرطـان الثدي وتفاقمه . لكن النتائج جاءت غير حاسمة ومتناقضة.

- أظهرت بعض الدراسات وجود رابط بـين الأحـداث المسببة للتـوتر في الحياة , مثل الطـلاق أو الأنفصال أو موت الزوج أو صديق حميم أو قريب , ونشوء سرطان الثدي أو تفاقمه أو ارتـداده. لكن دراسات أخرى أظهرت العكس تماماً – أي أن الأحداث المسببة للتوتر في الحياة لا ترتبط بخطر الإصابة بسرطان الثدي . وبطريقة مماثلة , لم تجد معظم الدراسات أن عوامـل الشخصية ترتبط بخطر الإصابة بسرطان الثدي .

- في الإجمال , يبقى الدليل على العلاقة بين العوامل النفسية والاجتماعية وسرطان الثدي ضعيفاً. لكن بسبب العدد الضئيل للدراسات جيدة النوعية حول هذا الموضوع , يقـول بعض البـاحثين إنه من غيرالممكن اعتبار التوتر عاملاً مسهماً في سرطان الثدي.

الأثرالاجتماعي والاقتصادي لسرطان الثدي

تختلف أستجابة المريضه نحو المرض الذي تعانيه تبعاً لتكوين شخصيتها والبيئة الاجتماعيـة التـي تعيش فيها ونوع المرض . وإن تركيز اهتمام المريضه في مرضها يـؤثر فـي علاقاتهـا الاجتماعيـة وموقفهـا مـن البيئة والعالم الذي تعيش فيها بوجه عام وللمرض آثار مختلفه على المريضه منها :

- تثير الأمراض الجسميه عادة في المريضه الكثير مـن المخـاوف والشـعور بـالنقص لتهيـب القـوى المجهوله التي قدر لها أن تواجهها .

- تتعرض المريضة وأسرتها لأنواع من الأزمات الاقتصادية نتيجة تعطلها عن عملها خاصة إذا كانت المعيله الوحيده للأسرة , ويؤثر المرض علـى ميزانيـة الأسرة نتيجـة تحملهـا الكثير مـن النفقـات الإضافيه التي تؤدي إلى استنفاذ موارد الأسرة وأغراقها في الديون .

- يؤدي المرض الجسمي إلى تفكك الروابط الأسريه بسبب أضطرار المريضه إلى الإقامه بالمستشـفى لفترة طويله بالإضافه إلى أن المرض يشيع في الأسرة جواً من القلق حول الاجراءات الطبيـه التـي سوف تتخذ مع المريضه .

- يؤدي المرض إلى أضطراب مكانة المريضه في الأسرة , وربت الأسرة التي تعجز عن رعايتها واشباع حاجاتها تفقد سيطرتها عليها .

- تعاني المريضه التي تلحق بالمستشفى من جراء القلق علـى مصير أسرتها مـن ناحيـه التوجيـه والاشراف والرقابه . والأم التي تضطر إلى دخول المستشفى فتره مـن الزمن تتعرض أسرتها للأهمال .

- يرتبط المرض والعمليات الجراحيه بالموت ونجد بين المرضى نسبة كبيره تصاب بألوان من القلق النفسي .
- يثير جو المستشفى كثيراً من المخاوف بالنسبه لنوع المعاملة التي تتوقعها المريضه من الغرباء , بالاضافه إلى ازدحام المستشفى وأنعدام العلاقات المباشرة بين المريضه والطبيب , كل ذلك يزيد من وطأة المرض ويزيد مشكلة المريضه تعقيداً.
- زيادة حساسية المريضه وأختلاف النظره التي تنظر بها إلى بيئتها الاجتماعية , وقد يبنى سلوكها على أوهام خاطئه حيث تعتقد أنها أصبحت غير مرغوب فيها في الأسرة وأن بطء تلبية طلباتها يعني الأهمال المتعمد للتخلص منها .
- سرطان الثدي هو مرض عائلي ورغم أنه وراثي فهو لا يعطي إنطباعاً بذلك إنه يؤثر أيضاً على العائله والعلاقة بين المريضه وزوجها والمحيطين بها فكثير من السيدات اللواتي أصبن بسرطان الثدي يشعرن بالابتعاد عن الزوج وبالمقابل،فسرطان الثدي قد يكون السبب وراء تدمير العلاقة الزوجيه.
- يؤثر سرطان الثدي في العلاقات الزوجيه حيث تشعر السيدة بعد الاصابه بسرطان الثدي بطعن في أنوثتها اضافة للخوف من ضياع الزوج خاصه اذا كانت المعالجة باستئصال الثدي ،حتى ولوعبر الزوج عن شعوره بها لفظيا فهذا غير كافي لزوجةمر يضه، فهناك الكثير من الاشياء يستطيع الزوج فعله لزوجته للتعبير عن مشاعره اتجاهها طرق تعبير الزوج عن مشاعره لزوجته المريضه.

تأثير سرطان الثدي على الزوج

هناك بعض المشاعر العامة التي تصيب الزوج , كالغضب والقلق. ومما يخفف من هذه المشاعر ويجعلة قادراً على التأقلم أكثر معرفته بأنه ليس الوحيد المصاب بهذه المشاعر التي تسبب القلق وهي :-

- قلة النوم :الأستيقاظ في منتصف الليل بسبب الخوف من سرطان الثدي هو أمرٌ شائع , يجب على الزوج مشاركة زوجته المريضه بهذا الخوف كما أن استشارة المشرف الصحي تخفف كثيراً من هذا القلق.
- التوتر من الوحدة :ربما يشعر الزوج فجأه بأنه يريد قضاء بعض الوقت مع زوجته وأنه مشتاقٌ لها جداً عندما لا تكون معه . وهذا ارتكاس طبيعي لأن زوجته مريضه بمرض مهدد للحياة.
- لا يريد الزوج أن يتحدث عن مشاعره : هذه مشكله عامة مع الرجال (من صفات الرجولة) لذلك يجب على الزوج طلب المساعدة من الأخصائي الأجتماعي ويتحدث عن ما في داخله من مشاعر , وهذا أفضل ما يمكن فعله للتأقلم مع هذه الحالة.
- شعور الزوج أن زوجته تريد التحدث كثيراً عن سرطان الثدي الذي أصابها : ربما تشعر بعض السيدات المصابات بسرطان الثدي بالرغبة في الحديث عن السرطان بشكل علني -مرة تلو المرة , فيعاد الحديث الذي كان البارحة أو الأسبوع المنصرم أو الشهر الماضي . ربما يشعر الزوج أنه ليس من الضروري إعادة الحديث عن السرطان والمعالجة وبالمقابل فإن بعض السيدات يشعرن بالراحه عند إعادة الحديث . يجب على الزوج أن يكون صبوراً فالمرأه تفعل ذلك لكي تشعر بأن زوجها قريب منها.
- الشعور بالإهمال : بكلمه أخرى سيبدأ المعارف والأصدقاء بالأتصال بعد إجراء العمليه الجراحية للأطمئنان على صحة الزوجة بعد الجراحة وربما لا يسأل أحد عن وضع الزوج حيث يهمل تماماً , مما يعطي الزوج الشعور بالإهمال التام , وربما لا أحد يشكره على العناية بزوجته المريضه.

الشعور بتأثر الرغبة الجنسية , كما أنه في بعض الحالات قد يفقد أحد الشريكين قدرته على الإنجاب مما يسبب العقم عند الزوجين وهذا تماماً طبيعي.

على المرأه المصابة أستشارة الأخصائي الاجتماعي الطبي حيث يشاطرها الأحساس بالنقص والأحساس بالضياع ويساعدها على حل مشاكلها , إضافه إلى أن للأصدقاء والأقارب تأثيراً مساعداً كبيراً على الرفع من معنويات المصابه.

التدخل

على المرأه المصابة أستشارة الأخصائي الاجتماعي الطبي حيث يشاطرها الأحساس بالنقص والأحساس بالضياع ويساعدها على حل مشاكلها , إضافه إلى أن للأصدقاء والأقارب تأثيراً مساعداً كبيراً على الرفع من معنويات المصابه. يتمثل دور الأخصائي الاجتماعي الطبي فيما يقوم به من أعمال وما يقدمه من ألوان الرعاية وما يطبقه من طرق الخدمة الاجتماعية ومبادئها.

دور الأخصائي الاجتماعي الطبي مع المريضة وأسرتها

عند إحال الحالة إلى الأخصائي الإجتماعي الطبي يقوم بدراستها , وقد تستدعي هذه الدراسة بضع خطوات يقوم بها , كالمقابلة أو الزيارة المنزلية والأتصال بالمصادر وغيرها من الخطوات المتبعة في خدمة الاجتماعية , وعلى أساس هذه الدراسة وبعد مشاورة الطبيب يبدأ في تنفيذ خطة العلاج الطبي متعاوناً في ذلك مع المريضه أو أسرتها, واضعاً أمام عينيه هدفاً أساسياً هو مساعدة المريضه للأستفادة من العلاج الطبي المقرر لها والتكيف مع البيئه الاجتماعية التي تعيش فيها حتى تصل إلى أقصى ما تستطيع أن تصل إليه من المواطنة الصالحة , وهو في سبيل ذلك يمارس المهام الآتية :

- مساعدة المريضة على تقبل شكل ثديها بعد عملية الأستئصال.
- مساعدة المريضة على التخلص من مظاهر الأنفعال والقلق والأضطراب الذي يبدد طاقتها ويأخر شفائها .
- شرح النواحي الاجتماعية الطبية في حالة المريضه للقائمين على علاجها ولأسرتها وللمريضه نفسها .

- تحقيق الأستجابة الملائمة للمريضه بالنسبة للمؤثرات الجديده التي طرأت على حياتها فدخولها المستشفى للعلاج فتره من الزمن تجربة جديدة تتطلب استمرار علاقاتها بالمحيطين بها وهذا يساعد على احتفاظها بروحها المعنوية ودورها الإيجابي إزاء كل ما يستجد في حالتها وبيئتها من تغيرات .

- دراسة وتشخيص وعلاج المشكلات المختلفة التي تواجه المريضة أثناء العلاج وبعده .

- العمل على الأستفادة من الإمكانات الموجودة بالمستشفى أو البيئة لتوفير المساعدات المادية للمريضة , بقصد تعويضها وأسرتها على ما فقد من دخل بسبب المرض .

- الإتصال بأسرة المريضة لتهيئة الجو العائلي , وتدعيم علاقاتهم بها , وتزويدها بأخبار الأسرة التي تهمها وتؤثر في حالتها النفسية وتشعرها بأهميتها ووجودها .

- زيارة المريضة في منزلها بعد خروجها من المستشفى لمتابعة حالتها ومواصلة حل المشكلات المترتبة على المرض.

دور الأخصائي الاجتماعي الطبي مع الزوج
يتمثل دور الأخصائي الاجتماعي الطبي مع الزوج في محاولة توضيح الطرق التي يجب أن يتبعها الزوج ليثبت لزوجته وقوفه جانبها وعدم تخليه عنها خلال فترة علاجها:

- قيام الزوج بمساعدة زوجته في الاعمال الروتينية كترتيب المنزل.عادة يكون صعبا مع السيدات المريضات أن يطلبن المساعدة,حيث يكاد عادة قلقات على الاعمال المنزلية.فعندما ياخذ الزوج على عاتقه بشكل تلقائي القيام بالاعمال المنزلية يخفف الحب,عن زوجته المريضة ويؤمن لها وقت الراحة دون ان تشعر بالذنب.

- قيام الشريك ببعض الاعمال الرومانسية:مهما كان تواتر حدوثها,مثلا اخذ يوم اجازة واصطحاب زوجته الى رحلة,وقضاء عطلة نهاية الاسبوع في جو عاطفي بعيد عن الضجيج,وهذه اشياء صغيرة ولكنها معبرة,وكانها تقول: أنا افكر فيك

دائما عندما تكونين بجانبي اريدك أن تتجاوزي هذه المرحلة الصعبة وأريد أن ابقى معك.

- قيام الزوج بالبحث المستمر في المعلومات حول سرطان الثدي.
- قيام الزوج ببعض الاعمال الضرورية,فالزوج يعرف أكثر من اي شخص آخر بما يسعد زوجته ويجعلها تضحك ويخفف توترها,مثل أن يحضر شريط فيديو كوميدي تحبه زوجته فمثل هذه الافلام الفكاهية تجعل الزوجة تضحك بسعادة وكأن الزوج يقول لها"أنا اريد أن اشجعك وأنا جاهز لفعل اي شئ من أجل ذلك ".
- قيام الشريك بتخصيص وقت خاص يضيعه مع زوجته كل يوم تكون عادة مريضة بسرطان الثدي محبطة ويتغير شعورها بين يوم وآخر.يجب ان يحاول الزوج قضاء وقت مع زوجته يوميا يتأكد من حالتها يوميا وليسالها كيف تشعرين اليوم؟ كيف احوالك؟ كيف يشعر الاولاد كثيرا من الازواج لاحظوا ان الجلوس لعشر او خمس عشرة دقيقة على السرير كل صباح ليحدث بعضهما البعض يكون وقتا ممتعا وجيدا.
- قيام الزوج بترك زوجته تقضي بعض الوقت بهدوء ويكون ذلك مثالا للاخرين,فمريضة سرطان الثدي يمكن أن تجلس بهدوء حسب شعورها اليومي وهذا لايعني ان على الشريك ان لايشاركها احساسها بل انه يعرضها لبعض الوقت للتفكير وتحديد كيف تشعر.
- قيام الشريك بدعم زوجته اذ كانت تريد الحديث عن سرطان الثدي مع الاصدقاء,فالناس مختلفون في التعامل مع المرضة.بعض الناس يريدون أن يتحدثوا بشكل مكشوف عن المرض مع الاخرين,فاذا أرادت الزوجة التحدث عن إصابتها بالسرطان مع بعض الأصدقاء في البيت,فربما هذا الحديث لايريح بعض الأصدقاء ولكن الكثير منهم يشعرون بالأرتياح ويصبحون أصدقاء مقربين.

المراجع

2. محمد عبد المنعم نور،(1978) الخدمة الاجتماعية الطبية والتأهيل, , دار المعرفة،القاهرة، م.

3. محمد عبد المنعم نور،(1983) الطب والمجتمع, , دار اللواء، القاهرة ، م.ط.

4. إقبال محمد بشير(1981)،الخدمة الاجتماعية في المجال الطبي والتأهيل, المكتب الجامعي الحديث، الإسكندرية،م.

5. عبد المحي محمود صالح، (1999) أسس الخدمة الاجتماعية الطبية والتأهيل،دار المعرفة الجامعية،الإسكندرية،م .

6. حسين عبد الحميد احمد رشوان (1988)،دور المتغيرات الاجتماعية في الطب والأمراض , المكتب الجامعي الحديث، الإسكندرية،م.

7. خالد رشيد عبد الله ، (1984)مدخل إلى الخدمة الاجتماعية الطبية النفسية،مطابع بجد التجارية،الرياض،م.

8. بشير اقبال وعثمان سلوى (1986) الممارسة المهنية للخدمة الاجتماعية في المجال الطبي، المكتب الجامعي الحديث، الاسكندرية.

9. نيازي ,عبدالمجيد طاش, **السرطان والخدمة الاجتماعية**,, مجلة العلوم الاجتماعية، كانون الاول 2007

http://www.swmsa.com/modules.php?name=News&file=article&sid=1931

● Dhooper,s., surjit (1997), social work in Health Care in Th 2,st Century, SAGE publications Ltd. London.

● Schwartz, D., Howard & Kart, s., (1978), Dominant Issues in Medical Sociology, Adison-Wesley publishing Company, Canada .

الفصل العاشر

العمل الاجتماعي في مجال الازمات والكوارث

العمل الاجتماعي في مجال الازمات والكوارث

1- نشأة وتطور العمل الاجتماعي مع الازمات والكوارث :

بدأ العمل الاجتماعي في مجال الازمات والكوارث منذ عام 1918م حينما بدأت خدمة الفرد التعامل مع الأزمات على يد(بيرنا رينولز) . ثم جاء "أيركسون" وهو عالم أنثروبولوجي ومحلل نفسي- ويعد من أهم العلماء الذين اثروا كثيرا في هذه النظرية حيث يشير إلى - أن الفرد يمر بسلسلة من أزمات الحياة أو أزمات الهوية كذلك بين " ايركسون" أن كل أزمة من أزمات الحياة توفر فرصا جديدة لاعادة النظر في الحلول القديمة السابقة ، لذلك فان الأزمة التي لا تحل حلا مناسبا في مراحل سابقة من النمو قد يعاد حلها بشكل جديد خلال أزمات الهوية التالية. فالأزمه تمثل فترات من الأمل والتحدي والاضطراب والقلق. ففي كل مرحلة هناك مشاكل يجب مواجهتها ، ومهام يجب تنفيذها، كما يتم اكتشاف احتمالات وإمكانيات جديدة ، وكل من هذه الجوانب يمكنها أن تضيف ثراء وتطويرا للهوية.

أن الدراسات المتعلقة بالأزمات كدراسة ليندمان 1944م حول حالات الاكتئاب الحاد التي نتجت عن حريق نادي (كوكونات غروف) في بوستون بالولايات المتحدة الأمريكية عام 1943م ، ودراسات " تايهورست " عام 1957م حول المراحل الانتقالية حول الآثار الناتجة عن موت الأفراد أو فقدانهم الأفراد والأسر نتيجة للحروب والكوارث قد ساهمت في بلورة منظور دراسة الأزمات .

أما في العام 1964م فقد شهد تطورالمفاهيم الخاصة بالأزمات والكوارث بعد أن نشرت أعمال "كابلن" في كلية الصحة العامة التابعة لجامعة هارفارد حيث تحولت هذه المفاهيم إلى نظرية تطبق على نطاق واسع في مجال الصحة العقلية. ثم تطورت نظرية التدخل في الأزمات في الدراسات الخاصة بالإسكان والجماعات والمجتمعات التي تواجه

كوارث ، مثل الفيضانات والأعاصير والحروب كما ساهمت أعمال "رابابورت وباراد" في تطوير وتحديد نظرية التدخل في الأزمات.

مما لاشك فيه ان هناك ترابطاً وثيقاً بين الحد من أعباء الفقر والتنمية والحد من مخاطر الكوارث حيث يعتمد كل منهما على الآخر. وتعد الكوارث أكثر تدميرا في الدول النامية وغالبا ما تتراكم مخاطر الكوارث تاريخيا من خلال التدخلات غير الملائمة للتنمية أو القصور في سياسات التنمية. وبالإضافة إلى ذلك، تؤدي الكوارث إلى إعاقة التنمية والتقدم نحو تحقيق أهداف التنمية. وقد تم "إدراج عنصر الحد من مخاطر الكوارث ضمن التنمية وخاصة من خلال دعم دور وأداء المؤسسات الريفية حيث تشير البيانات العالمية إلى وقوع الكوارث الطبيعية خلال العقد الأخير بصورة أكثر تواترا من الماضي كما تشير إلى أنها أصبحت أكثر تدميرا مما سبق.

وقد حضيت مخاطر الكوارث حتى وقتنا هذا باهتماما ودعما كافيا باعتبارها أحد أوجه التنمية المستدامة. وغالبا ما يتم اعتباره نظاما جديدا ومستقلا، ومع ذلك، لا يزال التعامل معه باعتباره آلية للاستجابة لأحداث التدمير التلقائية. وقد أكد تقرير الكوارث العالمية الصادر عن الاتحاد الدولي لجمعيات الصليب الأحمر الهلال الأحمر لعام 2004 على أنه رغم تغير وجه الكوارث وعدم ملاءمة السبل القديمة لمواجهتها، الا أنه لابد أن تبحث الشعوب المعرضة للمخاطر عن سبل جديدة لمواجهة تلك الكوارث من خلال مبادراتها الخاصة. كما ويؤكد التقرير على أن المجتمع المنكوب بالكوارث لا يزال يهتم اهتماما كبيرا بالاحتياجات من جهة وإمكانية التعرض للكوارث من جهة أخرى وأنه يتم بذل جهود ضئيلة في تحليل كيفية بقاء الشعوب على قيد الحياة والنجاة من الكوارث (بل وبرامج أقل تستفيد من استراتيجيات المواكبة الخاصة بتلك الشعوب) وتأييد محدود لإخضاع "المرونة" بدلا من "إمكانية التعرض للمخاطر" كعنصر رئيسي للمناقشات الخاصة بالدعم.

وتوصي السياسات بأن تسمح الحكومات بمشاركة المجتمعات والسلطات المحلية والمؤسسات في تنفيذ عمليات الطوارئ من أجل تحديد المجتمعات السكانية والمناطق

الأكثر عرضة للمخاطر والوصول إليها. إلا أن القدرات المحلية على التنفيذ الفعلي لإدارة مخاطر الكوارث لا يزال قاصرا إلى حد كبير. وتتمثل أحد التحديات ذات الصلة في كيفية مساعدة الحكومات وهيئات التنمية على دعم القدرات المحلية وتعبئة المنظمات المحلية من أجل المشاركة بفاعلية في تصميم وتنفيذ استراتيجيات إدارة والحد من مخاطر الكوارث المتكيفة محليا وقد أكدت أيضا على أنه:

أ- حتى في حالة وجود النظم الرسمية لإدارة مخاطر الكوارث، إلا أنها لا تصل في الأغلب إلى معظم المجتمعات المعرضة للمخاطر التي تضطر إلى حد كبير إلى مواجهة تلك المخاطر على أساس نقاط قوتها الخاصة بأسلوب تتكيف من خلاله مع تلك المخاطر وغالبا ما يكون فعالا.

ب- تتطلب إدارة مخاطر الكوارث مجموعة من التوجهات "من أعلى إلى أسفل" و"من أسفل إلى أعلى" من أجل الحد من المخاطر وزيادة فاعلية مواجهة الكوارث وإعادة التأهيل. وتستفيد نظم التنسيق الفعالة من الإدارة اللامركزية الرشيدة بمجرد تحديد الأدوار بوضوح وتحديد قدرات الحكومة المحلية.

ج- ينبغي أن يتم إدراك نظم إدارة مخاطر الكوارث باعتبارها جزء لا يتجزأ من السياسات والبرامج الدائمة للتنمية المستدامة.

يعد إدارة الأزمات من الموضوعات الإدارية الحديثة والهامة على المستويين : العالمي والمحلي ، لأن القرن الحادي والعشرين مليء بالتغيرات السريعة والمتلاحقة في شتى المجالات ، والتي قد تتسبب في حدوث أزمات على كافة مستويات المجتمع ، الأمر الذي يتطلب اتخاذ إجراءات مناسبة وشاملة لمنع وقوع الأزمات وإدارتها بفاعلية وكفاءة ، لأن الإدارة السيئة للأزمات قد تتسبب في الانحدار بالموقف إلى ما هو أسوأ ، وحدوث الكوارث سواء أكانت : مادية أم بشرية .

على الرغم من تعدد وتباين الأزمات التي يتعرض لها المجتمع إلا أن لكل أزمة من الأزمات الخصائص المميزة لها التي تتطلب أسلوباً معيناً لإدارتها يتوافق مع طبيعتها ، إلا أن كل الأزمات تخضع لعمليات منهجية علمية مشتركة في إدارتها ، لتجنب وقوعها ،

والتخفيف من نتائجها السلبية. لذا تمثل الأزمات نقطة حرجة تختلط فيها الأسباب بالنتائج مما يفقد المسؤليين قدرتهم على التعامل معها ، واتخاذ القرار المناسب حيالها ، في ظل ضيق الوقت، ونقص المعلومات. الأمر الذي قد يؤدي ، الى إحداث الخسائر المادية والبشرية .

2- مفهوم الأزمة و الكارثة و المشكلة

قبل البدء بتوضيح مفهوم الأزمة ، ينبغي التمييز بين مفاهيم الأزمة والكارثة و المشكلة فالمشكلة هي عبارة عن عائق يحول دون تحقيق الأهداف التي يسعى الانسان لتحقيقها ، وتعبر عن حدث له شواهد وأدلة ، تنذر بوقوع المشكلة بشكل تدريجي غير مفاجئ . مما يجعل إمكانية التوصل إلى أفضل حل بشأنها من بين عدة حلول ممكنة . والعلاقة بين المشكلة والأزمة الكارثة وطيدة الصلة ؛ فهي قد تكون سبباً في حدوث الأزمة و الكارثة ، ولكنها ليست الأزمة او الكارثة في حد ذاتها .فمفهوم الكارثة يعبر عن حالة مدمرة حدثت فعلاً ، ونجم عنها ضرر في العناصر المادية والبشرية أوكليهما.

وتعرف الأزمة بأنها خلل يؤثر تأثيراً مادياً على النظام كله، ويهدد الافتراضات الرئيسة التي يقوم عليها النظام .فهي حدث مفاجئ (غير متوقع) يؤدي إلى صعوبة التعامل معه. ومن ثم ضرورة البحث عن وسائل ، وطرق لإدارته بشكل يحد من آثاره السلبية.

اما بالنسبة للكارثة فهي حدث يجري في وقت معين وفي مجتمع معين او قطاع معين من المجتمع، يحمل مخاطر شديدة وخسائر مادية وبشرية تؤدي الى عجز التنظيمات الاجتماعية في ذلك المجتمع عن أداء كل او بعض وظائفها. تحدث الكوارث الدمار والفزع في المجتمع، فوضى في اداء الادوار الاجتماعية،اهتزاز القيم،...الخ.

وتعرف الأزمة في معجم العلوم الاجتماعية : " أنها توقف الحوادث المنتظمة والمتوقعة واضطراب العادات والعرف مما يستلزم التغيير السريع ، لاعادة التوازن ولتكوين عادات جديدة أكثر ملائمة " . كما تعرف الأزمة بأنها : " اضطراب عاطفي حاد

يؤثر في قدرة الفرد على التصدي عاطفيا أو معرفيا أو سلوكيا ، ويؤثر كذلك في قدرته على حل مشاكله بالوسائل العادية لحل المشكلة ، والأزمة ليست مرضا عاطفيا أو عقليا".

3- انواع الأزمات والكوارث

تُصنَّف الأزمات طبقاً لعدة أسس على شكل مجموعات وتصنف الأزمة تبعا لمعدل تكرارها وشدة تأثيرها وعمقها كما تصنف الأزمة من حيث شموليتها ،وتبعا لموضوعها، ويمكن تصنيف الأزمات و الكوارث الى كوارث طبيعية (زلزال،براكين، فيضانات، اعاصير) وكوارث يسببها الانسان (الحروب،التفجيرات الانتحارية،اختطاف الطائرات). وكما تتباين أنواع الأزمة ، تتباين أسباب الأزمة مابين كوارث إلهية تتعلق بالبيئة، وظروف العمل المادية ، وعدم وضوح الأهداف ، والخوف الوظيفي ، وسوء الفهم ، والشائعات.

خصائص الأزمة

تتشكل الازمة من قوى نفسية اجتماعية حسية تضغط على الإنسان. تسبب حالة عاليه من التوتر العصبى والتشتت الذهنى وذلك لانطوائها على عنصر المفاجآه، تصل هذه القوى الى مرحلة تهديد حياة الانسان. تهدد القيم العليا أو الأهداف الرئيسه للمنظمه، وتؤدي الى خروج عن السلوك اليومي وخارج امكانيات الافراد والمؤسسات. تتسم أحداثها بالسرعة والديناميكية والتعقيد والتداخل, وقد يفقد أحد طرفي الأزمة - أو كلاهما- السيطرة على مجرياتها، يصاحبها الشعور باليأس،الإحباط،والعجز وعدم الثقة بالنفس، مع تداخل مشاكل قديمة وخالية تؤدي الى تعقد الأمور، ينجم عن ظهور اعراض سلوكية مرضية (الاكتئاب ، القلق ، فقدان العلاقات الاجتماعية).

والازمة موقف لا يستطيع الانسان مواجهته لفترة طويلة اي موقف لا يمكن تحمله اكثر من (72) ساعة علما بأن الانسان الذي يتعامل بفاعلية وايجابية العلاج المحدد له يمكن ان يستعيد حالة التوازن خلال (شهر) ولكن سلبا أو ايجابا، قد يستطيع الانسان

استعادة حالة التوازن بحيث يجابه ازمات قريبة من الازمة السابقة وقد تظهر انماط سلوكية تفقده القدرة على مواجهة الازمات في المستقبل.

وتتطلب الأزمة معالجة خاصة , وإمكانيات ضخمة و تتطلب قرارات مصيرية لمواجهتها أو لحسمها على مستوى الافراد والجماعات والمجتمع وبدعم من مؤسسات خكومية وغير حكومية.

أسباب الأزمة

يقصد بأسباب الأزمة : مجموعة العوامل التي تنتج حالة من عدم التأكد تسبق الأزمة، من حيث الترتيب والتأثير . وتنشأ الأزمة لأسباب مختلفة ومتباينة ، تباين طبيعة الأزمة، ومكان ، وزمان حدوثها .وبصفة عامة يمكن أن تنشأ الأزمة نتيجة للأسباب التالية :

1- الكوارث الإلهية المتعلقة بالبيئة :التي تتمثل في الزلازل ، والبراكين ، والأعاصير، وتقلبات الجو، التي يصعب توقعها ، والتحكم في أبعادها ، ويكون لها تداعياتها، وتوابعها على أداء المدرسة .

2- ظروف العمل المادية في البيئة : مثل عدم توفر الظروف المادية من تهوية أو إضاءة ، وعدم توافر وسائل الأمن والسلامة كطفايات الحريق ، ومخارج الطوارئ طبقاً لقواعد أنظمة الحرائق ، وعدم المحافظة على البيئة من حيث التلوث كتسرب الغازات، وعدم النظافة.

3- سوء الإدارة مثل استخدام الرقابة الصارمة ، وعدم العدالة في التحفيز ، وأسلوب التعامل ، وعدم ترك حرية إبداء الرأي ، وما يترتب على ذلك من عدم ا لقدرة على تحمل المسؤولية ، وعدم الثقة ، وعدم وضوح الأهداف وما يترتب على ذلك من عدم وضوح الأولويات ، والأدوار المطلوب تحقيقها.

4- وما يترتب الخوف الوظيفي ما سبق غياب التغذية الراجعة ، وعدم الاعتراف بالأخطائهم ، وتغليب المصلحة الخاصة على العامة .والتفسير الخاطئ للأمور اعتماداً على الجوانب الوجدانية والعاطفية أكثر من الجوانب العقلية ، والاعتماد على

الشائعات حيث انها تمثل مصدراً أساسياً لحدوث الأزمات ؛ لأنها تحمل في مضامينها تصعيداً للمواقف ، تعتمد على معلومات غير دقيقة . وأيّ كانت أسباب الأزمة فأنه يترتب على حدوثها نتائج (آثار) سلبية أو ايجابية .

مراحل نشوء الأزمة

تمر الأزمة من وجهة نظرالعديد من الباحثين في مجال الاداره بأربع مراحل أساسية:

- **المرحلة التحذيرية** : تسبق نشوء الأزمة ، وتتضمن استشعار الإنذار المبكر، الذي يشير إلى وقوع أزمة ، واستشراف المتغيرات البيئية ، والاحتمالات ، والبدائل.

- **مرحلة نشوء الأزمة** : تقوم على عدم إمكانية (قائد فريق الأزمة) من في توقع حدوث الأزمة ، وتقود إلى تعاظم المتغيرات الدافعة لحدوث الأزمة ، وزيادة احتمالية المواجهة .

- **مرحلة الانفجار** : تأتي مباشرة بعد عدم قدرة (قائد فريق الأزمة) في التعامل مع العوامل التي أدت إلى حدوث الأزمة ، وعدم القدرة على السيطرة على متغيراتها المتسارعة ، وتتطلب هذه المرحلة القدرة على تحقيق التكامل بين الأنشطة المختلفة التي تستوجبها طبيعة الأزمة ، وإيجاد مناخ يقوم على التفاهم تكفل توافر المعلومات والبيانات للتنبؤ بالمستقبل وتحقيق الإدراك الكامل لطبيعة الأزمة وخطورتها ، وتنمية العلاقات التبادلية والتكاملية مع البيئة الخارجية .

- **مرحلة انحسار الأزمة** : حيث تتلاشى في هذه المرحلة العوامل التي تسببت في حدوث الأزمة ، ويتحقق التوازن الطبيعي داخل البيئة.

الآثار المترتبة على الكوارث والأزمات

يتأثر الأفراد والاسر و المجتمع بالكوارث حيث يتعرض الافراد الى امراض عصبية مثل القلق والاكتئاب والانطواء وخاصة الاطفال وكبار السن والامهات والارامل والمهاجرين. اما اثار الكوارث على الاسر فتتمثل في عدم قدرة الاسره على التوافق والتماسك والتكامل بعد الكارثة حيث يضعف او يتلاشى دورها في اداء الادوار، وخاصة اذا زاد عدد الاطفال وكبار السن والاشخاص المعالين داخل الاسرة. اما اثار الكوارث على المجتمع فتختلف من مجتمع لآخر ومن زمن لآخروطبقا لحجم الكارثة وتأثيراتها حيث يرافق الكارثة (الفوضى والتخبط في الادوار وحدوث حالات الانحراف احيانا ،وبالمقابل فأنها تعد فرصة جيدة لبروز قيادات ومنظمات اجتماعية جديدة لمواجهة الاخطار ثم التوجه نحو بناء خطط اكثر فاعلية لمواجهة الكوارث ذات الاثر الاعم والاكبر والاشمل في المستقبل.

4- دور العمل الاجتماعي في أدارة الأزمات والكوارث

تعددت مفاهيم إدارة الأزمات والكوارث بتعدد الكتّاب والباحثين، واختلاف وجهات نظرهم حول كيفية تناولهم لإدارة الأزمات، وأن كانت توجد بينها سمات مشتركة. ويمكن تعريف إدارة الأزمات بأنها: الخطوات التي تتخذ لتقليل مخاطر حدوث الأزمة ويمكن القول ايضا بأنها العملية الإدارية المستمرة التي تهتم بالإحساس بالأزمات المحتملة، عن طريق الاستشعار ، ورصد المتغيرات البيئية الداخلية والخارجية المولدة للأزمات ، وتعبئة الموارد والإمكانات المتاحة ؛ لمنع أو الإعداد للتعامل مع الأزمات بأكبر قدر ممكن من الكفاءة والفاعلية ، بما يحقق أقل قدر من الضرر للمنظمة والبيئة والمجتمع مع ضمان العودة للأوضاع الطبيعية في أسرع وقت ، وبأقل تكلفة ممكنة، ودراسة أسباب الأزمة لاستخلاص النتائج لمنع حدوثها ، وتحسين طرق التعامل معها مستقبلاً و محاولة الإفادة منها إلى أقصى- درجة ممكنة.

فإدارة الأزمات تعتبر أسلوبا للتعامل مع الأزمة بالعمليات المنهجية العلمية والإدارية من خلال : اتخاذ الإجراءات والتدابير الوقائية ، التي تعمل على تلاشي حدوث الأزمة والتقليل من آثارها السلبية ، وتحقيق أكبر قدر من النتائج الايجابية ، والتنسيق بين جهود أعضاء الفريق والهيئات المساندة التي تبذل لإدارة الأزمة ، وترشيد خطوات فريق الأزمات وتزويده بالمعلومات اللازمة لإدارة الأزمة ، والإشراف على سير العمل في موقف الأزمة ؛ للتأكد من صحة مسارات وتنفيذ خطط الطوارئ ، وتشكيل فرق لمواجهة الأزمات حسب طبيعة ونوعية كل أزمة قادرة على التعامل مع الأزمات ، والتأثير في فريق الأزمات لدفع نشاطهم وحفزهم على اتخاذ القرار المناسب رغم ضيق الوقت ، ونقص المعلومات ، وتسارع الأحداث. أن الأزمات تعد فرصا للتعلم ، من خلال تقييم موقف الأزمة ، والإجراءات التي اتخذت في التعامل مع الأزمة ومحاولة تحسينها .

ومن خلال ذلك الاستعراض السابق لمفاهيم إدارة الأزمات يمكن أن نلخص ان نظرية التدخل في الأزمات في : " مجموعة من المفاهيم المتعلقة بردود أفعال الأشخاص عندما يواجهون تجارب حياتية غير مألوفة " ، قد تكون هذه التجارب على هيئة كوارث طبيعية أو فقدان معنوي ما أو تغييرات في البناء الاجتماعي أو تغييرات في دورة الحياة.

وقد قدمت قولن في عام 1978م تصورا لنظرية التدخل في الأزمات والذي حددت فيه أهم فروض النظرية ، وفقا لما يلي :

- أنه من الطبيعي لأي شخص أو جماعة أو منظمة يتعرضون لأزمات خلال حياتهم.
- أن الأحداث الخطيرة التي يمر بها الإنسان تمثل المشكلات الأساسية التي تمهد لحدوث الأزمة.
- أن الأحداث الخطيرة يمكن التنبؤ بها أو توقعها (كمرحلة المراهقة والزواج والانتقال للتقاعد) كما أن هناك أحداثا غير متوقعة (كالموت والطلاق والكوارث البيئية والمرض) .

- أن حالة المعاناة من هذه الأحداث تتضح عندما يفتقد ضحاياها ، أشياء معينة منها: أ)- فقدان التوازن في قدرتهم على معالجة الأزمات التي تصيبهم. ب)- تبذل الجهود لاعادة التوازن ولكن الفشل فيها قد يترتب عليه توترات وضغوط نفسية مع كل حالة فشل ، كما أن تراكم حالات الفشل قد يضاعف من حالات التوتر مما قد يساعد في زيادة اشتعال الأزمة .
- مظاهرة الأزمة أو أعراضها ، قد توحي إلى الباحث الاجتماعي بأنها الأزمة الحقيقية ، بينما هي أعراض لأزمة أخري أساسية ، وبالتالي يجب البحث عن الأزمة الحقيقية وليس عن أعراضها.
- أن النجاح في التغلب على الأزمة في الماضي يساعد على التغلب عليها في المستقبل.
- الأشخاص الذين يواجهون أزمات هم أكثر انفتاحا لتقبل المساعدة من الذين لا يواجهون مثل هذه الأزمات.
- أن التدخل في وقت حدوث الأزمة أكثر نجاحا من أي وقت أخر.
- الوقوع في الأزمات والتغلب عليها يعلم منها الناس طرقا جديدة لحل المشكلات بصورة أكثر فعالية ، كما يحسن من مقدراتهم على التوافق مع الأزمات مستقبلا.

5- استراتيجيات العمل الاجتماعي للمواجهه والتعامل مع الأزمة

ان مؤسسات ادارة الازمات في المجتمع هي التي تتولى عملية الاعداد المسبق لادارة الازمات والكوارث.ذلك ان الجهود الفردية في ادارة الامور لن تفضي الا الى المزيد من التخبط وعدم الادراك السليم لإدارة الازمات والكوارث ان مؤسسة ادارة الكوارث والازمات على المستوى الاصغر والأوسط والأشمل هي السبيل العلمي والمهني لتفعيل الادوار الوقائية والعلاجية في مجال الازمات والكوارث،من خلال تفعيل جملة من الاساليب والإجراءات والمهارات الادارية والانسانية تتمثل في:

- تبسيط الاجراءات واختصارها استثمارا للوقت حال وقوع الازمة.

- تفويض السلطة للفريق المعالج في مكان الازمة وعدم مراجعة الادارة الا للضرورة.

- العمل بشكل مباشر بعيدا عن التأجيل وذلك خلال (24) ساعة ليلا نهارا،دون الحاجـة الى حجـز المواعيد او تأجيل المهام او المساعدات .

- الناجون بحاجة الى المسـاعدات العينيـة المباشرة دون إبطاء أو تأجيـل فهـم في تلك اللحظـات والظروف الأكثر صدقا واحساسا وحاجة.

- تمكين الفريق المعالج من الاستفادة من موارد البيئة المتاحة (مدرسة ، مستشفى ، نادي رياضي ، مركز تنموي) وتقدم الخدمة في مكان آمن ومعروف ومعان لدى الافراد قبل حدوث الازمة.

- تأهيل المراكز والاماكن لاستقبال الحالات المختلفة من الناجين وذلك بالإعداد المسبق والفعال.

- اجبار الناجين على الاستفادة من العلاج اذا استدعت الظروف ومتابعـة الحـالات ضـمن سياسـة مرسومة ومعدة مسبقا.

ان الهدف من مواجهة الأزمات هو ادارة الموقف من خلال استخدام الامكانيات البشريه   والمادية المتوفره من خلال مايلى :-

- وقف التدهور والخسائر

- تأمين وحماية الافراد والمجتمع.

- السيطرة على حركة الأزمة والقضاء عليهامن خلال معرفة مصدرهابالسرعة الممكنة.

- الاستفادة من الموقف الناتج عن الأزمة فى الإصلاح والتطوير .

- دراسة الأسباب والعوامـل التـى أدت للأزمـة لإتخـاد إجـراءات الوقايـة لمنع تكرارهـا أو حدوث أزمات مشابهة لها .

إن قيادة الازمة تتطلب تفجير طاقات جديده لم تستخدم يصعب تفجيرها فى ظل البيئة العادية. وبذلك تكون مهام قيادة الأزمة اختيار الاتجاه بالمشاركة مع الآخرين و تحفيز دفع الناس للمشاركة و حشد الطاقات الكامنة لأداء أعمال غير روتينية وأهم مايجب ان يقوم به القائد وقت الأزمات هو أن يطلب منهم القيام بالأشياء التى تدربوا عليها وليس القيام بأعمال ومهام جديده هم غير معتادين عليها .

إن فريق قيادة الأزمة هو العقل الذى يعطى الأوامر والتعليمات فى تعاون وثيق مع القيادة الرئيسية. يتطلب التدخل المهني في حالات الأزمات والكوارث التعرف على الأزمة أو الكارثة أولا ، على اعتبار أن نموذج العلاج الذي يعده الأخصائي الاجتماعي يحتاج التعرف على الأزمة ،ذلك أن نوع العلاج هنا فقط ينطبق على المشاكل التي تنطبق عليها شروط الأزمة أو الكارثة وخصائصها ،والتدخل المهني في حالات الأزمات والكوارث يقصد به "عمليات التأثير الايجابي و الفعال في مستوى التوظيف النفسي- والاجتماعي- التي يقوم بها الأخصائي الاجتماعي - لفرد أو جماعة ، أو ربما المجتمع في موقف الازمة أو الكارثة". فالأخصائي الاجتماعي عليه مراعاة الاعتبارات والمهارات المهنية التي تساهم في نجاح تدخله ونذكر منها ما يلي :

- أن الناجين او المتضررين من حدوث الازمة يكونون اعتماديون على الاخرين، واقل ميلا إلى الاعتماد على الذات.
- يحتاج الناجون او المتضررون الى الجلوس مع الاخصائي الاجتماعي لذا لا بد من تقصير مدة المقابلات ، لمقابلة اكبر عدد ممكن من المتضررين . فتدخل الاخصائي الاجتماعي في الازمات هو نوع من العلاج القصير، لذا فإن التدخل يجب أن يتضمن عدد محدود من المقابلات تصل في متوسطها إلى ستة مقابلات على مدى ما بين بين (4-6) اسابيع.
- على الاخصائي الاجتماعي التدخل في الازمة او الكارثة حال حدوثها.

- يهدف التدخل الاولي لتقديم المساعدة من قبل الاخصائي الاجتماعي يهدف الى اعادة التوازن الطبيعي للمتضررين وليس علاجا جذريا ،فتلك مهمات وواجبات مؤسسات أخرى.

- ينبغي التركيز على الاحداث الحاضرة وعدم التفكير بأسباب الازمة أو آثارها العامة.

- يجب عدم نقل المتضررين او الناجون من اماكن الحدث(البيئة) لأن البيئة تعد جزء من العلاج.

- ادراك الاخصائي الاجتماعي ان هناك تغيرات في الادوار ناتجة عن الازمة فلا بد من التفكير في بدائل لعب الادوار داخل الاسرة او الجماعة.

- الالتزام بالصراحة والوضوح والامانة والدقة في تقييم الموقف من حيث درجة الخطورة حيث يعد ذلك جزء من التقييم السليم القائم.

- إن طلب المساعدة من قبل الناجين او المتضررين من علامات القوة وليس الضعف وهو من الركائز الاساسية للعلاج.

- يكون عمل الاخصائي الاجتماعي من خلال فريق عمل يتكون من:(الاخصائي الاجتماعي،طبيب نفسي،طبيب بشري،ممرضة،اخصائي تغذية،متطوعون من المجتمع المحلي). اما فيما يتعلق بقيادة الفريق فيجب ان تكون للشخص او العضو الاكثر قدرة على التدخل الناجح في الازمة.

ونود الاشارة إلى الكارثة العدوانية (احداث الاربعاء المشؤوم)في الأردن 2004/11/9، والتي تم الإعلان في البدء عن وفاة 67 شخصا وإصابة ما يزيد عن 300 شخص، وتم تعديل الأرقام لاحقا لتصبح 57 قتيلا و115 جريح، وضربت هذه التفجيرات حفل زفاف في فندق الراديسون ساس فيه حوالي 300 مدعو. وبالرغم من نجاة كل من العروسين، إلا أن كلا الأبوين بالاضافة إلى والدة العروس لاحقا و 11 قريبا قتلوا. كما

توفي المخرج السوري مصطفى العقاد الذي كان في مدخل فندق حياة عمان بعد إصابته في التفجيرات بيومين، كما قتلت إبنته ربما أثناء التفجيرات أيضا.
كما كان بين الضحايا 33 أردنيا، 6 عراقيين، 5 فلسطينيين، ثلاثة أمريكيين، وإثنان من فلسطينيي الداخل (عرب إسرائيل)، وبحرانيان، وثلاثة صينيين مندوبون عن جيش التحرير الصيني، وسعودي واحد ومواطن إندونيسي واحد. وكان من بين الضحايا الفلسطينيين العقيد بشار نافع، رئيس الإستخبارات العسكرية في الضفة الغربية، والجنرال عبد علون، وجهاد فتوح أخ الرئيس الفلسطيني المؤقت سابقا روحي فتوح والملحق الإقتصادي في السفارة الفلسطينية في القاهرة، ومصعب خورما، الرئيس التنفيذي السابق لشركة الإتصالات الفلسطينية ،كما كان أحد فلسطينيي الداخل هو حسام فتحي محاجنة، رجل أعمال من مدينة أم الفحم, ومن العراقيين علي الشمري ومحسن الفضل وفرات عبدالصاحب وهم من موظفي وزارة النفط العراقية.

إن هذا الحدث المشؤوم قد نبه إلى ضرورة أبراز التدخل المهني للأخصائي الاجتماعي في مجال الأزمات والكوارث. وقد تبنت جلالة الملكة رانيا المعظمة الدعوة إلى ضرورة العمل إلى تدخل العمل الاجتماعي مع ضحايا الازمات والكوارث. وترتب على ذلك توقيع اتفاقية مع جامعتي ريدينغ وبرونيل البريطانيين للعمل في هذا الاطار بالتعاون مع جامعة البلقاء التطبيقية والجامعة الهاشمية / الأردن .

التدخل المهني للعمل الاجتماعي في حالات الازمات والكوارث

قبل الحديث عن خطوات التدخل في حالات الازمات والكوارث ومهاراتها،لا بد من التأكيد على ان التدخل المهني من قبل الاخصائي الاجتماعي في حالات الازمات والكوارث يهدف اولا الى الوصول بالمصابين والناجين من الكارثة او الازمة الى مرحلة استعادة الثقة بالنفس ، والقدرة على اعادة تكيف المصابين والناجين من الموقف، ونقلهم فكريا وجسديا الى مرحلة الامان والاحساس بالطمأنينة وصولا الى حالة من التوازن النسبي.

ان خطوات التدخل المهني ليست انفعالية او اعتباطية بل هي في مجملها تستند الى هدفين رئيسيين احدهما (عاجل) بقصد اشباع الحاجات الاساسية للمتضررين وتحجيم الازمة وتحويلها الى مشكلة عادية ، فمثلا اذا حدث تماس كهربائي في مدرسة ونتج عنه حريق ، فالهدف العلاجي يعني اخلاء الطلبة والعاملين في المدرسة ونقلهم الى مكان آمن وليس البحث في اسباب وتفاصيل المشكلة.

وأما الهدف الرئيسي الثاني فهو الهدف (المؤجل) وذلك تلاشي المظاهرالاولية للأزمة او الكارثة ، بحيث يؤدي الهدف الأول الى تنمية المشاعر الايجابية للمصابين ويتمثل بالعمليات التالية:

1.دراسة الازمة او الكارثة بالتفصيل.

2.التشخيص السليم والدقيق للأزمة.

3.الواقعية في العلاج وخطة التدخل.

4.استمرارية المساعدات المادية للمصابين وتوجيههم للجهات التي تساعدهم.

5.اشراك الاسرة والاصدقاء في عملية العلاج من خلال توزيع الادوار.

ويمر التدخل في الازمات والكوارث بمجموعة من الخطوات المهنية التالية:

1. الدراسة الاستطلاعية :

مسح اولي يحدد من خلاله (مكان ، تاريخ ،نوع المتضررين واعدادهم) من الازمة تقييم الوضع هل هو (ازمة ، مشكلة ، كارثة) ، وهل حدثت بصورة مفاجئة او تدريجية ،من المسؤول،مدى الخطورة،الخسائر.

2. التخطيط العلاجي (العاجل والمؤجل):

ازالة التوترات،استثارة امكانيات وطاقات المتضررين،اشراك الاسرة والاصدقاء في عملية العلاج،وتقديم المساعدات العينية المباشرة للمتضررين.

3. التقدير (التشخيص العلاجي):

تحديد الطاقات والامكانيات المتبقية لدى المتضررين،تحديد دور الاسروالجماعات ذات العلاقة في العلاج ومعرفة مدى تقبل الجميع للتغيير المطلوب. ما هي الامكانيات الموجودة فعلا وكيفية الاستفادة منها. تحديد ادوار الجميع(كل من له علاقة بالأزمة). التعريف بمصادر الدعم من قبل المؤسسات ذات العلاقة كدعمهم بالغذاء والدواء والمأوى.

4. التدخل العلاجي:

بناء خطة متكاملة للعلاج تبعا للأزمة / الكارثة والحالة المتضررة ضمن محاور:

- ازالة الضغوط النفسية.
- تدعيم قدرات المتضررين في مواجهة الازمة او الكارثة.
- استثمار الامكانيات البيئية المتاحة.
- حل الأزمة.

6- العمل الإجتماعي في مجال الحروب والهجرة واللاجئين :

تؤثر الحروب والنزاعات المسلحة سواء كانت داخلية أم خارجية على مسار الحياة والتنمية والاستقرار داخل اي مجتمع ،فالضحايا مدنيون وعسكريون أطفال وشيوخ ونساء .ففي تقارير نشرت تبين أن نسبة القتلى أو المصابين بين المدنيين في الحرب العالمية الثانية زادت عن 5% لكن بدأت هذه النسبة تزداد في الحروب الحديثة لتصل ما بين (80-90%) وارتفع معدل المصابين والقتلى الى ثلاثة أضعاف ،هذا اضافة الى تزايد نسبة الفقر والبطالة والإعاقات التي تسببها الحروب. ومن المشكلات الناتجة عن الحروب ايضا دمار البيئة و نزوح عدد كبير من اللاجئين من مناطق سكناهم إلى مناطق أخرى وزيادة عدد من الجرحى والمصابين والقتلى وظهورمشكلات اجتماعية واقتصادية ونفسية مرتبطة بأسر القتلى.

إن للعمل الإجتماعي أدوار متعددة في معالجة المشكلات الاجتماعية والاقتصادية والنفسية المرتبطة بالاسر؛ سواء كانو أسر الشهداء الذين يقدم لهم الدعم المادي من خلال مؤسسات الرعاية الخاصة بهم كما تقدم لهم المنح الدراسية والمساعدات العينية والمادية،كما يتعامل الأخصائي مع أسر الأسرى في الحروب الذين ايضا يحتاجون كل مساعدة من خلال طمأنتهم المستمرة عن احوال رب الاسرة والاتصال مع الصليب الاحمر والمنظمات الدولية ذات العلاقة إضافة الى المساعدات المادية والدراسية والمعنوية المستمرة.ولا ننسى أسر المعوقين والمشوهين واللاجئين والمهجرين الذين يحتاج كل منهم الى خطة تدخل منفصلة ومؤسسات متخصصة ومهيئة وكوادر مدربه للتعامل معهم. أما دور العمل الاجتماعي مع المجتمع فيتمثل في استثارة الرأي العام لمساندة هؤلاء جميعا ماديا ومعنويا وتعظيم حجم انجازهم وتشكيل فرق العمل التطوعي لمساعدتهم وبناء المخيمات اللازمة لإيوائهم أو استضافتهم في بيوتهم.

ملحق رقم (8)
إعلان بشأن حماية النساء والأطفال
في حالات الطوارئ والمنازعات المسلحة
اعتمد ونشر علي الملأ بموجب قرار الجمعية العامة للأمم المتحدة
3318 (د-29) المؤرخ في 14 كانون الأول/ديسمبر 1974

إن الجمعية العامة،

وقد نظرت في توصية المجلس الاقتصادي والاجتماعي الواردة في قراره 1861 (د-56) المؤرخ في 16 آيار/مايو 1974، وإعرابا عن عميق قلقها للآلام التي يعانيها النساء والأطفال من السكان المدنيين، الذين يقعون في ظروف مفرطة الكثرة، في حالات الطوارئ والمنازعات المسلحة أثناء الكفاح في سبيل السلم وتقرير المصير والتحرر القومي والاستقلال، ضحايا لأفعال لا إنسانية فيصيبهم منها أذى شديد، وإدراكا منها لما يعانيه النساء والأطفال من الآلام في كثير من مناطق العالم، وخصوصا في المناطق المعرضة للقمع والعدوان والاستعمار والعنصرية والسيطرة والتسلط الأجنبيين،

وإذ يساورها القلق الشديد لاستمرار قوي الاستعمار والعنصرية والسيطرة الخارجية الأجنبية، رغم الإدانة العامة القاطعة، في إخضاع كثير من الشعوب لنيرها وفي قمع حركات التحرر القومي بوحشية وفي إلحاق الخسائر الكبيرة والآلام التي لا تحصى بالسكان الخاضعين لسيطرتها، وخصوصا النساء والأطفال، وإذ تأسف لاستمرار ارتكاب اعتداءات خطيرة علي الحريات الأساسية وكرامة الشخص البشري، ولاستمرار الأنظمة الاستعمارية والعنصرية والدول الأجنبية المتسلطة في انتهاك القانون الإنساني الدولي، وإذ تشير إلي الأحكام المتصلة بالموضوع في صكوك القانون الإنساني الدولي المتعلقة بحماية النساء والأطفال في أيام السلم وأيام الحرب، وإذ تشير، في جملة من وثائق هامة أخري، إلي قراراها 2444 (د-23) المؤرخ في 19 كانون الأول/ديسمبر 1968، وقراراها 2597 (د-24) المؤرخ في 16 كانون الأول/ديسمبر 1969، وقراريها 2674

(د-25) و 2675 (د-25) المؤرخين في 9 كانون الأول/ديسمبر 1970، بشأن احترام حقوق الإنسان وبشأن المبادئ الأساسية لحماية السكان المدنيين أثناء المنازعات المسلحة، وكذلك إلي قرار المجلس الاقتصادي والاجتماعي 1515 (د-48) المؤرخ في 28 أيار/مايو 1970 والذي يرجو فيه المجلس من الجمعية العامة أن تنظر في إمكانية صياغة إعلان بشأن حماية النساء والأطفال في حالات الطوارئ أو في وقت الحرب، وإدراكا لمسئوليتها إزاء مصير الجيل الصاعد وإزاء مصير الأمهات، اللاتي يؤدين دورا عاما في المجتمع وفي الأسرة وخاصة في تنشئة الأطفال، وإذ تضع في اعتبارها ضرورة توفير حماية خاصة للنساء والأطفال من بين السكان المدنيين، تصدر رسميا هذا الإعلان بشأن حماية النساء والأطفال في حالات الطوارئ والمنازعات المسلحة، وتدعو جميع الدول الأعضاء إلي التزام الإعلان التزاما دقيقا،

1. يحظر الاعتداء علي المدنيين وقصفهم بالقنابل، الأمر الذي يلحق آلاما لا تحصى- بهم، وخاصة بالنساء والأطفال الذين هم أقل أفراد المجتمع مناعة، وتدان هذه الأعمال،

2. يشكل استعمال الأسلحة الكيماوية والبكتريولوجية أثناء العمليات العسكرية واحد من أفدح الانتهاكات لبروتوكول جنيف لعام 1925، واتفاقيات جنيف لعام 1949، ومبادئ القانون الدولي الإنساني، وينزل خسائر جسيمة بالسكان المدنيين، بمن فيهم النساء والأطفال العزل من وسائل الدفاع عن النفس، ويكون محل إدانة شديدة،

3. يتعين علي جميع الدول الوفاء الكامل بالالتزامات المترتبة عليها طبقا لبروتوكول جنيف لعام 1925 واتفاقيات جنيف لعام 1949، وكذلك صكوك القانون الدولي الأخرى المتصلة باحترام حقوق الإنسان أثناء المنازعات المسلحة، التي تتيح ضمانات هامة لحماية النساء والأطفال،

4. يتعين علي جميع الدول المشتركة في منازعات مسلحة، أو في عمليات عسكرية في أقاليم أجنبية أو في أقاليم لا تزال تحت السيطرة الاستعمارية، أن تبذل كل ما في وسعها لتجنيب النساء والأطفال ويلات الحرب. ويتعين اتخاذ جميع الخطوات اللازمة لضمان

حظر اتخاذ تدابير كالاضطهاد والتعذيب والتأديب والمعاملة المهينة والعنف، وخاصة ما كان منها موجها ضد ذلك الجزء من السكان المدنيين المؤلف من النساء والأطفال،

5. تعتبر أعمالا إجرامية جميع أشكال القمع والمعاملة القاسية واللاإنسانية للنساء والأطفال، بما في ذلك الحبس والتعذيب والإعدام رميا بالرصاص والاعتقال بالجملة والعقاب الجماعي وتدمير المساكن والطرد قسرا، التي يرتكبها المتحاربون أثناء العمليات العسكرية أو في الأقاليم المحتلة،

6. لا يجوز حرمان النساء والأطفال، من بين السكان المدنيين الذين يجدون أنفسهم في حالات الطوارئ والمنازعات المسلحة أثناء الكفاح في سبيل السلم وتقرير المصير والتحرر القومي والاستقلال أو الذين يعيشون في أقاليم محتلة، من المأوى أو الغذاء أو المعونة الطبية أو غير ذلك من الحقوق الثابتة، وفقا لأحكام الإعلان العالمي لحقوق الإنسان، والعهد الدولي الخاص بالحقوق المدنية والسياسية، والعهد الدولي الخاص بالحقوق الاقتصادية والاجتماعية والثقافية، وإعلان حقوق الطفل، وغير ذلك من صكوك القانون الدولي.

المراجع

- عبد القادر ، نادية محاضرة الدورة التدريبية للمعلمات ادارة الازمات وحل المشكلات/ 2006/
  2007/ دولة الكويت/وزارة التربيه والتعليم/التوجيه الفنى العام للأقتصاد المنزلى

- الأعرجي ، عاصم محمد حسين ودقامسة ، مأمون أحمد (2000/1420). إدارة الأزمات : دراسة
  ميدانية لمدى توافر عناصر نظام إدارة الأزمات من وجهة نظر العاملين في الوظائف الإشرافية في
  أمانة عمان الكبرى . **الإدارة العامة** ، مج 39، ع 4 : 733 – 809 .

- التميمي ، حسين عبد الله حسن (1418 / 1998) . **أساسيات إدارة الخطر** . الإمارات العربية
  المتحدة (دبي) : دار العلم .

- الأعرجي ، عاصم محمد حسين (أ - 1995) . سرية أو علنية المعلومات في ظروف الأزمات .
  الإدارة العامة ، مج 35 ، ع 2 : 303 – 318 .

- عبد الهادي ، محمد فتحي وبو عزة ، عبد المجيد صالح (1995) . المعلومات ودورها في اتخاذ
  القرارات وإدارة الأزمات . **المجلة العربية للمعلومات** ، مج 16، ع 2 : 5 – 29 .

- د. محمد عبد الغني حسن هلال . مهارات إدارة الازمات . الأزمة بين الوقاية منها والسيطرة
  عليها.

- كامل ، عبد الوهاب محمد (1424 / 20003) . **سيكولوجية إدارة الأزمات المدرسية**. عمان :
  دار الفكر للطباعة والنشر والتوزيع .

- الرازم ، عز الدين (1995) . **التخطيط للطوارئ وإدارة الأزمات في المؤسسات** . عمان: دار
  الخواجا للنشر والتوزيع .

- هلال ، محمد عبد الغني (1996) **مهارات إدارة الأزمات : الأزمة بين الوقاية منها والسيطرة عليها** . ط2 ، القاهرة : مركز تطوير الأداء والتنمية .
- عبد الله عبد الرحمن البريدي (1999) الابداع يخنق الازمات : رؤية جديدة في إدارة الازمات .
- الحملاوي ، محمد رشاد (1997) . **إدارة الأزمات** . الإمارات العربية المتحدة، مركز الإمارات للدراسات والبحوث .
- مختارات بميك (2002) . **إدارة الأزمات : التخطيط لما قد يحدث** .ترجمة : علاء أحمد صلاح ، القاهرة : مركز الخبرات المهنية للإدارة (بميك) .
- خبراء مركز الخبرات المهنية للإدارة (بميك) (200) . **منهج المدير الفعال : فن إدارة الأزمات والصراعات** القاهرة : مركز الخبرات المهنية للإدارة (بميك)
- عبد الوهاب ، علي محمد (1421 / 2000) . **استراتيجيات التحفيز الفعال : نحو أداء بشري متميز** . القاهرة : دار التوزيع والنشر الإسلامي.
- عبد العزيز بن علي الغريب مجلة العلوم الاجتماعية عضو هيئة التدريس بقسم الاجتماع والخدمة الاجتماعية جامعة الإمام محمد بن سعود الإسلامية Tuesday, June 17 2006
- دور المؤسسات المحلية في الحد من قابلية التعرض للكوارث الطبيعية وفي تنمية سبل العيش المستدامة:إدارة مخاطر الكوارث: أحد أبعاد التنمية المستدامة. فبراير2005
- **دور المؤسسات المحلية في الحد من قابلية التعرض للكوارث الطبيعية وفي تنمية سبل العيش المستدامة:إدارة مخاطر الكوارث: أحد أبعاد التنمية المستدامة. فبراير2005**
- التدخل المهني في حالات الحروب والكوارث : (جلال الدين عبد الخالق،2001 ،طريقة العمل مع الحالات الفردية ،نظريات وتطبيقات ،المكتب الجامعي الحديث،الإسكندرية)

- إعلان بشأن حماية النساء والأطفال في حالات الطوارئ والمنازعات المسلحة اعتمد ونشر ـ علي
الملأ بموجب قرار الجمعية العامة للأمم المتحدة
3318 (د-29) المؤرخ في 14 كانون الأول/ديسمبر 1974
http://www1.umn.edu/humanrts/arab/b024.html

الفصل الحادي عشر

العمل الاجتماعي والشُرطة المُجتمعية

العمل الاجتماعي والشُرطة المُجتمعية

1- نشأة المفهوم وتطور استخداماته

ان دراسة النظام الشرطي كنظام اجتماعي اصبحت مطلبا تنمويا ملحا، ذلك ان النظام الشرطي يرتبط ارتباطا وثيقا بعلاقات دينامية مع النظام السياسي والاقتصادي والثقافي والاسري والتي تشكل في مجموعها البناء الاجتماعي. ان العمل الاجتماعي بمناهجه وطرقه وفلسفته يسعى الى تحقيق السعادة والرفاهية للإنسان من خلال جعله اكثر تكيفا مع مجتمعه او مع ما يستجد في مجتمعه من ازمات وكوارث وتغييرات، ولذلك فإن ذلك لا يتم الا في مجتمع يسوده الاستقرار والتماسك والتفاعل الايجابي بين افراده.

ان فكرة تحقيق الامن والاستقرار عمليا هي من مسؤلية النظام الشرطي في الوقت الذي تتحدد فيه مسؤولية العمل الاجتماعي في تنشئة الافراد على احترام الامن والنظام والالتزام بقواعد المجتمع، اما ما عدا ذلك فإن الشرطة مسؤولة عن اجبار الافراد على احترام قواعد المجتمع وقوانين لضمان الاستقرار وبالتالي العيش بأمن وسلام والقدرة على القيام بأداء الادوار المتعددة في مكان وزمان مناسبين. ان (الشرطة) كنظام تستند على قواعد المجتمع وقيمه وايدولوجيته، وكأفراد فإن هذا النظام يتكون من افراد المجتمع نفسه فإمكانية التجانس ممكنة وقابلة للحدوث. ان التقارير العالمية تشير الى ان عدد الجرائم المكتشفة أقل بقليل من عدد الجرائم الحقيقية الغير مكتشفة ولذا فإن اشراك افراد المجتمع بمسؤؤليات شرطية ووطنية لا بد من أن تؤتي ثمارها من حيث امكانية الوقاية من الجريمة بحيث يصبح الافراد أكثر حذرا في من ارتكاب الجرائم ويصبح جهاز الشرطة أكثر قدرة على اكتشاف الجرائم بشكل أقل.

إن الدور الاساسي الذي يمكن ان يحققه العمل الاجتماعي في هذا المجال يتركز في خلق حالة من التقبل بين رجل الشرطة والفرد داخل المجتمع وخلق مزيد من حالة التكيف للعمل مع رجال الشرطة ،هذا اضافة الى نشر الوعي بحقوق المواطنين وواجباتهم

اضافة الى اعتبار مساعدةرجال الشرطة ،وسرعة التفاعل معهم هي جزء من المسؤوليات الوطنية التي تقع على عاتق الفرد داخل المجتمع . فالعمل الاجتماعي يساند الشرطة المجتمعية في الدور التوعوي والوقائي للأفراد داخل المجتمع من خلال المجالات العديدة للعمل الاجتماعي ؛الاسري،الطبي،السجون،مراكز الاحداث،البيئة،الازمات و الكوارث،حقوق الانسان،إضافة الى تأهيل المجتمع بأن لا يعيق عمل الشرطة.

ان النظام الشرطي وتطوره وانواعه وطرقه هي مهمة يمكن ان تناط بالعمل الاجتماعي الذي يستطيع من خلاله الاخصائي الاجتماعي تطوير برامج ووسائل اعلامية تؤدي هذا الدور خاصة اذا ما أعتمدنا التعريف التالي للشرطة المجتمعية: "جماعات اجتماعية رسمية تطوعية لها نظم واحكام واضحة واهداف تسعى لتحقيقها تتمثل بإدامة الامن والاستقرار فالجماعات الاجتماعية قد تكون الاسرة ،جماعة الطلبة في المدارس،الجماعات،الشباب وغيرها من الجماعات" (الخزاعلة، 1998، ص37).

ان تجربة مديرية حماية الاسرة "الامن العام" في الاردن تجسد حقيقة الدور الاجتماعي للشرطة في التعامل مع القضايا الاجتماعية للمجتمع،فالأخصائي الاجتماعي الذي يعمل ضمن فريق شرطة قد يكون هو فائدة تجسد أكثر من فكرة ومعنى لمفهوم الشرطة المجتمعية خاصة في القضايا الخاصة بالأطفال او النساء الذين يتعرضون للعنف.

ونود الإشارة إلى أن مُصطلح الشُرطة المُجتمعية فى المُجتمعات الغربية يعنى "توزيع مهام الشُرطة التقليدية فى منع وضبط الجريمة بين أجهزة الشُرطة الرسمية، وبين فئات تطوعية من المُجتمع المحلى"، وقد لجأت المُجتمعات الغربية إلى ذلك إما تطلعاً لدور إيجابى من المواطنين فى مواجهة الجريمة - كما حدث فى أوروبا - وإما بسطاً للسيطرة الأمنية على مساحات شاسعة من أراضى الدولة - كما حدث فى الولايات المُتحدة الأمريكية - فى ظل القصور فى القوة البشرية الأمنية أو المُعدات والتجهيزات، مما دفع بالمسئولين فى هذه المُجتمعات إلى الإستعانة بأفراد من المُجتمع المحلى مع منحهم سلطات الشُرطة لفرض الأمن والنظام.

أما فى مُجتمعاتنا العربية، والتى تختلف عن المُجتمعات الغربية فى تكوينها السياسى والإجتماعى والثقافى، فلا يُمكن أن نقبل بهذا التطبيق لمفهوم الشُرطة المُجتمعية، ومن ثم ذهبت التطبيقات العملية لها على معنى مُشاركة المُجتمع بكل فئاته فى مُكافحة الجريمة من خلال تفعيل الـدور الإيجـابى للمـواطنين فى التعاون مع أجهزة الشُرطة فى منع وضبط الجريمة من مُنطلق المسئولية الإجتماعية لكل مواطن.

2- دوافع العمل الاجتماعي للإهتمام بالمُشاركة المُجتمعية فى مُكافحة الجريمة

لقد تحول وإتسع مفهوم الأمن مـن وظيفة تقليدية تمثلت فى حفظ الأمن والنظام، ليشـمل مجالات الأمن السـياسى، والأمن الإقتصادى، والأمن الإجتماعى، والأمن البيئـى وغيرها مـن هـذه المجـالات التى جدت على ساحة العمل فى المُجتمعات المحلية والدولية، ولم يُعد هنـاك شـك فى أنـه لا إستقرار ولا تنميه ولا اقتصاد دون أمن شـامل بمفهومـه السـياسى والجنـائى، وبأبعـاده الثلاثـة الإقتصادى والإجتماعـى والثقافى.

المجال الأسري

الأسرة هي ألمؤسسه الرئيسية في عمليات التنشئة الاجتماعية , حيث يساهم العمل الاجتماعي على تدعيم قيم الروابط الاسريه و الإسراع في معالجه مشكلات الأسرة ورصـدها و ذلك بالاستفادة مـن الدراسات التنبؤيه في اكتشاف الأطفال المتوقع انحرافهم من أجل رعايتهم و الحيلولة دون انحرافهم .

المجال التعليمي

تعمل المدارس و الجامعات على إيجاد ثقافة أمنيه لدى الطلاب حول ببعض أنماط السلوك التـي يمكن أن تؤدى إلى انحرافهم . وهـذا يتحقـق مـن خلال بعـض المحاضرات ذات العلاقة بالثقافة الامنيه وتدريس بعض المواد أو الوحدات الدراسية التي تكسب الطلاب ثقافة قانونيه, الشرطة والمجتمع.

المجال الإعلامي

تقوم وسائل الإعلام بمهام أساسيه للحد من الجريمة وذلك بتقديم برامج تعمل على تعميق كراهية الشباب للجريمة و حفزهم على مقاومتها , و ضرورة تعاونهم مع رجال الشرطة للكشف ن الجرائم في وقت مبكر . كما و يمكن للإذاعة و التلفزيون تقديم برامج تؤدى إلى توعية المواطنين بالأساليب و الحيل التي يمكن أن يلجأ إليها المجرمون لتنفيذ جرائمهم.

مجال الأحداث والسجون

تعتبر وزارة التنميه الاجتماعية هي الجهة المسؤوله عن رعاية وتأهيل الأحداث من خلال تدريبهم و تأهيلهم حيث تعمل على تعديل سلوكهم , كما وتعتبر المؤسسة المسؤولة عن تسجيل الجمعيات التطوعية و جمعيات أصدقاء الشرطة , التي يمكن أن يكون من ضمن نشاطاتها إقامة المحاضرات و الندوات ذات الطابع التخصصي في الوقاية والعلاج من الجريمة .

المجال الطبي

يتمثل دور المؤسسات الصحية في إبلاغ أجهزة الشرطة عن المصابين بحوادث نتيجة للمشاجرات أو حوادث السير , وعن المرضى الذين يراجعون المراكز الصحية والمستشفيات و تبدو عليهم مظاهر الإدمان على المخدرات و الكحول , كما تقوم المؤسسات الصحية بالتعاون مع مؤسسات التموين في الكشف عن الأغذية الفاسدة وغيرها من السلع التي يمكن أن تضر بصحة المواطنين .

مجال الشباب

يتمثل دور مؤسسات رعاية الشباب في تشجيع قيام الأندية الرياضية والثقافية التي تعمل على إشغال أوقات الفراغ بالأنشطة المفيدة , خصوصا"بعد أن تبين أن نسبة الأحداث المنحرفين في مؤسسات الإصلاح ترتفع في فصل الصيف بسبب العطلة المدرسية وعدم وجود برامج ثقافية و رياضية تشغل أوقات الفراغ عند الشباب .

إن ثقة الناس بالشرطة هي مصدر سلطتها , وليست السلطة هي مصدر ثقة الناس فيه .

إن أجهزة الشرطة لم تعد تستطيع أن تعيش بمعزل عن التيارات أو الظواهر أو الاتجاهات الاجتماعية في الدولة.

إن الشُرطة فى كل مُجتمع تواجه على الدوام صعوبات فى إقامة علاقات جيدة مع الجماهير،وتتجه الشُرطة المُجتمعية بالتحديد نحو ما يُطلق عليه "التكنولوجيا الإجتماعية"، وذلك من خلال إحداث تحول فى الإسلوب المهنى الشُرطى حيث يتم تقليص الدور الذى تلعبه التكنولوجيا المادية (المُعدات والأسلحة)، ويحل محلها تدريجياً التكنولوجيا الإجتماعية، بالبحث عن المُشكلات وحلها وتفعيل العلاقات الإجتماعية وتشجيع رجال الأمن على إعتناق ثقافة جديدة لشراكة المُجتمع العملية والفعلية. ليصبح الامن مسئولية مُشتركة بين مُمثلى الدولة وأفراد المجتمع.

3- المعوقات التى ترتبط بالمجتمع :

تتمثل هذه المعوقات فيما يلي :

- توجد أزمة ثقة بين رجال الشرطة وأفراد المجتمع الناتجة عن احتفاظ أفراد المجتمع بالتجارب السابقة مع جهاز الشرطة سواء جنائيًا أو سياسيًا على المستوى الفردى أو الجماعى .
- الشعور باللامعيارية وغياب العدالة يزيد من حالات العزلة والاغتراب وعدم الرغبة فى المشاركة وتطبيق الشرطة المجتمعية.
- ضعف ثقة أفراد المجتمع فى مصداقية الدولة نحو حماية الفئات الاجتماعية قد ينعكس على صورة رجل الشرطة الذى يمثل يدّ النظام .
- عدم قيام مراكز البحوث الشرطية بإجراء دراسات وأبحاث لمعرفة رأى أفراد المجتمع فى الشرطة المجتمعية لمعرفة السلبيات التى قد تظهر فى الممارسة العملية لتفاديها وعلى الجانب الآخر يمكن إجراء دراسات على رجال الأمن بهدف

تحسين أداء العمل والارتقاء به بما يحقق معه تلافي السلبيات وتحقيق الأهداف الأمنية من تطبيق الشرطة المجتمعية

المراجع

- محمد عبد الحميد عبد المطلب، إستراتيجيات ونظريات العمل الشُرطى (إستراتيجيات النقاط السبع)، مجلة الفكر الشُرطى، مركز بحوث شُرطة الشارقة، المجلد (14)، عدد (3)، أكتوبر 2005، ص25.

- لواء دكتور حمدى شعبان، الإتجاهات الحديثة للوقاية من لجريمة ومدى فاعلية نظام شُرطة المُجتمع، مجلة مركز بحوث الشُرطة، العدد التاسع عشر، يناير 2001، ص270

- محمد نيازى حتاتة : " الدور الاجتماعي والانسانى للشرطة في مفهومها الحديث" المجلة العربية للدفاع الاجتماعي ، عدد 14 ، الرباط ، المنظمة العربية للدفاع الاجتماعي ضد الجريمة_ ص 45.

- احمد عصام الدين مليجى : " مفهوم الشرطة في خدمة المجتمع وأساليب تطبيقه" في نحو استراتيجية عربية للتدريس في الميادين الأمنية ، الرياض 1988، ص 32

- محمد عبد الحميد عبد المطلب، إستراتيجيات ونظريات العمل الشُرطى (إستراتيجيات النقاط السبع)، مجلة الفكر الشُرطى، مركز بحوث شُرطة الشارقة، المجلد (14)، عدد (3)، أكتوبر 2005، ص

- محمد عبد الحميد عبد المطلب، إستراتيجيات ونظريات العمل الشُرطى (إستراتيجيات النقاط السبع)، مجلة الفكر الشُرطى، مركز بحوث شُرطة الشارقة، المجلد (14)، عدد (3)، أكتوبر 2005، ص25.

- ورقة عمل حـول نحو مفهوم جديد للشُرطة المُجتمعية"الأمـــن مسئوليـــة الجميـــع "إعداداللواء الدكتور/ حمدى شعبان مُدير مركـز بحـوث الشُرطـة
- علاقة بين فئات المجتمع مقدم/ حسن إبراهيم على الخولى/ الإدارة العامـة لمباحـث المصـنفات وحماية حقوق الملكية الفكرية.
- معوقات تطبيق الشرطة المجتمعية /وآليات التقويم/ورقة عمل حـول معوقات تطبيق الشرطة المجتمعية وآليات التطبيق

الفصل الثاني عشر

العمل الاجتماعي في مجال البيئة

العمل الاجتماعي في مجال البيئة

نشأت الايكولوجيا (علم البيئة) على يد أرنست هكل في أواخر القرن التاسع عشر. وقد أشتق المصطلح من الكلمة اليونانية Oikos (منزل الأسرة) ونقل دلالتها إلى كوكب الأرض. وتعرف الايكولوجيا بأنها دراسة العلاقة المتبادلة بين الكائنات الحية والبيئة التي يعيش فيها. أن موضوع الايكولوجيا هو العلاقات بين أجزاءها المختلفة والتي يعدّ فيها الإنسان سلوكه الركيزة الأساسية لذلك. أن "الأزمة البيئية" التي تعاني منها الأرض لهي نتاج خلل في العلاقة والتعامل بين الإنسان وبيئته فالأضطراب والتصدع والخراب والدمار الذي تعاني منها المجتمعات الإنسانية بفضائها وبحرها وبّرها وما بينهم هو دليل على أن الإنسان هو مشكلة البيئة التي يعيش فيها, فهو طرف أساسي في معادلة الحياة على هذه الأرض والتي تشمل كذلك الكائنات الحياة الأخرى والعناصر المادية في الطبيعة.

أن الأزمة البيئية التي تعيشها المجتمعات الإنسانية هي نتاج سلوك لإنساني شكل نواة الحضارة والتمدن وأنماط الحياة المختلفة لكن على حساب البيئة ودون موازنة لمعادلة الطبيعة والكائنات الحية الإنسان. أن العمل الاجتماعي بمحاورة المتعددة ينسجم مع فلسفة البيئة التي تسعي لحماية أرض الإنسان من الإنسان ليس فقط للحفاظ على جمال وهيبة الطبيعة المادية ولكن من اجل مزيد من الحماية له, أن نقد سلوك الإنسان على هذه الأرض هي بداية مشروع لحضارة إنسانية تقوم على الانسجام والتوافق والتناغم بين أطراف المعادلة الثلاثة (الإنسان, الطبيعية, الكائنات الحية). لقد وضع (باسمور) تخطيطاً مفصلاً لثلاثة تقاليد مهمة والتي تعنى بعلاقة الإنسان بالبيئة إضافة إلى الرومانسية والصوفية:

أ. تقليد الهيمنة والموقف الاستبدادي الذي يجعل الإنسان مستبداً.

ب. الإشراف وهو موقف الإنسان الحارس أو القيم على البيئة.

ج. الموقف التعاوني: الإنسان مكملاً للبيئة.

د. الفطرانية: فضائل الحية البسيطة الوثيقة الصلة بالطبيعة.

أن الإنسان رغم حقه في الحرية لا يعني أنه مخول بأن يفعل ما يشاء إذا كان هذا الفعل يؤثر في حياة الآخرين. إن تصرفات غير حضارية لا تحمل روح المسؤولية قد تدفع بعمل فردي إلى تلويث نهر عمومي يشرب منه الناس ويستحمون فيه, فهذا اعتداء على الإنسان ليس مباشر ولكن بطريقة غير مباشرة ولكنها صريحة. وقسّ على ذلك ما دفع بالأفراد إلى التوجه نحو هيمنة البناء والتمدن على حساب الحجروالشجر والبيئة الخضراء في أماكن عديدة من العالم والتي تعني بالمحصلة اعتداء على بيئة حمية مناسبة للإنسان, فهي تسهم في خلق بيئة ملوثة مؤذية لصحة البشر وتهديد صارخ لمستقبل الأجيال القادمة من الأطفال والشباب. فحماية الإنسان في ضوء هذا الإطار تحتاج إلى منظومة من الأخلاق البيئية.

أن توجه المجتمع الإنساني نحو تنظيم النسل والصحة الجنسية يدخل ضمن منظومة الأخلاق البيئية ذلك أن الموضوع ببساطة مرتبط بمدى حاجة البشر إلى تغيير وتعديل الطبيعة ومكوناتها بما يخدم الإنسان فكبر حجم الأسرة يعني ببساطة التوسع على حساب الطبيعة ومكوناتها وعناصرها المتوازنة لإسعاد الإنسان. لكن ذلك لن يدوم طويلاً ذلك أن حجم السكان في وقت ما سيفوق مقدرات الطبيعة ومقدراتها على البقاء مما ينجم عن خللاً في معادلة الإنسان والطبيعة المادية والكائنات الحية.

أن الحاجة ماسة لإحياء قيم وأخلاق المجتمع الإنساني من جديد. ذلك إن الخلل في التعامل مع البيئة يتم من أزمة بيئة سببها غياب أو تغييب دستور أخلاقي ينضم العلاقة بين الإنسان والبيئة وغياب القواعد الإنسانية في التعامل مع البيئة "فعامل الناس

مثلما تحب أن يعاملوك" هي قاعدة غير مطبقة للتعامل بين الإنسان والبيئة, فالقاعدة الغربية في الفلسفة الليبرالية ترى ان المرء يجب أن يفعل ما يشاء شريطة أن لا يؤذي الآخرين وأن لا يـؤذي نفسـه أيضاً.

أن الهدف الأساسي من العمل الاجتماعي في المجـال البيئي هـو تنميـة العلاقـات الإيجابيـة بـين الإنسان والبيئة وتفعيل دور المجتمع في تطوير علاقته مع البيئة من خلال لجامعات والمدارس والمجتمعات المحلية ومراكز التنمية الاجتماعية حيث يلعب الأخصائي الاجتماعي دوراً بارزاً في دراسة مشكلات الازدحام المروري وحوادث السير ونقص المياه والتلوث البيئي وتنمية البيئي لدى أفراد المجتمع من خلال الدراسات والأبحاث والإعلام البيئي.

ان العمل الاجتماعي في المجال البيئي هـو إحـد المجـالات التطبيقيـة والحديثـة, نشـأت نتيجـة للتغيرات الاقتصادية والبيئية والاجتماعية والصناعية سواء كانت طبيعية أو لإنسانية وتـؤدي مهنة العمـل الاجتماعي دوراً بارزاً في توضيح الممارسات الإيجابية والسلوكيات الفعالة التي تبقي العلاقـة بـين الإنسان والبيئة إيجابية, إضافة إلى الحفاظ على البيئة والارتقاء بها. كذلك يمكن للعمل الاجتماعي أن يؤدي دوراً في تؤعية الإنسان بخطورة عقوقه للبيئة وإساءته إليها فلإنسان الـذي يمـارس إسـاءة للبيئـة لايضـر ـ بالضرورة نفسه بل يسيء أيضاً إلى الجماعة والمجتمع والمجتمع الإنساني ككل.

أن الفلسفة التي تنطلق منها مهنـة العمـل الاجتماعـي في مجـال البيئـة إنمـا تحمل في طياتهـا اتجاهاً نظرياً سلوكياً ومعرفياً يستند على علم الاجتماع وعلم النفس ويتمثل في إن الاعتداء الإنسـاني عـلى البيئة وظهور المشكلات المتعلقة فيها إنما هي ظاهرة سلوكية تحمل في مضمونها إسـاءة مقصودة أو غـير مقصودة للبيئة التي يعيش عليها الإنسان والتي يمكن أن تخلق أزمة بيئية في المحصلة.

أن خلق اتجاهات بيئية مناسبة وإيجابية نحو البيئة هي إحدى أهداف العمل الاجتماعي في مجال البيئة التي يسعى فيها الإنسان إلى خلق قيم إيجابية نحو البيئة التي يعيش فيها ويهدف العمل الاجتماعي في مجال البيئة إلى:-

1. زيادة وعي الإنسان بأهمية سلامة البيئة وعلاقتها بصحة الإنسان وسلامته.

2. استثمار قدرات الأفراد من خلال مؤسسات رسمية وغير رسمية وتطوعية لاتخاذ التدابير المناسبة لمواجهة مشكلات البيئة والتغلب عليها.

3. تفعيل التعاون بين الأفراد والجماعات والمجتمعات لحماية البيئة والتقليل من الأزمات البيئية التي يخلقها الإنسان.

4. توعية الإنسان بالأزمات البيئية الناتجة عن اختلال التوازن في علاقة الإنسان بالبيئة.

5. وضع الخطط المناسبة لمواجهة المشكلات الحالية للبيئة.

6. التعاون لإجراء البحوث والدراسات للتعرف على مشكلات البيئة وإكساب الأفراد المهارات اللازمة لمواجهة المشكلات البيئية التي يسببها الإنسانية.

7. تبنية المجتمع بأخطار المشكلات البيئية التي يسببها الإنسانية.

* التربية البيئية:

تعرف التربية دولياً بأنها " العملية التعاونية التي تهدف إلى تنمية وعي الأفراد بالبيئة والمشكلات المتعلقة بها وتزويدهم بالمعرفة والمهارات والاتجاهات وتحمل المسؤولية من قبل الفرد، الجماعة تجاه المشكلات المعاصرة، وحماية المجتمع. كما يمكن القول ان التربية البيئية تنص على إنها" عملية تعليم المجتمع كيفية حماية نفسه من الامراض والمشاكل البيئية".

وتهدف التربية البيئية إلى إكساب الأفراد المعرفة والقيم والمهارات الأساسية لحماية البيئة وتنمية الوعي البيئي وخلق أنماط جديدة من السلوك تجاه البيئة ودراسة وتحليل المشكلات البيئية من منظور فردي وجماعي ومجتمعي وقد حدد مؤتمر (تيليس) عام 1997، الأهداف التالية للتربية البيئية:" إكساب الأفراد الوعي المعرفة والمهارات اللازمة لفهم وتحديد ومعالجة المشكلات البيئية إضافة تنمية روح المشاركة لدى الأفراد والجماعات والمجتمع لحل المشكلات البيئية والوقاية منها".

ويعرّف علماء الاجتماع الوعي بأن " عملية مزدوجة تشمل مل من الإدراك الفردي والمجتمعي لأهمية المحافظة على البيئة وحمايتها والتعايش معها والعمل على تطويرها لتحقيق غايات الإنسان، كما إنها الإحساس بالمسؤولية الخاصة والعامة نحو الإنسان والبيئة". ويمكن اقتباس تعريف معجم العلوم الاجتماعية للوعي بانه " إدراك المرء لذاته وما يحيط به إدراكاً مباشراً مل معرفة".

الإدراك - المعرفة - الوجدان

ولا بد من الإشارة إلى أن التنشئة الاجتماعية ومهنة الوالدين ومستواهم التعليمي ووسائل الإعلام والخبرات السابقة والاقتداء نماذج شخصية داخل المجتمع والمناهج التعلمية والتربية الوطنية والمناخ السياسي والاجتماعي والاقتصادي بصفة عامة كلها تؤثر فيما يسمى بالوعي البيئي والذي يعرف بالعناصر التالية:-

1. عملية عقلية يمارسها الفرد في كل نشاط من النشاطات حياته.

2. عملية تفاعل منها عناصر الشخصية مع الجوانب الاجتماعية للفرد.

3. بذل الجهود والمشاركة في حل المشكلات البيئية.

4. الإحساس بالمسؤولية الكاملة نحو تحسين البيئة.

* المشكلات البيئية:-

المشكلة هي "الانحراف على المألوف ، فهي انحراف عن السلوك الاجتماعي والقواعد التي حددها المجتمع، وهناك العديد من المشكلات البيئية مثل التلوث، التصحر، نقص الغذاء، البطالة، الازدحام السكاني، الازدحام المروري، حوادث السير.

فمثلاً حوادث السير تعتبر من الكوارث البيئية التي تستهدف الإنسان والبيئة بسبب اعتمادها على الحالة النفسية للسائق سواء كانت دائمة أم آنية وإذا لم يدرك السائق خطورة تعاطي المخدرات، المنبهات أو الكحول أثناء القيادة فان ذلك قد يتسبب في كارثة.

إضافة إلى أن البيئة قد تلعب دوراً في محاولة تثقيف السائقين في حماية البيئة من التلوث وتوفير ما يمنع الركاب من رمي مخلفات أو بقايا الأطعمة أو الشراب من نوافذ السيارات أيضاً هناك قضية اخطر وهي اثر التدخين داخل المركبات العمومية على صحة الأفراد من جهة وخطورة ذلك من حيث رمي أعقاب السجائر على إمكانية أحداث كوارث في أماكن عامة مكتظة بالأفراد كما يمكن اثر التدخين في المركبات على الصراع والمشكلات الصحية والاجتماعية.

- توفير الأرصفة المناسبة للمشي بأمان لأفراد الأسرة.

- توفير المتنزهات التي تسمح بقضاء أوقات الفراغ وعطل نهاية الأسبوع بما يضمن تجديد الحيوية والنشاط لأفراد المجتمع.

- توفير الملاعب المناسبة للأطفال لحمايتهم من حوادث الدهس.

- تعديل سلوك الأفراد من حيث نبذ الرغبة بالسرعة أثناء قيادة المركبة ومعرفة قواعد المرور.

المراجع

- عبيد، هاني (2000م) الانسان والبيئة منظومات الطاقة والبيئة والسكان،عمان،دار الشروق.
- السمالوطي، نبيل (1992م) الدين والتنمية في علم الاجتماع اسس النموذج الاسلامي للتنمية وتحليل نقدي للنظريات الغربية،الاسكندرية،دار المطبوعات الجديدة.
- عبدالمقصود، زين العابدين (1976م) ابحاث في مشاكل البيئة،الاسكندرية، منشأة المعارف . .عبداللطيف،رشاد احمد (1999م)،مهارات الخدمة الاجتماعية في مجال البيئة،الجيزة، مكتبة زهراء الشرق.
- النجدي، احمد عبدالرحمن واخرون (2002م) الدراسات الاجتماعية ومواجهة قضايا البيئة.الجزء الاول، القاهرة، دار القاهرة.
- علام، مجدي الاعلام البيئي احدث دراسة حول الانسان ومشكلة البيئة وكيف يكون الاعلام حلها، مطابع الاخبار.
- النجدي،احمد عبدالرحمن واخرون (2002م)،الدراسات الاجتماعية ومواجهة قضايا البيئة.الجزء الثاني، القاهرة، دار القاهرة.
- شحاته، حسن احمد.(2001م) البيئة والمشكلة السكانية.نصر.عربية للطباعة والنشر.
- الشرنوبي، محمد عبدالرحمن (1981م) الانسان والبيئة.الاسكندرية.مكتبة الانجلوا المصرية.
- محمد عاطف غيث، دراسات في علم الاجتماع القاهرة، دار النهضة، 1988

T0157606

Printed in the United States
By Bookmasters